国家社科基金重点项目"群团组织增强政治性、先进性、群众性的机制研究"（编号：18AZZ012）

连接、连心、连动

——群团组织增强政治性、先进性、群众性机制研究

褚松燕　著

人民出版社

目　录

导　论 ·· 001

第一章　新时代群团改革的逻辑 ································ 035

　　第一节　群团组织在国家治理体系中的地位:历史演进········· 036

　　第二节　改革开放以来群团地位与功能:制度界定和预期········ 060

　　第三节　2015 年群团改革的战略目标与底层逻辑 ·············· 068

第二章　群团组织结构再造:增强群团自身组织力 ··········· 079

　　第一节　群团组织结构改革 ································· 080

　　第二节　群团组织治理结构改革 ···························· 106

　　第三节　群团组织结构改革的机制 ·························· 121

第三章　群团组织行为重塑:在资源下沉中加强服务 ·········· 128

　　第一节　存量改革:服务重心和资源下沉 ·················· 130

　　第二节　增量创新:在创造公共空间中拓展服务 ············ 143

　　第三节　群团组织服务行为重塑的机制 ···················· 154

第四章　群团组织价值引领:在思想引导中凝聚共识 ·········· 163

　　第一节　坚持党的领导 ···································· 163

第二节　在基层导向和联合行动中引领群众 ························ 174

第三节　以新型宣传沟通引领践行社会主义核心价值观 ········ 184

第四节　群团组织价值引领的实现机制与反思 ·················· 197

第五章　政策性群团改革的个案分析：以中国计划生育

　　　　协会参与社会治理为例 ······························· 205

第一节　问题的提出 ··· 206

第二节　中国计划生育协会的组织性质与治理结构 ··········· 211

第三节　中国计划生育协会参与社会治理的实践探索 ········· 216

第四节　中国计生协参与社会治理实践中的问题及其原因 ····· 227

第五节　中国计划生育协会参与社会治理的机遇与挑战 ······· 236

第六节　中国计划生育协会参与社会治理的战略构建 ·········· 246

结　论 ··· 255

主要参考文献 ··· 267

后　记 ··· 272

导　论

一、问题的提出及其意义

群团工作是党治国理政的一项经常性、基础性工作,群团组织历来是党和政府联系群众的桥梁纽带。2015 年 1 月印发的《中共中央关于加强和改进党的群团工作的意见》明确指出:工会、共青团、妇联等群团组织联系的广大人民群众是全面建成小康社会、坚持和发展中国特色社会主义的基本力量,是全面深化改革、全面推进依法治国、巩固党的执政地位、维护国家长治久安的基本依靠。"新形势下,党的群团工作只能加强,不能削弱,只能改进提高、不能停滞不前"。[1] 同年 7 月,中共中央召开党的群团工作会议,专门分析研究新形势下党的群团工作面临的新情况新问题,习近平同志要求"群团组织一定要坚持解放思想、改革创新、锐意进取、扎实苦干,切实保持和增强党的群团工作和群团组织的政治性、先进性、群众性,组织动员广大人民群众更加紧密地团结在党的周围",努力开创党的群团工作新局面。[2]

党的十九大报告指出,"中国特色社会主义进入新时代,我国社会主要矛

---

① 《习近平谈治国理政》第二卷,外文出版社 2017 年版,第 307 页。
② 《习近平谈治国理政》第二卷,外文出版社 2017 年版,第 306 页。

盾已经转化为人民日益增长的美好生活需要和不平衡不充分的发展之间的矛盾。"①群团组织发挥作用不仅是夯实国家治理的社会基础、打造共建共治共享的社会治理共同体的重要环节,而且是了解和满足人民日益增长的美好生活需要,有效协助党和政府改善民生水平,使人民获得感、幸福感、安全感更加充实、更有保障、更可持续的重要保障。因此,党的十九大报告在第十三部分"坚定不移全面从严治党,不断提高党的执政能力和领导水平"的全面增强执政本领中,将群团工作纳入到增强群众工作本领,要求"创新群众工作体制机制和方式方法,推动工会、共青团、妇联等群团组织增强政治性、先进性、群众性,发挥联系群众的桥梁纽带作用,组织动员广大人民群众坚定不移跟党走"②。十九届四中全会通过的《中共中央关于坚持和完善中国特色社会主义制度、推进国家治理体系和治理能力现代化若干重大问题的决定》更是将发挥群团组织作用纳入社会治理制度中"构建基层社会治理格局"予以强调。十九届五中全会通过的《中共中央关于制定国民经济和社会发展第十四个五年规划和二〇三五年远景目标的建议》将"发挥群团组织和社会组织在社会治理中的作用"纳入"加强和创新社会治理"部分,提出"发挥群团组织和社会组织在社会治理中的作用,畅通和规范市场主体、新社会阶层、社会工作者和志愿者等参与社会治理的途径"③,通过对群团社会属性的强调来推动群团组织扎根社会,扩大党的群众基础。从这个意义上说,群团组织增强政治性、先进性、群众性(下文简称"强三性"),组织动员广大人民群众坚定不移跟党走,是党全面增强群众工作本领、进行伟大斗争、实现伟大梦想的重要内容,也是群团组织改革的重心所在。党的二十大报告把群团组织纳入第六部分"发展全过程人民民主,保障人民当家作主",指出"深化工会、共青团、妇联等群团

---

① 《中国共产党第十九次全国代表大会文件汇编》,人民出版社 2017 年版,第 9 页。

② 《中国共产党第十九次全国代表大会文件汇编》,人民出版社 2017 年版,第 55 页。

③ 《中共中央关于制定国民经济和社会发展第十四个五年规划和二〇三五年远景目标的建议》,人民出版社 2020 年版,第 36 页。

组织改革和建设,有效发挥桥梁纽带作用"。① 综上,群团组织增强政治性、先进性、群众性,是党同人民群众保持血肉联系、全面增强执政能力的重要内容,也是党通过群团组织加强政治建设和社会建设的重要方式,更是群团组织改革的重心所在。对群团组织如何更好地增强政治性、先进性、群众性进行研究,具有重要的现实意义和理论意义。其现实意义在于,不仅能够巩固群团组织在国家治理中不可或缺、不可替代的地位,而且能够通过群团改革,使群团组织作为国家治理体系的子系统,拓展服务、团结、凝聚、引导人民群众的渠道,更好地发挥联系群众的桥梁纽带作用,组织动员广大人民群众坚定不移跟党走,更好地服务于党和国家发展的大局,形成为全面建设社会主义现代化国家而团结奋斗的磅礴合力。其理论意义在于,不仅能够进一步丰富作为党和政府联系人民群众的桥梁纽带的群团研究,以党的全面领导下群团作用的发挥来创造性拓宽既有的国家—社会关系研究视角,而且能够以作为国家治理体系重要子系统的群团八年多鲜活改革实践对中国特色国家治理体系主体理论、国家治理体系运行的组织逻辑提供经验支撑。

因此,本书立足中国特色社会主义群团发展道路,从巩固党执政的阶级基础和群众基础的政治高度出发,考察 2015 年群团改革启动以来,群团改革试点地区、试点群团组织"强三性""去四化"②的具体实践,总结相关经验,探究群团改革遇到的新问题,聚焦群团组织功能的实现来考察群团组织改革机制和探索经验,回答群团改革的"党和政府联系人民群众的桥梁和纽带"这一总体性实践探索是否符合制度期许,在此基础上进行比对分析,尝试提炼群团组织增强政治性、先进性和群众性的机制,并在理论层面对群团组织改革的行为

---

① 习近平:《高举中国特色社会主义伟大旗帜　为全面建设社会主义现代化国家而团结奋斗——在中国共产党第二十次全国代表大会上的报告》,人民出版社 2022 年版,第 38 页。

② 即去除"机关化、行政化、贵族化、娱乐化"。习近平同志在 2015 年 7 月 6 日中央党的群团工作会议上的讲话中指出:"当前,广大干部群众反映比较突出的问题,主要是一些群团组织不同程度存在'机关化、行政化、贵族化、娱乐化'现象。"见中共中央文献研究室编:《习近平关于社会主义政治建设论述摘编》,中央文献出版社 2017 年版,第 189 页。

过程及其效果进行学理阐释。

二、国内外研究现状 *

（一）国内研究现状

群团组织与"人民团体""群众团体""群众组织""政治社会团体"等相关概念长期以来存在着混用情况，因此，在相关文献梳理中，笔者以上述 5 个名词为篇名的文献为主，同时辅之以各具体群团组织文献展开。

以论文为例，笔者在中国知网期刊和博硕士论文库进行全库检索，剔除新闻报道和军事、农林等领域内涵迥异的相同词语，截至 2023 年底，以上述 5 个名词为篇名的文献共计 790 篇。其中，以"群团"为名的文献最多，共 588 篇，2015 年计 148 篇达到峰值。此后，文献量又持续下降。最早是 1988 年张栋的《关于经费自筹的浅见——科技群团改革刍议之一》，他所说的科技群团实际上指的是科技领域中群众组织起来的社会团体，应当实现"组织自决、经费自筹、活动自立、学术自由和管理民主化"①。以"群众组织"为名的文献 74 篇，最早是 1980 年程又中译苏联 P. 马特维耶夫的《列宁主义与资本主义国家共产党员在群众组织中的工作》一文。以"群众团体"为名的文献 50 篇，最早是 1986 年冯兰瑞的《"双百方针"与科学群众团体》，但她所说的群众团体，即群众结社所形成的团体。以"人民团体"为名的文献 71 篇，尽管新中国成立之后这一概念就得到使用，改革开放后德林从统一战线角度对中华职教社落实党的十三大精神进行了思考②，但对这一概念进行研究的最早见于 2000 年

---

　　* 本部分与第三部分的研究思路已经形成《改革开放以来的群团组织研究：回顾与展望》一文发表于《上海行政学院学报》2021 年第 5 期。

① 张栋：《关于经费自筹的浅见——科技群团改革刍议之一》，《学会》1988 年第 6 期。

② 德林：《十三大对中华职业教育社这样的人民团体意味着什么？》，《教育与职业》1988 年第 3 期。

吴平的《刑法中"人民团体"概念辨析》。他认为,"人民团体"概念未予定义且使用上一定程度存在的混乱现象,可用"社会团体"概念取代。① 以"政治社会团体"为名的文献 5 篇,最早是 2006 年山东大学林青的博士学位论文《中国政治团体与政治文明发展》,他将工青妇等群团组织界定为介于政党和人民群众之间的社会组织,因与权力中心最近而成为"强政治性"社会团体,即"政治团体","是国家政权的重要组成部分,具有很强的政治性质;但是从法律形式上说,从最一般意义上讲,属于社会团体;更准确地说,属于特殊的社会团体,具有'半官方半民间'的色彩"②。

相较而言,聚焦于具体群团组织,特别是工会、共青团、妇联、科协的文献相对较多,历时也较长。具体来说,改革开放以来,国内学界对群团组织的研究可以分为三个阶段:

第一个阶段是聚焦群团组织地位和定位的研究起始阶段(1980—1992年)。党的十一届三中全会拨乱反正,开启了改革开放的历史性转折,工青妇等各群团组织恢复工作,逐渐步入正常发展轨道。学界对群团组织的研究主要集中在三个方面。

一是介绍国外群团组织实践。如顾聿工以工会和共青团为例简要介绍了苏联的社会群众组织③;徐运朴介绍了苏联工会、共青团、妇女委员会在维护城市社会治安中的作用④;高敬增将匈牙利的社会团体和群众组织分为政治性的和非政治性的两大类予以介绍,并分析了这些团体和组织发展快且活跃的原因⑤。

二是强调群团组织在改革开放中的重要性,提出应在明确群团组织定位基础上理顺关系,发挥群团组织联系党和政府与人民群众的作用。如林云高

---

① 吴平:《刑法中"人民团体"概念辨析》,《法律科学》2000 年第 1 期。
② 林青:《中国政治团体与政治文明发展》,山东大学博士学位论文,2006 年。
③ 顾聿工:《苏联的社会群众组织》,《苏联问题参考资料》1985 年第 3 期。
④ 徐运朴:《苏联群众组织在城市社会管理中的地位和作用》,《城市问题》1987 年第 6 期。
⑤ 高敬增:《匈牙利社会团体和群众组织异常活跃》,《今日苏联东欧》1987 年第 6 期。

强调要从理论上弄清工会群众性的含义,他认为工会的群众性是工会的本质属性,因此,工会应当代表和维护职工群众的具体利益,应当群众化、民主化,在党的领导下独立自主开展工作。① 但需要注意的是,有研究者把群团组织等同于当时开始蓬勃发展的学会、研究会等群众组织,也就是我们今天所说的社会团体,如钟钧声将社会科学领域出现的群众组织等同于群团,认为这些学术性群众组织应承担智力服务功能;②李长玲认为要提高对群团组织重要性的认识,充分发挥群团立足基层的优势,加强党对群团的领导,使民主渠道更加畅通③;胡生贵将科技群团与学会等同,将其组织制度的经验总结为加强党对科技群团组织的领导,即"民办公助党领导"④。

三是梳理群团组织既有贡献和经验。如邬梦兆结合广州 15 年实践经验总结了对群团组织指导但不插手、参与但不干预、关心但不包揽、帮助但不代替等加强和改善党对群团组织的原则与方法。⑤ 黄九思将工青妇等群团组织定义为党所领导的"按一定目的、任务和形式编制起来的非国家政权性质的团体",应以管理自治、活动自主和经费自理三个方面的群众化来克服行政化倾向。⑥

四是对群团组织在政治管理中的地位和作用进行初步理论探索,如李景鹏教授将群团组织作为政治管理体系的有机组成部分,与政府和政党相比较,群团组织被视为准政治管理主体。⑦

在这一阶段,"群团组织"这一概念并不清晰,尽管邬梦兆、黄九思等实务界人士对群团组织界定相对清晰,但大量研究将群团组织与"群众组织""社

① 林云高:《工会的群众性与改革中的工会工作》,《中国工运学院学报》1987 年第 3 期。
② 钟钧声:《社会科学与社会科学群团功能浅析》,《探索》1989 年第 1 期。
③ 李长玲:《充分发挥群团组织作用,保证党同人民群众联系的渠道畅通》,《大庆社会科学》1991 年第 1 期。
④ 胡生贵:《改革与社团组织建设》,《学会》1992 年第 3 期。
⑤ 邬梦兆:《改革开放与群团工作》,红旗出版社 1992 年版。
⑥ 黄九思:《群团组织群众化初探》,《领导科学》1993 年第 2 期。
⑦ 李景鹏主编:《政治管理学概论》,高等教育出版社 1991 年版。

会团体"相等同。这反映了改革开放初期我国逐步恢复正常政治社会秩序，开始经济体制和经济发展方式改革的探索，而市场和社会领域尚未从政治国家中界分开来的现实。一方面，工青妇等传统群团组织开始恢复工作。1989年12月，《中共中央关于加强和改善党对工会、共青团、妇联工作领导的通知》指出：工会、共青团、妇联是党领导的工人阶级、先进青年、各族各界妇女的群众组织，是党联系群众的桥梁和纽带，是国家政权的重要社会支柱"①。中国计划生育协会②、中华全国台湾同胞联谊会、宋庆龄基金会、思政研究会、黄埔军校同学会等群团组织在20世纪80年代相继成立，丰富了党和政府在更多领域与人民群众的纽带联系。但在群团恢复工作的过程中，1987年党的十三大报告明确要求工青妇等群众团体改革组织制度，"转变活动方式，积极参与社会协商对话、民主管理和民主监督，把工作重点放在基层，克服'官'气和行政化倾向，赢得群众特别是基层群众的信任"③。另一方面，社会领域自组织开始活跃。党的十一届三中全会作出把全党工作的重点转移到社会主义现代化建设上来的战略决策。随着政治社会秩序的正常化，教育相关各学科纷纷得以恢复和快速发展，各种学会、协会、研究会如雨后春笋般出现。尽管当时的实务界和学界有了社会自组织应当繁荣发展的意识，但社会自组织的称谓尚未在社会上形成共识。因此，既有研究中"群众组织""群众团体""社

---

①　中共中央文献研究室编：《十三大以来重要文献选编》(中)，人民出版社1991年版，第790页。

②　中国计划生育协会于1980年应国家计划生育政策需要而产生。1998年10月25日，《社会团体登记管理条例》出台以后，中国计划生育协会即按照社会团体在民政部门进行登记，但工作人员都是干部身份。2006年《公务员法》实施后，按照同年8月22日中共中央组织部、人事部《关于印发工会、共青团、妇联等人民团体和群众团体机关参照〈中华人民共和国公务员法〉管理意见的通知》(组通字〔2006〕28号)，中国计划生育协会列入群团序列，其机关参照《中华人民共和国公务员法》管理。但是，中国计划生育协会仍然在民政部进行登记，直到2015年9月10日，《民政部关于中国计划生育协会免予社团登记的通知》就中国计划生育协会免予社团登记的有关问题明确发文，确认经国务院批准，中国计划生育协会可以免予社团登记。自此，中国计划生育协会成为由国务院机构编制管理机关核定机构编制，并经国务院批准免予登记的团体，走完了正式入列群团组织所有程序。

③　《中国共产党第十三次全国代表大会文件汇编》，人民出版社1987年版，第55页。

会团体"和"群团组织"等概念存在着混用的现象,既反映了当时全国人民推动社会经济快速发展的高涨热情和希望迅速发展的迫切愿望,也反映了当时国家与社会之间以及人与人之间连接纽带和桥梁多元化肇始亟待满足的规范化制度需求。

第二阶段是实践经验与理论阐释呼唤群团组织改革创新的稳步拓展阶段(1993—2014 年)。1992 年 10 月,党的十四大提出我国经济体制改革的目标是建立社会主义市场经济体制。1993 年 11 月,党的十四届三中全会审议通过了《中共中央关于建立社会主义市场经济体制若干问题的决定》,确立了我国社会主义市场经济体制的基本框架,改革开放迈入快车道。与此基本同步,1993 年 4 月,国务院第二次常务会议通过了《国家公务员暂行条例》,国家公务员制度自此确立。1995 年 9 月,第四次世界妇女大会在北京召开。此后,"非政府组织""非营利组织""第三部门组织"等概念进入我国,社会组织及其相关立法的发展步伐加快,而群团组织经历了 1993 年党政机构改革和2000 年群众团体机关机构改革,在人财物等各方面得到保障,稳定发展。群团组织的研究也开始呈现出多样化的态势,研究方法也更加丰富,主要集中在五个方面。

一是对群团组织在经济建设与和谐社会建设中的作用和实践进行总结分析。如郑志俭、袁子茹总结了大庆地区防洪管理处发挥群团组织工作阵地和活动集中的优势作用,不断提高民主管理水平的经验。[1] 张传鹤、刘琼等研究者提出了群团组织应在经济建设中发挥权益维护者、利益协调者作用。[2] 孙凌提出了完善妇联组织网络和妇女工作社区化运作的机制[3],罗贵榕认为工

---

[1]　郑志俭、袁子茹:《发挥群团组织作用,不断提高民主管理水平》,《水利天地》1999 年第 S1 期。

[2]　张传鹤:《劳动力市场性别歧视的原因及对策探讨》,《理论学刊》2005 年第 12 期;刘琼:《关于建立多层面职工利益诉求表达机制的思考》,《工会理论研究(上海工会管理职业学院学报)》2012 年第 4 期。

[3]　孙凌:《妇女推动社区建设与自身发展》,《重庆行政》2000 年第 6 期。

青妇等群团应当领航社会建设。① 学界还对京、浙、沪等地 2008 年开始的枢纽型组织建设探索进行了分析,如郑长忠、彭善民、夏江旗与包蕾萍、李璐、岳经纶、陈泳欣、刘海春等对不同地方群团作为枢纽型组织在社会管理创新中发挥作用的情况进行了具体个案研究和评价,并提出群团组织在把握好与政府的边界的基础上,作为枢纽型组织要更好地推动和保障社会发展,夯实社会自治基础,构建和谐公平社会等观点。② 朱庆跃则从改革开放以来党着力培育权力运行外部监督群以改善政治生态的角度认为党与群众团体关系经历了1978—1992 年由政党主宰型向政党主导型迈进,1992—2002 年政党主导型关系由行政型向法规型转向,2002 年十六大以来明确法规型政党—社会关系的发展方向。③ 但在他的论述中,群团不仅包括工青妇等组织,还包括群众自治组织和社会组织在内,等同于群众组织或广义上社会领域的所有组织。

二是对群团组织的功能发挥情况和存在的问题进行具体而深入研究,并呼吁群团组织进行改革创新。有的学者结合具体群团组织的实践进行深入分析,如徐家良通过全国妇联参与阶段性就业政策和《婚姻法》制定与修改这两个案例,考察了改革开放以来全国妇联作为具有表达和综合妇女权益功能的利益团体在中国政治过程中的作用。④ 韩福国对工商联作为制度博弈的载体承担国家和社会的双重代理功能的情况和义乌工会进行社会化维权过程中面

---

① 罗贵榕:《论群团组织的角色转型》,《法制与社会》2006 年第 18 期。

② 郑长忠:《从打破体制性区隔到构建枢纽型组织》,《中国青年研究》2011 年第 10 期;彭善民:《枢纽型社会组织建设与社会自主管理创新》,《江苏行政学院学报》2012 年第 1 期;夏江旗、包蕾萍:《上海群团组织枢纽性功能建设研究》,《社团管理研究》2012 年第 5 期;李璐:《分类负责模式:社会组织管理体制的创新探索——以北京市"枢纽型"社会组织管理为例》,《北京社会科学》2012 年第 3 期;岳经纶、陈泳欣:《社会管理创新与"枢纽型"社会组织的打造》,《黑龙江社会科学》2013 年第 4 期;刘海春:《共青团构建枢纽型社会组织的现实思考》,《中国青年政治学院学报》2013 年第 3 期。

③ 朱庆跃:《改革新时期以来党对权力运行外部监督群的培育路径探索——以党与群众团体关系的调构为例》,《理论研究》2014 年第 2 期。

④ 徐家良:《制度、影响力与博弈——全国妇联与公共政策制定》,中国社会出版社 2003 年版。

临的困难以及创造性地解决困难的创新实践进行了深入研究。① 吕福春以中国共青团的职能变迁过程为例深入分析了中国共青团作用发挥的实际情况、面临的困境和可能的发展前景。② 还有的学者对群团组织存在的问题进行了总体性的分析,认为群团组织官办色彩浓厚,几乎成了党政机构的一部分,固守单位体制,在维护和代表组织所属群众的具体利益方面不尽如人意③,工作理念陈旧,工作方式简单,导致群团组织边缘化、"空转"化,覆盖面和凝聚力下降,必须进行工作转型,去除行政化,将政治属性和社会属性有机统一起来,处理好群团与党和政府的关系,更好地代表和服务所联系群众④。

三是对党建带群建的途径进行研究。有实务界人士着重于对地方性群团组织相关实践创新进行总结,如盛玉军对青岛四方区通过抓社区党建带动社区群团工作实现对相关群体覆盖的实践经验进行了描述⑤;杨玉华、王楠对成都锦江区委建立"大群团"整体联动机制,以"大群团、大协作、大服务、大作为"工作思路发挥群团组织深入一线维护群众利益、发挥人民群众的主体作用的实践进行了分析⑥;赵宏钟对左权县党委领导下"群团一体化"的创新实践进行了总结,认为从组织形式、阵地建设、工作机制、活动开展等方面整合所

---

① 韩福国:《民营经济制度变迁中的工商联:组织的双重代理》,经济科学出版社 2006 年版;韩福国、骆小俊、林荣日、葛海有等:《新型产业工人与中国工会——"义乌工会社会化维权模式"研究》,上海人民出版社 2008 年版。

② 吕福春:《中国复合型社团研究:以中国共青团的职能变迁为个案》,天津人民出版社 2007 年版。

③ 施雪华主编:《政治科学原理》,中山大学出版社 2001 年版,第 372 页;罗贵榕:《论群团组织的角色转型》,《法制与社会》2006 年第 18 期;李强:《创新社会治理体制》,《前线》2014 年第 1 期。

④ 郑长忠:《关系空间再造的政治逻辑》,《当代青年研究》2008 年第 1 期;许晓军、吴清军:《对中国工会性质特征与核心职能的学术辨析》,《人文杂志》2011 年第 5 期;李登菊:《深化改革推进群团工作转型发展势在必行》,《四川党的建设》2014 年第 4 期;褚松燕:《在国家和社会之间——中国政治社会团体功能研究》,国家行政学院出版社 2014 年版。

⑤ 盛玉军:《关于加强社区党建带动群团工作的新探讨》,《中共青岛市委党校青岛行政学院学报》2002 年第 5 期。

⑥ 杨玉华、王楠:《充分发挥"大群团"优势 合力助推"四区"建设——关于锦江区创新群团工作体制的调查与思考》,《成都行政学院学报》2008 年第 3 期。

有群团组织的力量统筹安排,在组织建设、凝聚人心、促进发展、维护稳定方面起到了积极作用,夯实了党的群众基础①。李忠吉从加强党的执政能力角度认为应加强群团组织建设来促进群团组织功能的发挥②,曹建萍与段会平、刘芳等均提出了党居中领导、协调,以党建带群建的党群共建的思路③。

四是对群团组织在历史上的作用进行分析。如谢撼澜认为,党的五大在突出党建重要性的同时也突出了党的群团工作的地位和作用,明确了党与工会和青年团的关系,并强调要更加重视妇女群众的工作。④ 李明、戴莉萍和王超发现,在中央苏区时期,党高度重视并开展了卓有成效的群团工作,广泛组织群团,加强思想教育,健全法制保障权益,苏区的群团建设形成了以中国共产党为核心,以群团组织为骨干,以其他群团中的相关部门为辅助的建设网络,使群众能紧密团结在中国共产党和苏维埃政府的周围,甚至可以直接决定苏维埃政权的存亡,例如在历次的反"围剿"中,群团组织建设为中央苏区的发展奠定了坚实的基础。⑤ 张鸿石认为,抗日根据地的各种群团组织除配合党完成各项政治军事任务外,还在农村社会发挥着组织和协调作用,大大提高了乡村社会的组织化程度,还发挥着教育和引导农民、联系乡村社会与根据地党和政府的桥梁纽带作用,极大加强了中共政权与根据地乡村社会的紧密结合程度。⑥ 耿化敏以妇联组织为例分析了"文革"时期群团组织陷入被取消的危机的原因在于工青妇的三重组织属性中,由中国革命赋予的政治属性压倒

① 赵宏钟:《从左权一体化建设看如何提升群团工作水平》,《前进》2013 年第 1 期。
② 李忠吉:《发挥群团组织作用与党的执政能力建设》,《学术探索》2006 年第 1 期。
③ 曹建萍、段会平:《新时期城市社区党组织与社区各类组织协调问题的思考》,《世纪桥》2010 年第 13 期;刘芳:《论新形势下贯彻党的群众路线的经验与探索》,《改革与开放》2014 年第 20 期。
④ 谢撼澜:《中共五大在党的建设上的成就》,《党的文献》2007 年第 5 期。
⑤ 李明、戴莉萍:《苏区时期我党群团建设的历史经验及其启示》,《井冈山学院学报(哲学社会科学)》2009 年第 3 期;王超:《中央苏区"反围剿"战争中的群团组织建设》,《重庆行政(公共论坛)》2014 年第 4 期。
⑥ 张鸿石:《抗日根据地各种群团组织的社会功能》,《河北师院学报(社会科学版)》1995 年第 3 期。

了由组织成员所体现的自然属性和由组织性质所规定的社会属性,难以有组织地表达群众利益、发挥党联系群众的组织通道作用。① 这些成果丰富了我国群团组织发展史的研究。

五是对群团组织的定位和功能发挥进行理论化阐释。在我国政治学研究中,群团组织作为政治社会团体,被纳入政治主体范畴。如李景鹏将各种政治社会团体视为国家权力中政府之外的制约权力之一,但他并未展开论述。② 王浦劬主编的《政治学基础》将工青妇等群团组织界定为政治社会团体并将之纳入到政治主体分析框架当中。③ 林尚立认为党与群团之间形成了富有活力的轴心—外围结构,并经历了新中国成立前从轴心到外围的向心性整合、新中国成立后从外围到轴心的同构性整合,改革开放以来应当借助社会化组织网络建立轴心与外围交互作用的认同性整合以实现服务于社会的根本目的。④ 笔者认为,从历时性角度看,我国政治社会团体功能的发挥经历了从革命逻辑向建设逻辑的转变,从共时性角度看,政治社会团体行政性、服务性、代表性和倡导性四大功能普遍较弱,陷入了"体制嵌入性功能失衡",未能立足社会属性凝聚社会认同为其政治属性功能的发挥提供基础支撑,因此应当进行全面改革,从制度环境、群团结构与功能导向这两大方面推动群团组织增强社会属性相关功能,铺设国家与社会之间的中间层。⑤

在这一阶段,我国社会主义市场经济的飞速发展使国力和人民生活水平大幅提升,社会自组织水平也随之提高,从社会保障到社会组织管理等各方面的制度建设速度也随之加快,基本形成了保障和改善民生与加强社会治理齐

---

① 耿化敏:《"文革"时期妇联组织危机与成因初探》,《党史研究与教学》2007 年第 5 期。

② 李景鹏:《权力政治学》,黑龙江教育出版社 1995 年版,第 52 页。

③ 王浦劬主编:《政治学基础》,北京大学出版社 1995 年版。

④ 林尚立:《轴心与外围:共产党的组织网络与中国社会整合》,《复旦政治学评论》2008 年第 00 期。

⑤ 褚松燕:《在国家和社会之间——中国政治社会团体功能研究》,国家行政学院出版社 2014 年版。

头并进的制度网络。社会团体、民办非企业单位和基金会三种形式的社会组织从数量到覆盖领域都快速发展,为人民群众提供了多样化差异化可选择的专业化服务,也日益成为社会治理的重要主体和国家治理的重要参与者。在一定意义上,社会组织通过政府购买服务、民主协商等方面的制度安排逐渐形成了向党和政府传递利益需求和诉求的通道,这固然拓宽了党和政府与人民群众密切联系、沟通的途径,但对群团组织来说,社会组织与群团组织不仅存在面向相同人群提供服务的一定竞争关系,而且也形成了面向党和政府进行利益表达和利益整合的竞争关系。因此,实务界和学界开始辨析社会组织和群团组织的差异性,并逐渐形成共识,逐步推动一些领域的社会组织与党和政府脱钩,以实现政社分开。同时,党和政府对群团组织两次改革的目的也是力图使群团组织更好地把工作重心放在基层,以切实发挥联系党和政府与人民群众的桥梁和纽带作用,进而做好政治吸纳和社会整合,服务于国家发展战略。在实践中,各群团组织也意识到了自身存在的问题和面临的挑战,党建带群建、枢纽型组织建设的探索都是党和政府与群团组织共同努力以提升群团组织政治属性和社会属性相互促进的结果,各群团组织也开始因地制宜探索多样化的方式来进行功能转型,运用群团组织体制优势整合本领域的社会组织。因此,既有的研究呼应了这个现实:一方面,呈现出向历史深处和向现实实践去寻求问题解决路径的特点;另一方面,从群团组织的实践探索中挖掘群团组织发展、社会整合、国家与社会关系乃至中国政治发展路径以形成理论阐释开始成为中国学界的学术自觉。

　　第三个阶段是多视角聚焦加强和改进党的群团组织工作阶段(2015年以来)。在这一阶段,我国社会主义市场经济体系形成,政社分开成为重点,社会领域的组织化和活力进一步增强。在党的全面领导下,国家、市场和社会三大领域在发挥各自功能基础上协同发力朝向中华民族伟大复兴目标而努力的基础结构已经形成,改革也进入攻坚期。2013年11月,党的十八届三中全会审议通过的《中共中央关于全面深化改革若干重大问题的决定》提出,必须在新的历史起点上全面深化改革,"全面深化改革的总目标是完善和发展中国特色社会主义制度,推进国家治理体系和治理能力现代化。必须更加注重改革的系统性、整体性、协同性"①。作为国家治理体系和治理能力现代化的重要组成部分,党的群团工作也必须服从服务于全面深化改革的总目标。因此,群团改革提上日程并加大力度推进。2015 年 1 月,《中共中央关于加强和改进党的群团工作的意见》印发。7 月,中央党的群团工作会议分析研究新形势下党的群团工作面临的新情况新问题,推动《中共中央关于加强和改进党的群团工作的意见》的落实。习近平总书记要求"必须把群团组织建设得更加充满活力、更加坚强有力,使之成为推进国家治理体系和治理能力现代化的重要力量"②。此后,群团组织改革成为热点,相关研究成果数量一度在 2015 年当年爆发式地增长到 161 篇,但 2016 年之后数量下降近一半,继而每年的成果数量不断下降,2023 年的论文总量基本与 2012 年持平。到目前为止,相关研究主要集中在五个方面。

一是深入解读习近平总书记关于群团工作和群团组织改革的重要论述。如葛道顺认为习近平关于群团组织治理和发展的思想是对马克思主义关于社会组织和政体制度"硬核"作出的符合科学性和时代性的新的阐释,相关中国特色的群团发展道路的论述进一步完善了马克思主义群团组织治理和社会发展观。③ 康晓强对习近平的群团观进行了梳理,认为这些论述系统总结、精辟分析了党的群团工作的历史经验、主要特点、现实逻辑和内在规律,是指导群团工作的思想遵循、行动指南和前行航向。④ 刘光磊、李伟分析了习近平关于群团工作重要论述的理论渊源、逻辑体系和理论特质,认为习近平一系列重要论述以马克思主义群团学说以及中国共产党群团工作思想为理论基础,为新

---

① 《〈中共中央关于全面深化改革若干重大问题的决定〉辅导读本》,人民出版社 2013 年版,第 3 页。

② 《习近平谈治国理政》第二卷,外文出版社 2017 年版,第 307 页。

③ 葛道顺:《关于群团组织治理和发展的思考》,《社会发展研究》2016 年第 4 期。

④ 康晓强:《论习近平的群团观》,《社会主义研究》2017 年第 1 期。

时代发展党的群团事业提供了指导思想。① 王喜成从如何认识群团组织、为什么提出加强和改进党的群团工作、如何看待群团组织的地位和作用、如何切实加强和改进党的群团工作四个方面对加强和改进党的群团工作进行了分析。② 还有学者从党的群众路线视角展开分析,认为党的十八大以来,党的群团工作实践不断深化,理论不断创新,逐步形成了新时代党的群团工作思想,具有着独特的理论逻辑、历史基质和实践逻辑。③

二是对群团制度和群团改革进行理论分析。如王向民认为《中共中央关于加强和改进党的群团工作的意见》是新形势下群团工作的纲领性文件:一方面,将群团重新定位为国家治理体系和治理能力现代化的一部分而重塑了群团;另一方面,也意味着国家社会组织治理体系与治理能力现代化的制度定型。④ 陈佳俊、史龙鳞对新中国群团制度的形成与发展进行了分析,认为国家在群团组织形成过程中采取了"革命运动式"的建设逻辑、"不信任"的发展逻辑、"改造吸纳"的联合逻辑、"党委领导"的领导逻辑与"行政化"的管理逻辑,以实现资源汲取、政权建设和社会控制的目的,由此形成了动员与管控社会的两种工作取向,而国家与民众利益、革命化与制度化两对矛盾构成了群团组织发展的主要困境,也构成群团组织未来转型的背景。⑤ 李威利认为现代国家建设对国家治理提出了国家与社会一体化的整体性要求,群团需要分别与群众、社会组织、政党构建起服务型、枢纽型、整体型和延伸型关系,形

① 刘光磊、李伟:《习近平关于群团工作重要论述:渊源·体系·特质》,《中共云南省委党校学报》2020 年第 1 期。

② 王喜成:《关于加强和改进党的群团工作的若干思考》,《河南社会科学》2015 年第 12 期。

③ 张可辉:《回归与延展:群众路线视域下中国共产党群团思想研究》,《思想政治教育研究》2022 年第 5 期。

④ 王向民:《重塑群团:国家社会组织治理体系与治理能力现代化的制度定型》,《工会理论研究(上海工会管理职业学院学报)》2015 年第 6 期。

⑤ 陈佳俊、史龙鳞:《动员与管控:新中国群团制度的形成与发展》,《社会发展研究》2015 年第 3 期。

成整体性群团工作格局,承担起群众工作、组织工作、社会工作和政治工作四大功能。① 段萌琦、丰存斌从一般意义上探讨了人民团体将自身"功能嵌入"到协商民主中能够以"低成本"优势助推协商民主发展,提出人民团体在协商民主中应具备承认、凝聚、代表、赋能的核心功能,以及宣传教育、组织动员、沟通协调、联系服务、改革创新的基本功能。② 胡献忠以共青团为例,认为群团改革遵从挑战—回应逻辑,从动力机制、空间再造、"在场"规划和"互联网+"等方面论述了共青团适应性改革攻坚的着力点。③

三是以群团组织改革为背景对地方群团组织和具体群团组织改革实践进行案例研究。这方面的研究主要集中在工青妇三大基础群团和上海、重庆两个地域性试点的探索上。如陈晓运以 D 省共青团构建枢纽型组织为例分析了群团组织在与民间社会组织的竞争与合作中形成"竞合式镶嵌"来发挥国家整合社会的功能,认为群团组织充当了国家和社会关系中的积极主体和统合主义实际运转的中间因素。④ 郑长忠以共青团为例分析了群团在全面深化改革中以政治性、先进性和群众性为依据的重要性,提出了群团从价值、制度与组织等三个维度进行重塑应当解决的问题。⑤ 王晓杰、陈晓运以广州"智慧团建"为个案分析了群团运用互联网构建智能组织的具体做法,认为智能化促进了组织再造与贴近团员青年服务的机制创新,在社会治理中强化了群团的主业意识,强化了青年的政治认同,间接提升了城市政府的治理能力和施政效能。⑥涂凯、周亮分析了重庆共青团改革试点中探索"联系青年+服务青年+引导青

---

① 李威利:《转型期国家治理视域下党的群团工作发展研究》,《中国青年社会科学》2016年第1期。

② 段萌琦、丰存斌:《人民团体在协商民主中的功能探析》,《中共山西省委党校学报》2023年第5期。

③ 胡献忠:《群团逻辑与团改攻坚》,上海社会科学院出版社 2017 年版。

④ 陈晓运:《群团组织、竞合式镶嵌与统合主义的运作》,《青年研究》2015 年第 6 期。

⑤ 郑长忠:《新时期政党的青年组织的政治性、先进性和群众性研究》,《中国青年社会科学》2015 年第 6 期。

⑥ 王晓杰、陈晓运:《网络社会的共青团改革创新——以广州"智慧团建"为例》,《中国青年社会科学》2016 年第 3 期。

年+群众评价"四位一体密切联系青年群众长效工作机制的内在逻辑,并提出了进一步优化的建议。① 陈伟杰结合妇联的改革提出应重视组织"目标—结构—机制"议题,形成群团组织的体系化,由此克服组织网络邻近性和替代性的双重挑战,在加强政治整合的同时注重网络数量与网络质量,扮演好填充执政党和所服务群众之间的结构洞角色。② 龚燕等以重庆市为例采用主成分分析法探究群团组织服务群众能力,认为群团组织应提升供给侧作用、共联服务能力、信息服务能力、动员能力、职能定位、统领能力六个方面的能力。③ 吕雪峰、徐永祥以上海市工商联为例,认为群团组织在落实深化改革实践中,已初步展现出以政社并重、高低互促、竞合有序为主要特征的新型群团工作模式,新时代群团工作的发展趋势是以党政系统建设引领社会系统建设、以社会系统建设引领市场系统建设,进而推进对社会市场资源的政治化引领和制度化落实,从而为形成覆盖政社企三个领域的"两翼一体"型大群团架构奠定基础。④ 还有学者通过对具体案例的研究,指出了群团改革存在着内卷化现象,其原因在于去官僚化改革的动力和官僚制运作的"路径依赖"惯性之间的张力,以及决策层的战略部署与执行层的"目标替代"行动策略之间的博弈,解决之道在于以渐进式的累积变化带来改革的实质性发展。⑤

四是对群团组织参与社会治理情况进行研究。有的学者从一般意义上提出群团组织应主动参与社会治理,如彭恒军提出群团组织应加强社会治理主

① 涂凯、周亮:《群团改革背景下"四位一体"密切联系青年群众长效工作机制研究——以重庆共青团改革试点为例》,《广西青年干部学院学报》2018年第4期。

② 陈伟杰:《群团改革和妇联组织的体系性:一个重要的"结构—机制"议题》,《妇女研究论丛》2018年第6期;《社会网络视角下的政治整合与群团改革——以妇联组织为例》,《中华女子学院学报》2018年第3期。

③ 龚燕、毛霞、王韵:《重庆群团组织供给侧向度的主成分分析》,《重庆师范大学学报(自然科学版)》2016年第4期。

④ 吕雪峰、徐永祥:《新时代群团工作地方实践及发展趋势》,《新视野》2018年第3期。

⑤ 杨柯、唐文玉:《路径依赖、目标替代与群团改革内卷化——以A市妇联改革为例》,《华中师范大学学报(人文社会科学版)》2022年第3期。

体建设,承担起整合社会的重要职责和巩固党的执政基础的重大使命。① 向玉兰认为群团组织参与社会治理是推进国家治理体系和治理能力现代化的一部分,应提升社会治理的监控能力和管理能力来促进国家治理能力全面提升。② 还有学者以某地或某个群团组织为例总结群团组织参与社会治理的经验和参与路径,如杨国先将四川省以大群团工作格局协同社会力量参与社会治理的做法总结为以门店式服务平台进行枢纽型协同,推进工作社会化发展。③ 姚仰生认为工会可通过明确定位、增强组织代表性及建立干部考核激励制度等手段进一步发挥其在共建共治共享社会治理格局中的作用。④ 田蓉、仇晓源以南京市栖霞区妇联为例梳理了群团发展自身组织网络、依托社会组织和促进志愿服务三重参与社会治理的路径。⑤ 李乾坤回顾历史总结了妇联参与社会治理的基本经验,即在党的领导下坚持以妇女群众为中心、经常性工作与专题性活动相结合、不断提升社会协作水平等。⑥ 严宇鸣结合上海地区群团实践,认为工会系加大自身与社会组织的合作力度,引领后者共同参与基层社会治理,是工会组织以自身服务的社会化发展积极推进改革的表现。⑦ 任大鹏等运用组织流变理论对妇联组织参与社会治理的实践进行分析,认为妇联组织通过发挥党建引领作用、打造资源整合平台、培育孵化自组织、倡导人文价值关怀等路径增强组织粘性和弹性,能够有效参与社会治理,

---

① 彭恒军:《社会治理主体建设与群团组织的改革与创新》,《工会理论研究(上海工会管理职业学院学报)》2015 年第 6 期。

② 向玉兰:《群团组织介入社会治理文献综述》,《重庆行政(公共论坛)》2017 年第 2 期。

③ 杨国先:《充分发挥多元社会治理主体的协同效应——基于雅安市群团组织社会服务中心的创新探索》,《国家治理》2016 年第 8 期。

④ 姚仰生:《工会参与社会治理创新:地位、作用、问题与路径》,《工会理论研究(上海工会管理职业学院学报)》2018 年第 6 期。

⑤ 田蓉、仇晓源:《群团组织参与社会治理创新——以南京市栖霞区妇联为例》,《社会治理》2019 年第 4 期。

⑥ 李乾坤:《妇联参与社会治理的历史进程及经验研究》,东北师范大学博士学位论文,2019 年。

⑦ 严宇鸣:《创新基层社会治理视域下工会与社会组织合作模式研究——以上海为例》,《工会理论研究》2020 年第 3 期。

推进国家治理体系和治理能力现代化。①

五是对党领导群团工作的百年历程及其经验进行研究。学界围绕中国共产党成立一百多年来各领域的经验进行分析,群团工作是其中的重要内容。相关研究主要从党的群团工作本身和党的群众组织力两个角度展开。胡献忠、闫文静等认为,在党的百年奋斗历程中,群团工作始终秉持围绕中心谋大局的优良传统,为完成党在不同历史时期的中心任务而汇聚力量。② 王学俭、王秀芳认为,群团组织是中国共产党联系群众、扩大党的影响的有效组织形式,对于团结和组织人民群众具有重要的整合价值,是党的群众组织力建设不可缺少的重要组成部分。③ 还有学者总结不同时期党领导群团工作的经验启示,如庞振宇认为苏维埃时期,党探索出一条政治方向是根本、制度体系是基础、组织网络是核心、法制建设是保障、组织化参与是目的的群团建设道路,增强了党和苏维埃政府的凝聚力与战斗力。④

在这一阶段,群团和社会组织的区别进一步被理清,实务界和学界对群团组织的范围也达成了共识。首先,群团是"群众团体"的简称。在国家层面,群团数量明确为23家,其依据主要有二:一是2000年《中共中央办公厅　国务院办公厅关于印发〈21个群众团体机关机构改革意见〉的通知》(中办发〔2000〕31号)明确列出了21家群团;二是《社会团体登记管理条例》第三条的规定,即"下列团体不属于本条例规定登记的范围:(一)参加中国人民政治协商会议的人民团体;(二)由国务院机构编制管理机关核定,并经国务院批准免予登记的团体"。全国青联因以中国共青团为核心力量,其秘书处置于

---

　① 任大鹏、尹翠娟、刘岩:《粘性与弹性:妇联组织参与基层社会治理的路径研究》,《中州学刊》2022年第3期。

　② 胡献忠:《百年来中国共产党领导群团的历史逻辑与基本经验》,《青年探索》2021年第2期;闫文静:《党的群团工作百年回望及经验启示》,《东岳论丛》2021年第9期。

　③ 王学俭、王秀芳:《中国共产党群众组织力建设的百年回望》,《甘肃社会科学》2021年第2期。

　④ 庞振宇:《苏维埃时期中共群团工作的特点与经验》,《江西社会科学》2021年第10期。

团中央机关当中,不再单设,不存在群团机关。因此,不在群团机关机构改革之列,但并不意味着全国青联不是群团组织。中国计划生育协会在 2015 年 9 月 10 日经由《民政部关于中国计划生育协会免予社团登记的通知》明确,成为由国务院机构编制管理机关核定,并经国务院批准免予登记的团体,是最后入列的群团。因此,从机构编制管理角度看,群众团体机关的机构编制由中央机构编制部门核定的是 22 家,而群团数量则是 23 家。① 其次,群团组织包括人民团体在内。人民团体的范围自新中国成立以来也经历了变化。② 目前已稳定在作为中国人民政治协商会议界别的八大人民团体,法律和中央下发文件中所指的人民团体一般与此一致;但一些并非中国人民政治协商会议界别的群团在章程中仍然将自身界定为"人民团体",如中国法学会在其章程第一条表述为"中国法学会是中国共产党领导的人民团体,是法学界、法律界的全国性群众团体、学术团体和政法战线的重要组成部分"③。综上,按照 2015 年《中共中央关于加强和改进党的群团工作的意见》的表述,工会、共青团、妇联等也都属于群团组织的范畴,但在协商民主、人大代表和政协委员的产生方

---

① 即中华全国总工会、中国共产主义青年团、中华全国妇女联合会、中国科学技术协会、中华全国归国华侨联合会、中华全国台湾同胞联谊会、中华全国青年联合会、中华全国工商业联合会、中国文学艺术界联合会、中国作家协会、中华全国新闻工作者协会、中国人民对外友好协会、中国人民外交学会、中国国际贸易促进委员会、中国残疾人联合会、中国宋庆龄基金会、中国法学会、中国红十字会总会、中国思想政治工作研究会、欧美同学会、黄埔军校同学会、中华职业教育社、中国计划生育协会。

② 例如,1954 年《中华人民共和国宪法》实施后,第二届至第四届人民政协的团体组成单位固定为工会、共青团、妇联、青联、科协、工商联、文联 7 家。第五、六届全国政协中不再有科协和文联。1983 年,第六届全国政协增加"中华全国台湾同胞联谊会"(全国台联)为组成单位。1991 年,全国政协七届十二次常委会恢复中国科协为全国政协组成单位,并增加全国侨联为全国政协组成单位。自此,全国总工会、共青团、全国妇联、全国工商联、全国青联、中国科协、全国台联、全国侨联八大人民团体均成为全国政协的组成单位。从 1993 年第八届全国政协开始,全国政协的参加单位稳定在 34 个。2004 年 3 月,全国政协十届二次会议通过的政协章程修正案,采用了"设若干界别""界别设置"的表述,政协章程第一次正式以"界别"来指称所有的政协参加单位。2023 年,第十四届全国政协增加环境资源界,并将中国共产主义青年团和中华全国青年联合会两个界别合并为中国共产主义青年团和中华全国青年联合会一个界别,全国政协界别总数仍为 34 个,8 个人民团体也仍然是全国政协的界别,只是所占界别从 8 个调整为 7 个。

③ 来自中国法学会官方网站。

面,工青妇等八大人民团体的重要性显然更为突出。

需要注意的是,社会组织作为企业事业单位、社会团体和其他社会力量以及公民个人依法成立的非营利性组织,尽管可以参与到政治过程当中,但并不具有群团组织所有的政治属性,而是在服务群众方面与群团组织存在着竞争—合作关系。一方面,社会组织随着国家相关法律法规的健全得到快速大发展。社会组织的三大条例近年来得到修订。2016年《中华人民共和国慈善法》的通过①,为公益慈善领域社会组织的发展提供了依据。2020年《民法典》的颁布,使社会组织在法律层面有了更为明确的非营利法人类型选项,《社会组织登记管理条例》列入国务院2020年立法计划。社会组织在税收、志愿服务、政府购买服务等相关领域的制度保障也日益健全,社会组织快速发展,已经成为继市场主体之后为社会公众提供各种差异化服务的重要选项。另一方面,国家通过一系列政策工具在加快推动政社分开的同时构建国家与社会组织合作的协同治理关系,如采取限期实现行业协会商会与行政机关脱钩,通过购买服务、转移部分政府职能等政策工具支持和发展志愿服务组织,重点培育和优先发展行业协会商会类、科技类、公益慈善类、城乡社区服务类社会组织。由此,在群团组织这一传统的党和国家与社会连接的通道之外,社会组织拓展了更为多样化的群众路线形式和更为细分的社会横向连接网络。2015年2月,中共中央印发的《关于加强社会主义协商民主建设的意见》中提出"逐步探索社会组织协商"。社会组织协商成为与政党协商、人大协商、政府协商、政协协商、人民团体协商、基层协商相并列的推进社会主义协商民主的重要形式。但是,这并不意味着社会组织具有政治性,而是意味着社会组织拥有了参与公共事务的制度化通道。这在一定意义上对群团组织作为党和政府与人民群众之间桥梁纽带的政治性形成了补充,也在一些特定的具体情境和事务中与群团组织代表所联系的群众的利益进行表达形成了竞争,尤其在

---

① 2023年12月29日,第十四届全国人民代表大会常务委员会第七次会议对《中华人民共和国慈善法》作了修改。

"完善党委领导、政府负责、民主协商、社会协同、公众参与、法治保障、科技支撑的社会治理体系"①过程中,如何与同是社会治理组织化主体的社会组织错位发展、互补合作,并协助党将社会组织编入党对社会的有效组织当中,对群团组织更是一个挑战。各地已经探索多年的枢纽型组织建设为群团组织提供了组织化平台保障,但群团组织能否据此不仅在服务提供方面,更在利益表达和思想引领方面真正成为所在领域具有强大调度、协调、整合能力的枢纽,也在检验群团组织政治属性和社会属性融合基础上的政治性、先进性、群众性的增强程度。正因为如此,这一时期的研究一方面积极呼应党中央治国理政的战略布局中群团改革的政策意图,呈现出理论追赶现实的特点;另一方面,这一时期的研究更多的是从群团改革实践的具体探索中去梳理、深描群团组织响应中央群团改革的实际行动和参与社会治理以增强政治性、先进性、群众性的具体做法,为提炼群团组织功能的落实、优化机制提供丰富的实践经验交流土壤,也为群团改革理论和中国特色社会主义群团发展道路提供更为充分的论据,为中国特色国家治理、社会治理理论的形成和丰富积累经验性支持。

(二)国外研究现状

目前,大多数国家并没有中国国家治理体系和政治架构中群团这样的组织,但有一些相似组织,如德国的伞状组织(umbrella organization)、英国的非政府部门公共组织等。因此,笔者在此梳理的国外相关研究主要包括两方面:一方面是对中国群团组织的研究,另一方面是对相似组织的研究。

一是国外学界对中国群团组织的研究。国外学界对中国群团组织的研究并不多见,最早见于1951年鲍大可(A.Doak Barnett)将群团组织与党、政府和军队并列为中国政权四大支柱的研究,他分析了群团的组织结构、功能和影响,认为中国的群团组织尽管具有政治性,但并不是"国家权力组织",而是构

---

① 中共中央党史和文献研究院编:《十九大以来重要文献选编》(中),中央文献出版社2021年版,第287页。

成了中国共产党治国组织矩阵中的基础部分,连接着科层制国家机构和广大群众,是理解中国共产党政权运作必须研究的要素。① 1954 年,赵国钧将中国群团组织的政治属性、组织结构与功能等进行了分析,在他看来,中国共产党能够成功的重要原因之一就在于通过各种群团组织将基层群众有效地组织起来。② 此后,因国际关系的影响,国外特别是英语世界学者对中国群团组织的研究陷入沉寂,文献量极少。20 世纪 70 年代初,中美相互隔绝局面打破后,才出现了一些资料性的文献,如吉纳维芙·迪恩和曼弗雷德·马希奥蒂(Genevieve Dean and Manfredo Macioti)在研究中国的科技制度时,将科协和科技社团作为科技信息交流的载体做了简单介绍。③

改革开放后,中国的群团组织再次受到国外学者的关注。相关研究开始逐渐增多,但主要集中在工会和妇联组织的功能发挥上,且以实证研究居多。如艾伦·唐纳德·保罗(Alan Donald Pauw)认为中国的民主党派与群团组织类似,而工会妇联等"群团组织就是在中国政治中协助共产党向成员宣传政策,掌控、发动其成员完成特定任务的组织"。④ 英国学者郝秋迪(Jude Howell)对中国全国妇联和全国总工会做了大量研究,她认为,群团组织在中国共产党的领导下扮演着双重角色——把党的政策、关注点和观点向下传导给所联系的群众,同时把所联系群众的利益和需求向上传递给党。⑤ 改革开放以来,妇女权益和劳动领域新出现的社会组织对全国妇联和全国总工会的功能形成了挑战,全国妇联努力参与和影响妇女权益维护相关立法,而工会组

---

①　A.Doak Barnett,"Mass Political Organizations in Communist China",The Annals of the American Academy of Political and Social Science,Vol.277,No.1(Sep.,1951),pp.76-88.

②　Chao Kuo-chün,"Mass Organizations in Mainland China",The American Political Science Review,Vol.48,No.3(Sep.,1954),pp.752-765.

③　Genevieve Dean and Manfredo Macioti,"Scientific Institutions in China",Minerva11,No.3(July,1973),pp.318-334.

④　Alan Donald Pauw,"Chinese Democratic Parties as a Mass Organization",Asian Affairs:An American Review,Vol.8,No.6(1981),pp.372-390.

⑤　Jude Howell,"The Struggle for Survival:Prospects for the Women's Federation in Post-Mao China",World Development,Vol.24,No.1(1996),pp.129-144.

织通过发挥枢纽型组织作用向劳动领域社会组织购买服务,从而对这些社会组织形成了福利型吸纳(welfarist incorporation)。① 菱田雅晴等人基于对1811家企业工会主席的访谈,认为中国政府和工人之间因工会的连接而形成"共生"关系,因此,工会成为社会秩序的维护者,但就业优先的导向使工人相较于资本而处于次要地位,中国工会的自治程度偏低,难以有效维护工人权益。② 提姆·普林格勒(Tim Pringle)分析了改革开放以来中国工会在集体谈判、劳动权益和工会选举这三个方面的活动情况,认为尽管全国总工会积极参与到劳动法的修改中以改善职工待遇,但工会在企业特别是民营企业中未能节制雇主权力,因权益未能得到保护而造成的工人群体性事件带来的压力推动了全国总工会的改革。③ 其他研究中国问题的学者在分析中国国家与社会关系时,大都把群团组织作为党和政府机构的一部分来分析,如托尼·赛奇(Tony Saich)认为工会妇联等群团组织垄断了对工人和妇女利益的代表,并不能像其他社会组织一样作为独立于党和政府的社会主体来对待。④ 莫莉(M.Giovanna Merli)、钱振超和史密斯(Herbert L.Smith)在研究中国计划生育政策的执行时把中国村里从事计生工作的人和乡镇及以上层级政府计生干部统称为计生干部进行科层制研究⑤,忽略了在村里从事计生工作的人往往就是村计生协的负责人,是基层群众自治组织的组成部分。

---

① Jude Howell,"Organising around women and labour in China:uneasy shadows,uncomfortable alliances",Communist and Post-Communist Studies,Vol.33,Issue 3(Sep.,2000),pp.355-377;"Women's political participation in China:in whose interests elections?" Journal of Contemporary China,Vol.15,No.49(2006),pp.603-619;"Shall We Dance? Welfarist Incorporationand the Politics of State-Labour NGORelations",The China Quarterly,Vol.223,No.8(August,2015),pp.702-723.

② Masaharu Hishida and others,*China's Trade Unions:How Autonomous Are They*? London:New York:Routledge,2010.

③ Tim Pringle,*Trade Unions in China:The Challenge of Labour Unrest*,Routledge,2011.

④ Tony Saich,*Negotiating the State:The Development of Social Organizations in China*,The China Quarterly,Vol.161(2000),pp.124-141.

⑤ M.Giovanna Merli,Zhenchao Qian,Herbert L.Smith,"Adaptation of a Political Bureaucracy to Economic and Institutional Change Under Socialism:The Chinese State Family Planning System",Politics&Society,Vol.32,No.2(June 2004),pp.231-256.

二是国外对相似组织的研究。囿于笔者检索能力，截至目前，我们在现有文献中尚未找到国外文献中和我国群团组织在政治—社会生活中完全相同的组织来做对应比较分析。在一些发达国家，存在一些在局部结构和局部功能层面类似于我国群团的组织，主要有两类。一类是德国6个主要政党依法利用公共财政资金建立的政治基金会和德国联邦议会公布的可以游说政府的、具有全国代表性的一些顶层协会或伞状组织（umbrella organization, Dachverbund）。其中，政治基金会在法律上拥有完全独立的地位，可通过教育、培训、国际交流等方式推广相应的政治理念，而伞状组织是由独立组织或行业基于自愿而成为其成员的全国性的核心组织。[①] 有学者对社会组织在欧盟就业政策中的参与情况进行研究，发现在政策影响力上，伞状组织具有明显优势，而伞状组织的地方性成员单位凭借其成员身份所带来的关系优势，在相关政策领域与国家甚至欧盟层面的互动也明显高于非伞状组织成员的地方性社会组织。[②] 另一类是在英国和爱尔兰、丹麦等国家，存在着承接政府授权职能的"准自治非政府组织"（Quasi-Autonomous Non-Governmental Organisation，简称QuANGO），即"由财政负担来行使一项公共职能的在一定程度上独立于选举产生的政客的组织"[③]，这些组织存在于政策执行层面，无涉政权层面。以英国为例，1988年"下一步行动方案"（The Next Steps）要求政府决策和执行分离，其结果之一就是在各个领域都有各种准自治非政府组织承担执行和服务功能。随着政府职能的扩展，这些组织也日益半政府化，在透明度和问责方面

---

① Georg Von Schnurbein, Sabrina Stöckli, "The Codification of Nonprofit Governance —A Comparative Analysis of Swiss and German Nonprofit Governance Codes", Gnan, L., Hinna, A. and Monteduro, F. (eds.) Conceptualizing and Researching Governance in Public and Non-Profit Organizations (Studies in Public and Non-Profit Governance, Vol.1, 2013), Emerald Group Publishing Limited, Bingley, pp.179-202.

② Simone Baglioni, "Multi-Level Governance, the EU and Civil Society: A Missing Link?", In Multi-Level Governance: The Missing Linkages, Published online: 06 Jul 2015, pp.163-182.

③ A.Barker, Quangos in Britain, London: Macmillan, 1982, p.220.

产生了问题。① 1997年,英国政府将承担政府转移职能的组织改称"非政府部门公共组织"(Non-Departmental Public Body,NDPB)并将之界定为"既不是政府部门也不是政府部门的构成部分,而是参与政府过程的或多或少独立于政府各部门运作的组织"。② 克里斯蒂安·金森(Christian Jensen)比较了比利时、丹麦、德国、爱尔兰和英国的实践,认为"准自治非政府组织"是作为政府意愿创设且经费上依赖于政府,但在法律意义上仍是私营部门机构,对这类组织进行事后监管比事前监管更有效。③ 可见,国外研究者都是把欧洲这些国家的类似组织视为第三部门的组成部分。与我国的群团组织相比,这些组织并没有明确的政权体系内身份,也不具有我国群团组织所具有的政治属性和社会属性相结合的复合功能,其工作人员也并非公职人员。德国的政治基金会和伞状组织因具有法定的政治参与通道而被视为是社会法团主义的标志,而英国等国家的准自治非政府组织或非政府部门公共组织则是在具体政策领域承担一定的政策执行和服务功能,一旦政府没有相应的政策执行和服务供给意愿,这些组织与政府之间的关联也就不复存在。

综上,国外对我国群团组织的研究大致经历了两个阶段:第一个阶段是新中国成立初期,国外特别是西方学者从政权建设角度看待我国的群团组织,将其界定为新中国政权得以形成和建设的基础性要素,以及理解中国政治的钥匙。第二个阶段则是从改革开放之后,国外学者尽管仍然将群团组织作为中国的政治过程主体,但已经不再延续政权建设的宏观视角,而是将群团组织视为中国党政体系中的组织化结构要素,即把我国的群团组织大多视为党政机

① Stuart Weir,David Beetham,*Political Power & Democratic Control in Britain*,Routledge Publish Press,1999,pp.185-224.

② UK Cabinet Office:Executive Non-Departmental Public Bodies 1997 Report,11 November 1997. https://www.gov. uk/government/publications/executive - non - departmental - public - bodies - 1997-report,最后检索日期:2019 年 6 月 6 日。

③ Christian Jensen,*The Institutional Politics of Privatizing Government:Overseeing QuANGOs in Parliamentary Democracies*,Conference Papers-Midwestern Political Science Association,2009 Annual Meeting,p.1.

构的一部分,更多地在中观或微观层面对中国的群团组织及其行为进行观察、深描,聚焦于群团组织的具体功能及其实现的路径和策略。但受制于西方学术界价值观和社会科学研究范式对中国政治的"威权主义""全能主义"等西方中心主义历史本位的现象学解读,既有的国外文献未能形成政权建设和组织功能发挥之间研究逻辑的衔接,进而也仅停留在对我国群团组织结构—功能的现象描述上。而由于公共事务的复杂性,西方国家也有一些与我国群团组织某些方面功能相似的组织存在,这些组织的相关研究也有助于我们从利益、资源和功能等角度去借鉴其治理结构和内部管理的经验。

综上所述,群团组织作为一个近年来开始受到重视的新兴研究领域,出现的时间不长,国内外相关文献还不多,既有研究从国家与社会关系、统一战线、社会治理、国家治理等视角涵盖了群团组织历史作用、发展历程、各领域功能的实现和群团组织自身改革,在研究方法上呈现出定性研究与定量研究交相辉映的特点。其中,规范研究以群团组织的重要性和进行改革创新的必要性等应然研究较为常见,实证研究以一家、一地群团的工作创新、改革实践或在某一特定领域如参与社会治理的研究较为常见,且不少是描述工作实践,这有助于促进全国范围内群团组织在共识基础上推进改革,有助于学术界发现和归纳群团组织近年来适应社会主义市场经济和社会转型而进行的组织改革和行为创新探索的共同点,进而从理论层面进行深入分析和理论提炼。

但是,既有的研究呈现出一些不足:一是政策宣讲多而理论研究少。2015年《中共中央关于加强和改进党的群团工作的意见》和中央党的群团工作会议传达出的强烈信号使群团研究一度成为热点,但相关研究成果在2015年暴增到161篇后,2016年论文数量即下降近一半并在此后逐渐徘徊下降,到2020年以后基本下降到2012—2014年水平。其中,政策宣讲的应然类成果较多,理论阐释和建构研究的持续性不足。这客观上固然与改革开放以来政治、经济、社会等领域研究主题众多且新生领域的产出性传播性更大有关,例如社会组织在改革开放之后迅速发展且与国际上非营利性组织的接触频繁而联通,从而形成一个新兴的可持续研究领域,而群团组织因其鲜明的中国本土特色以及在国际上进行比较借鉴的实践和文献均较为缺乏,在一定程度上使群团组织研究未能真正成为学术界关注的重点。但是,群团组织研究未能具有持续性的规模效应这一现实显然与群团组织自革命时期就扎根群众的组织性所具有的独特作用和新中国成立后在政治格局中的重要地位并不相符,理论研究的不足由此就落后于伟大实践,对中国特色社会主义群团发展道路的理论阐释尚未完成,对群团进行组织学行为学探讨的理论建构也尚未形成。二是实践描述多而深入分析少。大多数研究或者围绕群团组织自身及其工作展开,实践的事实和描述丰富,基于事实描述的问题与对策多停留于就事论事的表层,而对于事实背后国家全面现代化的发展战略宏观背景及其进程缺乏深入分析,进而在中观层面对党领导、建设群团和推动群团"去四化""强三性"战略意图发展的逻辑就难以深入研究,在微观层面从群团治理结构的调整和行为变迁中审视群团组织自身发展路径的研究较为缺乏,进而对群团改革实践效果的有效性检验和群团组织自身增强政治性、先进性和群众性的机制就缺乏深入的分析和研判。三是基于同质性预设的研究多而复合性的研究少。既有的群团研究大多把我国 23 家群团组织视为一个同质性整体来对待,即便如此,对群团组织作为同质性整体的共性特征的深度分析也仍然难以支撑相关理论的形成。尽管对特定群团组织如工青妇的专门研究较多,但这些专门研究对于其他群团组织的适用性还尚待考察。更为重要的是,群团组织彼此的差异性所带来的群团组织建设、群团组织在社会治理、国家治理中功能发挥侧重点是有所不同的,但这些实践中的事实尚未受到足够的重视,由此,群团组织共性和差异性研究相互补充进而共同呈现群团组织整体性的研究趋势尚未形成。

上述不足恰是未来一段时期群团组织研究的着力点。因此,本研究拟从政治学、公共管理学、社会学和传播学跨学科角度,在学界既有成果基础上,锚定群团在中国政治架构中的地位、功能,结合群团改革战略目标的理清,考察《中共中央关于加强和改进党的群团工作的意见》以及中央党的群团工作会议以来，群团组织增强政治性、先进性和群众性的机制探索和创新，分析其中的经验和问题，结合中国式现代化战略来理清群团改革战略目标，提炼和提出实践中具有实操性的、可行有效的推动工青妇等群团组织增强政治性、先进性和群众性的一整套相互配合的机制和相关支撑性政策，并努力提炼出阐释中国特色社会主义群团组织发展道路的理论要素，丰富中国特色社会主义道路的理论解读。

三、研究思路与研究方法

从 2015 年《中共中央关于加强和改进党的群团工作的意见》印发以及中央党的群团工作会议召开至今，群团改革试点已经进行了八年多，八年多来，上海、重庆作为群团改革试点地区以及全国总工会、全国妇联、共青团中央、中国科协等群团改革试点进行了积极探索，初步积累了经验，也在改革中遇到了新的问题。

鲜活的实践是理论的指引。"一种理论的产生，源泉只能是丰富生动的现实生活，动力只能是解决社会矛盾和问题的现实要求。"①本研究拟从党对群团组织"强三性"的要求、人民日益增长的美好生活需要的满足途径、社会治理共同体的构建和群团组织的主体性入手，以实地调研和深度访谈来深入描述群团改革以来，群团组织为"强三性"所进行的各方面改革创新实践，以及发挥作用的过程和效果，分析群团改革以来所探索形成的相关机制，找出其中可推广的经验和需要进一步解决的问题，将政治性、先进性和群众性融入到相互关联的战略规划和具体机制上，使群团组织作为保持党和政府同人民群众的血肉联系的切实有效的常态化组织主体，成为融合国家治理和社会治理各领域各方面的高流量桥梁，切实起到新时代协助党有效组织社会和全面增

---

① 《习近平谈治国理政》第三卷，外文出版社 2020 年版，第 63 页。

强执政本领的作用。具体来说,主要集中于以下方面。

(一) 研究思路

一是分析群团改革的战略意图,对群团改革中群团组织治理结构调整和行为变迁进行整合研究。首先,结合中国特色社会主义进入新时代后的形势和战略任务,分析党领导建设群团和推动群团"去四化""强三性"战略意图发展的逻辑和战略目标。其次,深描群团改革情况,对群团组织治理结构、行动方式等变化进行描述、分析,对群团改革目标导向的制度、机制形成逻辑进行提炼。深描群团改革的现实情况,结合政策意图和政策执行情况对群团组织改革的应然与实然情况进行比对,至少包括两个层次:一是对群团自身组织体系改革情况及其对群团行为和功能的影响进行研究。这包括治理结构调整和组织建设两个方面,治理结构调整涉及群团组织体系中领导机构人员构成、机关组织架构优化等。组织建设包括基层组织的设置、网络化组织体系的构建等,由此去考察群团组织体系改革对其行为变迁的影响。二是深描群团改革的行动实践,从政治学、公共管理学、社会学和传播学等跨学科角度分类深入研究群团组织"强三性"的机制探索和创新情况,分析其中的经验和存在的问题与不足,对照群团改革目标,发现和提炼总结可行有效地推动群团组织"强三性"的制度和机制。在此基础上,将群团组织作为国家治理体系中的主体性要素嵌入国家治理现代化进程中,探索国家治理体系中多主体发挥作用更加优化协同高效的理论创新,进而丰富国家治理现代化进程中主体关系研究和国家与社会之间的中间层研究。

二是将群团组织研究嵌入中国特色社会主义发展宏观进程中去进行理论分析。正如列宁所言,马克思主义认为理论的主要任务是说明现实过程,"社会学理论应当确切地描写现实过程"①。把群团组织研究嵌入中国特色社会

---

① 《列宁选集》第一卷,人民出版社 2012 年版,第 44 页。

主义发展宏观进程当中,有助于我们更为深入地理解党的群团工作战略的变与不变。一是从党领导和建设群团发展的历史脉络中发现党的群团工作的历史逻辑和战略逻辑,由此理解新时代党领导和推动群团"去四化""强三性"战略布局的底层逻辑和有效机制建设的渊薮。二是在对中国特色社会主义群团发展道路的特征——即群团自觉接受党的领导、团结服务所联系群众、依法依章程开展工作相统一——进行深描的基础上,结合中国国家治理体系和治理能力现代化已经凸显的制度优势,提炼出阐释中国特色社会主义群团发展道路的理论要素,丰富中国特色社会主义道路的理论解读。

三是在对群团组织进行总体研究的基础之上兼顾分类研究。中国 23 家群团组织都有政治属性和社会属性兼具的共同点,在群团组织架构和群团工作的方式方法上也有可以相互借鉴的共通点,对 23 家群团组织进行总体性研究在一定意义上能够探究群团改革发展的一般性规律,在总体上丰富中国特色社会主义群团发展道路的实践和理论。但改革开放以来的实践表明,随着市场、社会和国家职能的分野,每个群团组织的独特性也日益显现,不同类别甚至不同群团组织政治属性和社会属性的结合方式、具体工作的侧重点、功能发挥的方式、"强三性"改革实现的具体机制和具体工作的侧重点也都有一定的差异性。这些差异性恰恰能够和共同性一起为中国特色社会主义群团发展道路的理论阐释提供支持。因此,本研究在对群团组织进行总体研究的基础之上,也探索对群团组织进行一定的分类研究,以期在考察群团通过差异化发展占据国家与社会之间不同领域整合中枢的实践基础上,更好地将中国特色社会主义群团发展道路多元统一的特点初步呈现出来。因此,出于总体统一基础上分类施策的现实需要,这就既需要立足 23 家群团组织的共性来研究,又需要结合各群团的特性进行研究。因此,我们尝试依据一定的标准,对 23 家群团组织进行初步的分类,以便深度访谈和具体个案相结合,初步展示不同类型群团组织的差异化发展情况,并据此提出群团组织"强三性"的共同机制和不同类别相对不同的机制落实路径。

关于群团组织的分类,有学者根据对群团组织合作网络结构的分析,按照与其他节点联系的紧密程度,将群团组织分为两类:第一类是基本群团组织,即工会、妇联和共青团;第二类是工青妇之外的群团组织,统称为其他群团组织。① 但对群团还可以根据其他标准进行划分。例如,笔者在分析我国八大人民团体的功能转型时,曾从人民团体与党和国家政权的渊源以及面向服务对象的功能定位来看,将群团分为政策性群团和狭义的政治性群团两大类。② 其中,政治性群团组织与党和国家政权建设密切相关,如参加中国人民政治协商会议的八大人民团体,工青妇组织革命年代就在党的领导下开展群众工作,被界定为国家政权的重要社会支柱,而政策性群团组织大都是新中国成立后设立的,依法依规在某些特定领域具体政策执行中发挥重要作用。如果我们按照群团组织对政权的重要程度、所联系和服务人群的特点,还可以将群团组织分为政权基础类群团(工会、共青团、妇联)、统战类群团(工商联、侨联、台联、青联、黄埔军校同学会、欧美同学会)、行业/专业类群团(文联、作协、记协、中国政研会、法学会、科协、中华职教社)、政策类群团(对外友协、贸促会、残联、外交学会、计生协)和公益类群团(红十字会、宋庆龄基金会)等。从总体上看,群团组织作为国家治理体系的子系统,均具有政治性、政策性、社会性和群众性,但政治性是第一位的,是群团组织的灵魂,政策性是政治性的延伸。所有群团组织均因其联系、服务群众而需扎根于社会和人民群众当中,都具有社会性和群众性。因此,政治属性和社会属性是群团的基本属性。如果我们着重从群团联系、服务群众的广泛性和政策专业的广泛性来看群团组织对党治国理政和国家治理的支撑作用的话,23 家群团组织可以按照政治性和政策性的强弱或覆盖面的大小形成一个光谱来展开研究。但如前所述,目前,各群

① 张骞文、刘延海:《基于 SNA 的公共服务供给中群团组织合作新模式》,《长安大学学报(社会科学版)》2017 年第 3 期。

② 褚松燕:《在国家和社会之间——中国政治社会团体功能研究》,国家行政学院出版社2014 年版,第 16—17、89 页。

团组织的组织特性和行为差异正在日益显现,且每个群团组织均有其在全国范围内"横向到边、纵向到底"的巨大规模,对23家群团组织进行全光谱类型学研究的充分、扎实的实证调研以及获取较为完整的数据支撑,还有相当难度。因此,对群团组织的类型学划分尚处于起步阶段。为研究便利,本研究仍沿用笔者从群团组织与党和国家政权的渊源与面向所联系群众的功能定位对群团组织所做的分类,略作表述上的调整,即将23家群团组织分为基础性群团组织和政策性群团组织。基础性群团组织即狭义的政治性群团,与党和国家的政权建设紧密相关,作为国家政权的社会支柱发挥作用而政治性显著,联系、服务群众事务广泛且政策范围广泛的群团组织,如工青妇、科协等参加中国人民政治协商会议的人民团体,文联、作协、记协等在意识形态领域发挥重要作用,黄埔军校同学会、欧美同学会、中华职教社等则在统战领域发挥作用。政策性群团基本上都是新中国成立后成立的,即在我国经济社会特定领域秉承党和政府意图,依法依规在某领域具体政策执行中发挥重要作用,联系、服务群众与政策专业相对聚焦的群团组织,如贸促会、残疾人联合会、计划生育协会等。与基础性群团直接以组织身份广泛参加到政权建设中不同,政策性群团以其所在领域政策的倡导、执行和交流行动来凸显其在党和政府与人民群众之间的桥梁和纽带价值,展示组织动员广大人民群众坚定不移跟党走的政策执行力。

(二) 研究方法

本研究主要采取实地考察与深度访谈、案例分析等实证研究方法。此外,还综合运用了文献分析、政策分析和逻辑演绎法。如收集群团改革相关文件,结合政策文本进行政策意图分析,结合调研情况进行政策执行分析;收集国内外研究文献进行综述,结合调研情况进行比对,对不同地区相同群团的行为进行比较等。在此主要对实地考察和深度访谈、案例分析方法的使用情况作一简要说明。

1. 实地考察与深度访谈

本研究围绕群团改革基本情况、运行机制、政策保障等核心问题设计了调研提纲,选取群团改革地域性试点上海和重庆作为重点调研地。同时,着重选择若干非地域性试点地区的工会、共青团、妇联、科协、计划生育协会等启动群团改革的各群团进行比对调研。2018年8月—2021年9月笔者带研究团队赴上海、河南、河北、福建、湖南、广东、重庆等地对工会、共青团、妇联、科协和计生协等群团组织进行了实地考察,在每个群团组织采取座谈会和个别访谈的方式对群团改革的举措、改革中探索的机制、产生的问题、面临的困难和所需要的支持等进行深度交流,同时走访街镇和城乡社区的群团组织,以及村庄和社区群众自治组织、党群工作示范点等,对相关群团组织的负责人、群团改革参与者、街镇、村居等群团相关工作人员进行了深度访谈,形成了若干调研报告。此后,笔者的研究团队在2022年运用线上线下相结合的方式进行了补充调研,初步形成了群团组织改革和"强三性"机制探索情况的基础数据库。

2. 案例分析

在实地考察和深度访谈基础上,课题组在取得第一手材料基础上对群团个案进行甄选,聚焦典型案例,运用个案研究进行解剖麻雀式的分析,着重从群团组织治理结构改革、功能调整、服务于党和政府中心工作的制度化表现、联系和服务群众的机制化行为变化等方面进行深描。

综上,实证调研在调研地的选取上有助于比较全地域群团改革和条线群团改革之间的异同,在具体调研对象上依据群团分类着重梳理工青妇、科协和计生协群团改革的动力、机制和效果,并不追求涵盖所有23家群团组织。之所以如此,是因为全国各地的所有群团组织都受同样的法律制度环境约束,而改革试点地区和试点群团的改革方案又相对具体。因此,在群团改革战略意图、改革实践意义上,本研究所选择的调研地和调研样本具有一定的代表性。

第一章　新时代群团改革的逻辑

　　中国国家制度和国家治理体系的显著优势之一,是"坚持人民当家作主,发展人民民主,密切联系群众,紧紧依靠人民推动国家发展"①。国家治理体系是一个复杂的大系统,这一显著优势当然是中国国家治理体系的各结构性主体要素之间制度化机制化配合的结果呈现。群团组织作为国家治理体系结构性主体要素之一,本身也是一个复杂的子系统,其所处的结构位置、功能定位、运行效能既受国家治理体系的结构和制度约束,也影响着国家治理体系的运行效能。同时,群团事业是党的事业的重要组成部分,党的群团工作是党通过群团组织开展的群众工作,是党组织动员广大人民群众为完成党的中心任务而奋斗的重要法宝。"群众路线是我们党的生命线和根本工作路线。"②作为党和政府联系群众的桥梁纽带,群团又是党的群众工作体制机制的主体性组织,群团作用发挥情况直接反映和影响着党的群众组织力和群众工作本领。因此,群团工作历来受到党的高度重视。在革命、建设、改革开放和新时代,党不断调整和明确群团的地位和功能定位,特别是在中国特色社会主义进入新时代以后,以

---

　　①　《中共中央关于坚持和完善中国特色社会主义制度　推进国家治理体系和治理能力现代化若干重大问题的决定》,人民出版社2019年版,第3页。
　　②　中共中央文献研究室编:《十八大以来重要文献选编》(上),中央文献出版社2014年版,第323页。

习近平同志为核心的党中央更加重视党的群团工作,于 2015 年 1 月 8 日印发《中共中央关于加强和改进党的群团工作的意见》,分析了新形势下加强和改进党的群团工作的重要性和紧迫性,对加强和改进党的群团工作做了全面部署,并于同年 7 月召开党的历史上首次中央党的群团工作会议,贯彻落实《中共中央关于加强和改进党的群团工作的意见》,推动群团进行系统性改革,努力开创党的群团工作新局面。这既体现了党对群团组织在国家治理体系中的主体地位的宣告,也体现了党基于历史经验对新时代群团组织功能发挥的新要求,更以群团改革的战略目标体现了党在新时代对中国社会进行有力组织的新思路。

第一节 群团组织在国家治理体系中的地位:历史演进

习近平总书记明确指出,党的群团工作是党的一大创举,也是我们党的一大优势。① 2015 年启动的群团改革之所以是系统性的,就在于不仅要求改革群团组织机关的机构,而且要求改革群团组织的结构构成和功能发挥方式。但是,这次改革并不是改动群团组织在国家治理体系中的地位和功能定位本身,更确切地说,这次改革是以调整结构、强化功能、增进保障的系统性改革来进一步增强群团组织"连"的功能,进一步加强群团组织在国家治理体系中的地位。之所以如此,是因为从形成历史看,我国大部分群团组织是伴随着中国共产党的成长历程产生、发展和壮大的②,其他群团组织也都与党有着密切的

---

① 中共中央文献研究室编:《习近平关于社会主义政治建设论述摘编》,中央文献出版社 2017 年版,第 186 页。

② 在八大人民团体中,中华全国台湾同胞联谊会成立于 1981 年 12 月 22 日,其他人民团体或其前身都在新民主主义革命时期就与中国共产党有着紧密的联系。其他群团中,中国人民外交学会、中国人民对外友好协会、中国国际贸易促进委员会成立于 20 世纪 50 年代,中国宋庆龄基金会、中国思想政治工作研究会、黄埔军校同学会、中国残疾人联合会、中国计划生育协会成立于 20 世纪 80 年代。

联系,大部分是由党直接或鼓励筹备而成立的。例如,工会、共青团、妇联等群团组织自中国共产党成立之时就与党有着紧密联系,党的组织中曾一度设有相关的工作机构;科协、工商联、青联、文联、作协、记协等群团的前身组织或相关群体则是在中国共产党领导革命的过程中认同了党的主张,成为党领导革命成功不可或缺的支持力量,进而参与到国家政权建设过程中,并由党支持建立全国性组织。

(一)新民主主义革命时期的群团组织:中国共产党组织社会的重要组织载体和有力助手

1840 年鸦片战争后,中国在西方列强入侵和封建统治腐败中沦为半殖民地半封建社会,旧的政治秩序和皇权—绅权—族权社会结构崩塌,中国社会陷入一盘散沙的局面,尽管仁人志士们提出了各种把社会组织起来的救国方案①,但都归于失败。直到 1921 年中国共产党应运而生,把马克思主义基本原理同中国具体实际相结合,首先形成了理想信念坚定、组织纪律严明的政党,继而以对人民的真挚情感、踏实的调查研究将"组织起来"的问题意识和深入工农的实践有机地结合起来,建立起工会、青年团、农会、妇女联合会等群众团体。例如,毛泽东同志在实地考察了湖南农民运动从组织起来到形成革命的情况后,认为这个大的农村变动"乃是革命完成的重要因素"②。在革命启蒙和行动中,形成了以党组织—群团组织—工农群众这一新的社会组织结构形式,逐渐把断裂破碎的中国社会有机组织起来,凝聚起新民主主义革命的

---

① 例如,孙中山先生认为"人心涣散,民力不凝结也",故应"从固结人心、纠合群力始。而欲固结人心、纠合群力,又非从集会不为功。是集会者,实为民权发达之第一步"。见《孙中山全集》第六卷,中华书局 1985 年版,第 412—413 页。但以教人民群众集会的方式来组织当时的中国社会只能停留在设想层面。再如 20 世纪 20 年代开始梁漱溟、晏阳初等学者发起的"乡村建设运动"、20 世纪 30 年代南京国民政府的"新生活运动"等都未能把当时的中国社会有效组织起来。

② 《毛泽东选集》第一卷,人民出版社 1991 年版,第 16 页。

基础力量。

在新民主主义革命的全过程中,党经常讨论、指导群团工作,通过群团组织动员基层群众,形成与人民群众的血肉联系,不断夯实中国社会的组织基础。中国共产党成立后的第一个决议明确提出,"本党的基本任务是成立产业工会"①。从党的二大至六大,党的全国代表大会先后通过了职工运动、农民运动、青年运动、妇女运动等 18 个决议案,具体指导群众运动。例如,党的六大通过的职工运动决议案指出,"工会未曾作为真正的群众组织","现在之基本任务就是动员所有的无产阶级群众来围绕着它的阶级组织(党及职工工会)",团结群众,"造成坚定的基础"。② 这一时期,党的机构内设置农民运动委员会、中央职工运动委员会、妇女委员会等相应部门,具体指导群众运动,如党的二大通过《关于妇女运动的决议》,在党内成立专门的妇女工作部门——妇女部。1933 年 11 月,苏区中央局给各级党部的指示信指出了当时党在领导方式上最基本的弱点就是,不会运用"群众的路线","群众组织狭窄,并且多半只是有空机关,甚至有些地方没有开始组织,因此党与群众之间缺乏'轮带'与'杠杆',没有动员群众的工具"。③ 为此,大力发展群团组织就成为党在苏区发动群众参与根据地建设的重要工作和有效方式。1937 年 5 月,苏区党代表会议就指出:"群众组织是民主的人民政权之最重要的支持与依靠,他们是党(工人阶级的先锋队)与工人群众及一般劳苦群众的联络桥梁,是党的政治影响的传达者,是人民政权的轮带。"④随着实践的不断深入,党通过在各类群团组织中设置党团(党组),确保中央决议的正确执行,使群团组织将各

---

① 中共中央文献研究室、中央档案馆编:《建党以来重要文献选编(1921—1949)》第一册,中央文献出版社 2011 年版,第 4 页。

② 中共江西省委党史研究室等编:《中央革命根据地历史资料文库·群团系统 14》,中央文献出版社、江西人民出版社 2020 年版,第 5—7 页。

③ 中共中央文献研究室、中央档案馆编:《建党以来重要文献选编(1921—1949)》第十册,中央文献出版社 2011 年版,第 593—594 页。

④ 中共中央文献研究室、中央档案馆编:《建党以来重要文献选编(1921—1949)》第十四册,中央文献出版社 2011 年版,第 214 页。

种斗争关联到群众利益,帮助与督促群团组织把群众争取到自己周围,呈现出革命时期党的群团工作"党建"带"群建"的特点。这使群团组织快速发展,如抗日战争时期,"边区民众的绝大多数都参加了民众团体。例如各业工人已百分之九十五加入了工会,农民全体加入农会。妇女百分之七十以上加入了妇女救国会。青年绝大多数加入了青年救国会。商人也组织了商会。儿童组织了儿童团。此外还有各种抗日救亡团体及文化技术性质的组织。边区的人民,至少每人加入了一种组织,有的还加入了两个以上的团体。……他们是起了决定作用的群众团体,对于政府是个有力的支柱"①。

随着群团组织的发展壮大,党对群团组织的性质、作用等的认识更加明确和深刻,也更加强调其独立性,支持群团组织独立自主地开展工作,强调不包办、代替群团工作。如 1939 年 6 月陈云在《党的支部》一文中指出,支部应该分配适当的党员到各个群众团体中去积极参加工作,"与群众在一起,领导他们,同时向他们学习。要以民主的作风与群众一起工作,不要包办,不要以支部的领导来代替群众团体自己的领导"②。1942 年 9 月,中共中央政治局通过的《中共中央关于统一抗日根据地党的领导及调整各组织间关系的决定》要求,"党、政府、军队不应直接干涉民众团体内部的生活"③。1943 年 2 月,邓小平同志在《根据地建设与群众运动》一文中讨论了党与群众团体的关系,即"所谓群众团体的独立性,是在组织意义上讲的,在政治上必须保障其在党的政治领导之下。党对群众团体,应加强其政治领导,不应在组织上去包办。群众团体的工作,应由群众团体自己去讨论和执行。党对群众团体的政治领导,也不能直接下政治命令,而是经过党团去实现"④。

解放战争时期,党在解放区大力发展群团组织以稳定社会、争取民心。

---

① 中共中央文献研究室、中央档案馆编:《建党以来重要文献选编(1921—1949)》第十六册,中央文献出版社 2011 年版,第 63—64 页。
② 《陈云文选》第一卷,人民出版社 1995 年版,第 149 页。
③ 《王稼祥选集》,人民出版社 1989 年版,第 334 页。
④ 《邓小平文选》第一卷,人民出版社 1994 年版,第 72—73 页。

1945 年 12 月,毛泽东为中共中央起草的给中共中央东北局的指示中指出,"在我军数量上已有广大发展之后,我党在东北的工作重心是群众工作",应当"组织各种群众团体,建立党的核心,建立群众的武装和人民的政权,把群众斗争从经济斗争迅速提高到政治斗争,参加根据地的建设"①。在解放战争后期,党对群团工作更加重视。为了加强对群众运动的领导,适应当时职工、青年、妇女工作发展的需要,1948 年 12 月 25 日,党中央专门作出《中共中央关于在县以上党委设立职工、青年、妇女运动委员会的指示》,要求"在县委以上各级党委下应分别成立职工、青年、妇女运动委员会(某些县无必要设工委者可不设),如有工会、青年团及妇女联合会等群众团体中的党组的地方,则以党组兼代,不要再设工委、青委或妇委"②。新中国成立前夕,1948 年,第六次全国劳动大会决定恢复中华全国总工会。1949 年,中国新民主主义青年团、中华全国民主妇女联合会、中华全国民主青年联合总会、中华全国文学艺术界联合会、中华全国新闻工作者协会等全国性群团③先后成立或筹备,并推选代表参加新政协会议,成为协商建国的中国人民政治协商会议的发起单位。

总体上看,新民主主义革命时期,群团组织成为党组织中国社会的重要组织载体和"有力的助手"④。在以党组织为核心、群团组织为辐射的新型社会结构建构中,旧中国破碎断裂的社会得以再次组织起来,在党的领导下,群团

---

① 中共中央文献研究室、中央档案馆编:《建党以来重要文献选编(1921—1949)》第二十二册,中央文献出版社 2011 年版,第 887—888 页。

② 中共中央文献研究室、中央档案馆编:《建党以来重要文献选编(1921—1949)》第二十五册,中央文献出版社 2011 年版,第 746 页。

③ 其间成立的全国性群团还有中国作家协会的前身中华全国文学工作者协会(全国文协)、中国法学会的前身新法学研究会,但中华全国文学工作者协会当时是中华全国文学艺术界联合会(即中国文联)下属的 6 大协会之一,1953 年 10 月全国文协更名为中国作家协会,成为与中国文联并列的、独立的人民团体。新法学研究会列为召开全国政治协商会议的发起单位之一,但新法学研究会出席中国人民政治协商会议的代表列在中华全国社会科学工作者代表会议筹备会团体代表中。

④ 中央档案馆、中共中央文献研究室编:《中共中央文件选集(1949 年 10 月—1966 年 5 月)》第二十册,人民出版社 2013 年版,第 268 页。

组织成为中国共产党组织社会的重要组织载体,以其对社会的有效组织和动员,确立了新民主主义革命的社会基础,为新生的社会主义国家建构提供了社会支持,为新中国的诞生作出了巨大贡献。

(二) 社会主义革命和建设时期的群团组织:人民民主政权的社会支柱、党联系群众的纽带

新中国成立后,党面临的主要任务是,实现从新民主主义到社会主义的转变,进行社会主义革命,推进社会主义建设,为实现中华民族伟大复兴奠定根本政治前提和制度基础[①]。党的群团工作从原则、结构、策略、方法等各方面得到新的发展。群团组织成为人民民主政权的重要结构性基础,迎来了全新的发展。

新中国成立初期,党和国家在加强政权建设的过程中,开始从制度和政策层面确认群团在国家政权结构中的地位,并加强群团工作的制度化规范化。1950 年 6 月,中央人民政府委员会第八次会议通过了《中华人民共和国工会法》,确立了工会作为工人阶级自愿结合组成的群众组织的法律地位与性质。7 月,政务院第四十一次会议通过了《农民协会组织通则》,就农民协会的性质与任务、会员及其权利与义务、组织原则与组织体系、经费等问题进行了规范。同年 9 月,政务院颁布的《社会团体登记暂行办法》第二条规定,"凡社会团体均应依照本办法的规定向人民政府申请登记,但下列各团体不在本办法规定登记范围之内:(1)参加中国人民政治协商会议的各民主党派和人民团体;(2)中央人民政府另有法令规定的团体;(3)机关、学校、团体、部队内部经其负责人许可组织的团体。"[②]1951 年 3 月,中央人民政府内务部公布了配套的

---

① 《中共中央关于党的百年奋斗重大成就和历史经验的决议》,人民出版社 2021 年版,第9 页。

② 中央人民政府法制委员会编:《中央人民政府法令汇编(1949—1950)》,人民出版社1950 年版,第 162 页。

《社会团体登记暂行办法施行细则》。据此,1950—1953 年,我国对旧社会遗留的社会团体进行了清理整顿,符合社会主义建设需要的学术性团体、文艺类团体、社会公益类团体等各类社会团体开始成立。工会、共青团、妇联等群团均无须登记,这也为以后的社会团体登记管理制度所继承。在党的支持和筹备下,中国人民外交学会、中国人民对外文化协会①、中国国际贸易促进委员会、中国科学技术协会、中华全国归国华侨联合会、中华全国工商业联合会等全国性群团组织成立,群团组织队伍得以进一步壮大。在全面建设社会主义时期,在党的领导下,工青妇等群团组织动员广大群众积极参加抗美援朝,成立青年突击队、大寨"铁姑娘队"等开展社会主义劳动竞赛,激发起人民群众建设国家的热情。

在诸多群团中,工会、共青团、妇联地位最为重要。1954 年《中华人民共和国宪法》第一条明确规定:"中华人民共和国是工人阶级领导的、以工农联盟为基础的人民民主国家。"1955 年 9 月 10 日,经由中央讨论而发表的人民日报社论《加强党对工会工作的领导》一文强调,"在人民民主政权下的工会,是国家领导阶级的组织","它是人民民主政权的最重要的社会支柱"②。1956年 9 月,刘少奇在党的八大上所作的政治报告指出:"各种群众组织是我们党联系群众的必要的纽带。"③1958 年 10 月 20 日,中共中央以批复中国科协党组报告的形式对中国科协进行了定位,即"党动员广大科学技术工作者和广大人民群众进行技术革命和文化革命、建设社会主义和共产主义的一个工具和助手"④。

在这一时期,随着全总、青年团、全国妇联的恢复和建立,中共中央逐渐撤销了职委、青委和妇委,以避免机构重叠、职能混淆。同时,通过制度化的规

---

① 1966 年改称中国人民对外文化友好协会,1969 年更名为中国人民对外友好协会。

② 中央档案馆、中共中央文献研究室编:《中共中央文件选集(1949 年 10 月—1966 年 5 月)》第二十册,人民出版社 2013 年版,第 268 页。

③ 《刘少奇选集》(下),人民出版社 1985 年版,第 273 页。

④ 邓楠主编:《发展与责任——中国科协 50 年》,中国科学技术出版社 2009 年版,第 63 页。

定,党加强了对群团工作的指导和支持,明确了党和群团组织的机制联系,支持群团根据各自特点,在党的领导下独立自主开展工作。毛泽东在 1953 年接见中国新民主主义青年团第二次全国代表大会主席团谈话指出,"青年团要有自己的独立工作,要照顾青年的特点"①。同年 10 月,《中共中央关于加强党对青年团的领导给各级党委的指示》要求,各级党委不要打乱团的系统领导、破坏团的组织独立性,以便更好地发挥团作为党的助手的作用。《加强党对工会工作的领导》一文进一步指出:"党的各级组织应该进一步加强对工会组织的领导,使工会的全部工作都遵循党的方针政策来进行。但是党组织不应当包办工会的具体事务,而是应当发挥工会的组织作用,使它根据党的方针政策主动地创造性地进行工作。"②党的八大通过的党章第五十九条规定:"在国家机关和人民团体的领导机关中,凡是有担任负责工作的党员三人以上的,就应当成立党组。党组的任务是在这些组织中负责实现党的政策和决议。"③这就是说,党对群团的领导是通过群团中的党组来实现的。

需要注意的是,在这一时期,群团工作也存在一些问题:一是群团与群众联系不够紧密。如《加强党对工会工作的领导》一文就指出:"目前工会工作中还存在许多缺点和问题,它同群众的联系还不很紧密,因而它还不能适应社会主义建设和社会主义改造事业对它的要求。"④二是往往以轰轰烈烈的群众运动来代替经常性群众工作,把群众运动当作是群众路线的唯一方式而忽视了群团工作的经常性和基层建设,由此又造成实践中的脱离群众。对此,1961

① 《毛泽东文集》第 6 卷,人民出版社 1999 年版,第 276 页。
② 中央档案馆、中共中央文献研究室编:《中共中央文件选集(1949 年 10 月—1966 年 5 月)》第二十册,人民出版社 2013 年版,第 275—276 页。
③ 中央档案馆、中共中央文献研究室编:《中共中央文件选集(1949 年 10 月—1966 年 5 月)》第二十四册,人民出版社 2013 年版,第 246 页。
④ 中央档案馆、中共中央文献研究室编:《中共中央文件选集(1949 年 10 月—1966 年 5 月)》第二十册,人民出版社 2013 年版,第 268 页。

年12月,邓小平曾批评道,"这几年,经常的细致的工作忽略了","党没有专门党的工作,团没有专门团的工作,工会没有专门工会的工作,妇女也没有专门妇女的工作了,要有就是三八队、青年队、娃娃队,大家都去搞一般工作,丢掉了我们各行各业应该经常死死抓住不放的事情"。① 三是群团组织作为人民民主政权的组成部分,在社会主义建设过程中,更多是承担具体任务和"下达"责任,"上传"功能有所减弱,官僚化程度有所加强,进一步增加了群团脱离群众的风险。

总体上看,在社会主义革命和建设时期,群团组织的历史贡献在国家建构中得到承认。伴随着人民民主政权建设,中国社会迅速全面组织化,党在新民主主义革命时期的党建经验以及运用工青农妇等群团和统一战线组织社会的经验,在全国范围内迅速推开,群团作为人民民主政权结构的组成部分,在党的领导下,使人民群众与政权形成了直接的组织联系,群团的政治地位也得到了制度化的确认——"政权的社会支柱""党联系群众的纽带"的定位开始出现,工青妇等群团组织还成为中国人民政治协商会议的组成单位。在社会主义建设中,党的群团工作也开始制度化,群团不仅在移风易俗、妇女解放、维护社会治安管理等方面切实发挥了作用,而且在宣传和促进新中国人人平等、男女平等、各民族平等互助、全国各族人民大团结等基本国策和政策方面成绩卓著,有力地配合了与国家政权建设进程相适应的社会行为规范形成和社会精神面貌变革。然而,国家政权建设推动下的社会组织化,使群团地位在组织和制度层面得到确认和保障的同时,也使群团组织在行为上日益照搬党政部门的行政化管理模式,脱离群众的官僚化风险也开始上升。这一时期,党的八大形成的正确路线未能完全坚持下去,先后出现"大跃进"运动、人民公社化运动等错误,反右派斗争也被严重扩大化,特别是"文化大革命"使党、国家、人民遭到新中国成立以来最严重的挫折和损失,民主和法制遭到严重破坏,各群

---

① 《邓小平文选》第一卷,人民出版社1994年版,第293页。

团的组织基本上都遭到破坏,群团工作偏离正确轨道,陷入停滞。直到党的十一届三中全会后,群团从组织到工作才开始恢复发展。

(三)改革开放和社会主义现代化建设新时期的群团组织:政权的重要社会支柱、党联系广大人民群众的桥梁和纽带

党的十一届三中全会作出把党和国家工作中心转移到经济建设上来、实行改革开放的历史性决策,拉开了中国改革开放的序幕。党的群团工作开始全面恢复,不仅原有的群团组织机构与功能陆续恢复和发展,而且还根据党和国家工作需要成立了若干新的群团组织,群团组织在国家政权中的地位和功能得到再确认。

首先,得到恢复的群团组织和新增设的群团组织如中华全国台湾同胞联谊会等都纳入国家政权体系。这直接表现在群团的级别、机构设置和人员编制上,也表现在其中具有重要政治影响的八大人民团体构成中国人民政治协商会议的固定界别上,还表现在由法律法规或相关文件对群团组织在特定领域工作的授权上。

一是群团组织有机构和人员编制,且经费纳入国家财政预算。改革开放后,为了与改革开放要求相适应,1982 年,我国开始了第一次机构改革,这次改革历时 3 年,首先从国务院做起,自上而下地展开各级机构改革,范围包括各级党政机关,是新中国成立以来规模较大、目的性较强的一次建设和完善各级机关的改革。当时,群团组织正在陆续恢复,也面临着确定级别、设立机构、确定人员的现实需要。为此,1983 年,中共中央办公厅转发的中央组织部、劳动人事部党组《关于人民团体级别问题的几点意见》(中办发〔1983〕23 号)指出,全国性人民团体和学术组织"并不是行政机关,同行政机关的情况也很不相同,其领导成员除少数人外,大都是在有关的现职干部中互相推举,是兼职的;它们所联系的群众也各不相同,既没有必要,也很难统一确定相当于党、政领导机关哪一级。如果勉强套用党、政机关的办法,确定不同级别,就容易在

不同的学科、行业之间,在级别高低和有关待遇上引起争议,带来很不好的影响"。"因此,除已经确定为相当于中央部级单位的人民团体外,其余的和以后成立的人民团体,不再确定它们相当于党、政领导机关的哪一级。"这个文件下发后,除工会、共青团、妇联、科协、文联、侨联和作协全国层面的领导机构被先后确定为相当于部一级单位之外,其他的群团不再确定对应的行政级别。1985年,国务院工资制度改革小组《关于各种人民团体和学术组织的工作人员如何实行职务工资问题的通知》(国工改〔1985〕16号)进一步规定:"其余的人民团体和学术组织,不再确定其机构级别,对其兼职的领导成员,按照本人原来的职务套改新规定的基础工资和职务工资标准;对其专职的领导成员和专职工作人员,如其代管单位为部、委和国务院直属机构的,可由部、委和国务院直属机构的党组、党委本着从严掌握的精神,参照其原职务,在本部门内加以综合平衡后,确定其职务,尔后再按新确定的职务套改新规定的基础工资和职务工资标准;如果代管单位为部、委、国务院直属机构下设的司、局等单位,可由代管单位根据其工作任务,参照其原职务,提出拟确定职务的意见,报部、委、直属机构的党组、党委,由部、委、直属机构的党组、党委在本部门内加以综合平衡,确定其职务,尔后再按确定的职务套改新规定的基础工资和职务工资标准。"1993年,《国家公务员暂行条例》颁布后,经中央批准,工会、共青团、妇联等使用行政编制或由中央机构编制部门直接管理机构编制的人民团体和群众团体机关先后列入参照试行《国家公务员暂行条例》范围。2006年《中华人民共和国公务员法》施行后,中央发布的《〈中华人民共和国公务员法〉实施方案》(中发〔2006〕9号)将工商联各级机关列入《中华人民共和国公务员法》实施范围。随后,中共中央组织部、人事部又印发了《工会、共青团、妇联等人民团体和群众团体机关参照〈中华人民共和国公务员法〉管理的意见》的通知(组通字〔2006〕28号),明确了工会、共青团、妇联等使用行政编制或由中央机构编制部门直接管理机构编制的人民团体和群众团体机关中除工勤人员以外的机关工作人员参照公务员法进行管理①。这就从机构和编制上对群团组织作为政权体系组成部分进行了再确认,而有了机构和编制,经费也就有了保障。

二是群团组织中的八大人民团体成为政协固定组成部分。改革开放后,全国政协的工作恢复并加强,1983 年,第六届全国政协把 1981 年成立的中华全国台湾同胞联谊会增加为组成单位。1991 年,全国政协七届十二次常委会恢复中国科协为全国政协组成单位,并增加全国侨联为全国政协组成单位。自此,中华全国总工会、中国共产主义青年团、中国科学技术协会、中华全国工商联合会、中华全国妇女联合会、中华全国归侨联合会、中华全国台湾同胞联谊会、中华全国青年联合会等八大人民团体均成为全国政协的组成单位。从 1993 年第八届全国政协开始,全国政协的参加单位稳定在 34 个。2004 年 3 月,全国政协十届二次会议通过《中国人民政治协商会议章程修正案》,采用了"设若干界别"的表述,即第二十条第一款修改为:"中国人民政治协商会议全国委员会由中国共产党、各民主党派、无党派人士、人民团体、各少数民族和各界的代表,香港特别行政区同胞、澳门特别行政区同胞、台湾同胞和归国侨胞的代表以及特别邀请的人士组成,设若干界别。"这是全国政协章程第一次正式以"界别"来指称所有的政协参加单位。此后,八大人民团体均成为全国政协的八个固定界别。2023 年,第十四届全国政协增加环境资源界,将中国共产主义青年团和中华全国青年联合会两个界别合并为中国共产主义青年团和中华全国青年联合会一个界别,全国政协界别总数仍为 34 个,八大人民团体在政协界别中共占七个界别。

---

① 该通知第一条规定了人民团体和群众团体中央机关实施参照管理的范围:"中华全国总工会、中国共产主义青年团中央委员会、中华全国妇女联合会、中国文学艺术界联合会、中国作家协会、中国科学技术协会、中华全国归国华侨联合会、中国法学会、中国人民对外友好协会、中华全国新闻工作者协会、中华全国台湾同胞联谊会、中国国际贸易促进委员会、中国残疾人联合会、中国红十字会总会、中国人民外交学会、中国宋庆龄基金会、黄埔军校同学会、欧美同学会、中国思想政治工作研究会、中华职业教育社、中国计划生育协会。上述人民团体和群众团体机关中,除工勤人员以外的机关工作人员,列入参照《中华人民共和国公务员法》管理范围。上述团体机关所属事业单位,原则上不列入参照管理范围。"

三是群团组织通过法律法规或中央文件获得特定领域工作的授权。改革开放之后,我国的法制建设进程加快,各领域的法律法规快速出台,为我国经济社会的运行提供了制度保障。总体上看,群团组织基本上都有了发挥作用的法律法规或政策依据。例如,工会的相关功能在《工会法》和劳动领域相关法律法规中都有所体现。1992年4月,七届全国人大五次会议通过的《工会法》明确了工会依法维护职工合法权益的职责,并规定县级以上政府制定国民经济和社会发展计划、劳动相关重大政策、省级人民政府起草法律法规或规章中涉及职工利益的重大问题时,应当听取同级工会意见。1994年颁布的《劳动法》明确规定:"工会代表和维护劳动者的合法权益,依法独立自主地开展活动。"此后,《工会法》经历了2001年、2009年、2021年三次修正,2001年修订后的《工会法》将工人权益的维护放在了工会基本职责的首要位置,目前,《工会法》第二条直接规定了工会的地位和首要职责,即:"工会是中国共产党领导的职工自愿结合的工人阶级群众组织,是中国共产党联系职工群众的桥梁和纽带。中华全国总工会及其各工会组织代表职工的利益,依法维护职工的合法权益。"《妇女权益保障法》规定了妇联的职责,《中华人民共和国归侨侨眷权益保护法》规定了侨联的职责,《中华人民共和国人口与计划生育法》规定了工会、共产主义青年团、妇女联合会及计划生育协会协助人民政府开展人口与计划生育工作的职责。工商联、青联、台联等群团的职责与功能则是通过党中央和国务院的文件获得的。例如,1991年7月,《中共中央批转中央统战部〈关于工商联若干问题的请示〉的通知》(中发〔1991〕15号)对改革开放到社会主义市场经济体制初步建立时期工商联工作的开展起了巨大作用,统一了各级党委政府对工商联工作重要性的认识,使工商联组织在全国范围内得到了快速恢复和建立。《中共中央国务院关于加强和改进新形势下工商联工作的意见》(中发〔2010〕16号)结合社会主义市场经济发展的需要,进一步明确了工商联工作的指导思想、基本任务、性质、特征和工作对象,强调工商联要充分发挥在非公有制经济人士思想政治工作中的引导作用,充分发挥在构建和谐劳动关系中的积极作用，并赋予了工商联一定的管理非公有制经济的职能，如非公经济人士的学习培训、参观考察由工商联统一负责，政治安排、表彰奖励、项目扶持由工商联统一推荐，行业商会登记注册由工商联初审签署意见后，有关部门才方可办理等。此外，还有一些议事协调机构办公室放在群团全国机构的机关，这也为一些群团更方便地开展工作提供了机制化保障。例如国务院妇女儿童工作委员会①负责协调和推动政府有关部门执行妇女儿童的各项法律法规和政策措施，发展妇女儿童事业，国务院妇女儿童工作委员会办公室作为其日常办事机构，设在全国妇联。

其次，在党与群团组织之间的关系上，党中央通过各种政策文件强调党加强对群团的领导，同时保证群团组织独立自主开展工作。1981 年，党的十一届六中全会通过的《关于建国以来党的若干历史问题的决议》指出，必须正确处理党同其他组织的关系，"保证工会、共青团、妇联、科协、文联等群众组织主动负责地进行工作"。② 1982 年，党的十二大通过的党章规定，"党的领导主要是政治、思想和组织的领导"，"党必须保证国家的立法、司法、行政机关，经济、文化组织和人民团体积极主动地、独立负责地、协调一致地工作。党必须加强对工会、共产主义青年团、妇女联合会等群众组织的领导，充分发挥它们的作用"。③ 1987 年，党的十三大强调了群团组织历来是党和政府联系工人阶级和人民群众的桥梁和纽带的地位，要求"各种群众团体能够按照各自的特点独立自主地开展工作，能够在维护全国人民总体利益的同时，更好地表

---

①　1990 年 2 月 22 日，国务院负责妇女儿童工作的议事协调机构国务院妇女儿童工作协调委员会正式成立。1993 年 8 月 4 日，国务院妇女儿童工作协调委员会更名为国务院妇女儿童工作委员会，简称国务院妇儿工委，负责协调和推动政府有关部门执行妇女儿童的各项法律法规和政策措施，发展妇女儿童事业。国务院妇女儿童工作委员会的组成单位由国务院批准，目前有 35 个部委和人民团体。

②　《中国共产党中央委员会关于建国以来党的若干历史问题的决议》，人民出版社 1981 年版，第 59 页。

③　中共中央文献研究室编：《十二大以来重要文献选编》（上），人民出版社 1986 年版，第 68 页。

达和维护各自所代表的群众的具体利益"。要求群团"改革组织制度,转变活动方式,积极参与社会协商对话、民主管理和民主监督,把工作重点放在基层,克服'官'气和行政化倾向,赢得群众特别是基层群众的信任"。① 1989 年 12 月 21 日,中央印发了《中共中央关于加强和改善党对工会、共青团、妇联工作领导的通知》,指出:"工会、共青团、妇联是党领导的工人阶级、先进青年、各族各界妇女的群众组织,是党联系群众的桥梁和纽带,是国家政权的重要社会支柱。"②该通知是新中国成立后党中央就加强和改善党对工会、共青团、妇联工作领导作出的一个系统的纲领性的文件,强调党组织要通过工作制度、会议制度对工青妇实行统一领导,同时强调工青妇组织要密切联系群众,经常反映群众的意见和要求,维护群众合法权益,并要求把基层组织是否具有活力作为考核工青妇的一个重要指标。此后,为了与建立社会主义市场经济体制的要求相适应,1993 年 3 月,党的十四届二中全会通过了《关于党政机构改革的方案》,其中对工青妇等群团组织机关的改革提出了要求,各群团都制定了自己的机构改革方案,以有利于加强党和政府对群团组织的统一领导,更好地发挥群团组织作为党和政府联系人民群众的桥梁纽带,更好地发挥国家政权的重要社会支柱作用。

1997 年,党的十五大又一次提出要推进机构改革,要求"工会、共青团、妇联等群众团体要在管理国家和社会事务中发挥民主参与和民主监督作用,成为党联系广大人民群众的桥梁和纽带"③。由此,在 2000 年 12 月,《中共中央办公厅、国务院办公厅关于印发〈21 个群众团体机关机构改革意见〉的通知》

---

① 中共中央文献研究室编:《十三大以来重要文献选编》(上),人民出版社 1991 年版,第 45 页。

② 中共中央文献研究室编:《十三大以来重要文献选编》(中),人民出版社 1991 年版,第 790 页。

③ 中共中央文献研究室编:《十五大以来重要文献选编》(上),人民出版社 2000 年版,第 32 页。

（中办发〔2000〕31 号）启动了 21 个群团机关机构改革工作。① 2001 年 4 月，中央机构编制委员会办公室举行群团机关机构改革工作会议，提出了群团机关机构改革的四大任务：一是完善群团机关的领导和管理体制，加强党对群团的领导，为群团依法独立自主开展工作提供更多活动空间；二是理顺关系，合理划分职责；三是改进运行机制，克服行政化倾向，把工作重心放到基层；四是精干内设机构、精简人员编制。量化指标使群团机关人员编制精简 25% 左右并于 2001 年上半年完成。

综上，在这一时期，群团组织作为国家政权组成部分的地位和职责在国家政治生活正常化之后得到了再确认，并进一步制度化，党对群团组织的领导得到进一步加强，群团组织在国家政权中的组织地位、机构编制、相关职责等都得到了进一步的保障。但这些制度化保障在一定程度上使群团组织在领导体制、工作方式、人员管理、经费使用等方面与党政机关基本一致，群团组织机关的行政化运转成为常态，在客观上使群团组织工作重心转向基层的难度增大。其间，针对社会主义市场经济快速发展带来的社会结构快速变动、利益格局深刻调整、思想观念深刻变化、各种社会矛盾逐渐显露等问题，为密切党和人民群众的血肉联系，中央进行了两次群团机关机构改革来增强群团组织的桥梁纽带作用，一些群团组织也随着改革开放进程而主动调整工作思路，探索增强群众性的有效途径。例如，1997 年，全国总工会发布了《全国总工会关于推进工会改革和建设若干问题的意见（试行）》（总工发〔1997〕26 号），要求各级工会认清形势，积极推进工会改革和建设，适应发展社会主义市场经济带来的经济关系和劳动关系的深刻变化，认真履行"维护"这一基本职责和各项社会职能，并把"进一步加强基层工会建设，增强基层工会活力；积极推进工会领导机关的改革和建设，转变运行机制和活动方式，提高机关工作效率和服务水平"作为重点工作，把工会领导机关的主要职责确定为搞好"代表、参与、指

---

① 全国工商联机关机构改革因另行确定而不在此次群团机关机构改革之列。

导、协调、服务",并对不同层级工会建设做了具体规定。在不少民营经济发达的地区,地方工会和企业工会以维护包括农民工在内的职工的合法权益为抓手,围绕工会社会职能的发挥做了大量的探索。但是,由于这些改革探索的战略性、系统性相对不足,资源支持也不够,这一时期,群团组织探索并建立区别于党政机关、符合群团组织特点的运行机制、创造性地开展工作尽管有一定的局部性成果,但并未取得实质性、全局性进展。

(四)中国特色社会主义新时代的群团组织:党直接领导的群众自己的组织、党和政府联系人民群众的桥梁和纽带

党的十八大以来,中国特色社会主义进入新时代,我国发展处于新的历史方位。以习近平同志为核心的党中央统筹把握中华民族伟大复兴战略全局和世界百年未有之大变局,明确我国社会主要矛盾是人民日益增长的美好生活需要和不平衡不充分的发展之间的矛盾,并紧紧围绕这个社会主要矛盾对新时代党和国家事业发展作出科学完整的战略部署,明确中国特色社会主义事业总体布局是经济建设、政治建设、文化建设、社会建设、生态文明建设"五位一体",战略布局是全面建设社会主义现代化国家、全面深化改革、全面依法治国、全面从严治党"四个全面"[①],带领全国各族人民团结奋斗,决胜全面建成小康社会,共同奋斗创造美好生活,以中国式现代化推进中华民族伟大复兴。我们在这个伟大进程中不断取得各领域成就的同时,也清醒地看到,"事实证明,发展起来以后的问题不比不发展时少。我国社会结构正在发生深刻变化,互联网深刻改变人类交往方式,社会观念、社会心理、社会行为发生深刻变化"[②]。从社会发展角度看,这考验着我们党有效组织社会的能力,考验着

---

① "四个全面"战略布局,指中国特色社会主义事业战略布局,包括全面建成小康社会、全面深化改革、全面依法治国、全面从严治党。全面建成小康社会后,"四个全面"战略布局的内涵演化为全面建设社会主义现代化国家、全面深化改革、全面依法治国、全面从严治党。

② 《习近平谈治国理政》第四卷,外文出版社 2022 年版,第 338 页。

我们党有效回应人民需求的能力。也正因为党的百年奋斗史在一定意义上就是党以自身的强有力组织带动群众组织、凝聚人民的根本利益,团结带领全国人民在不断组织社会中建设社会,进而推动中国特色社会主义大踏步前进的过程,党的群团事业在新时代就尤其重要,群团组织呕须通过系统改革,在新时代切实有效发挥作用,联系群众、组织群众、动员群众,把广大人民群众更加紧密地团结在党的周围,汇聚起实现中华民族伟大复兴中国梦的强大力量。为此,以习近平同志为核心的党中央对群团工作的重视提升到新的高度。

以习近平同志为核心的党中央将党的群团工作作为党治国理政的经常性、基础性工作予以高度重视,强调群团工作是"党组织动员广大人民群众为完成党的中心任务而奋斗的重要法宝",要求"新形势下,党的群团工作只能加强,不能削弱;只能改进提高,不能停滞不前"。这在一定意义上是与习近平总书记在地方工作期间对群团工作重要性和规律的认识是分不开的。例如,在浙江工作期间,他就指出:"维护群众合法权益,是工会、共青团、妇联等群团组织的基本职能","注重发挥工会、共青团、妇联等群团组织的桥梁纽带作用,打破部门分割,整合维权资源,完善维权管理网络,不断提高社会管理和社会服务的能力"。① 党的十八大以后,习近平总书记反复强调工青妇等群团组织的地位和作用。② 例如,2013 年在同全国劳动模范代表座谈时,习近平总书记就指出:"中国工会是中国共产党领导的工人阶级群众组织,是党联系职工群众的桥梁和纽带,是社会主义国家政权的重要社会支柱","时代在发展,事业在创新,工会工作也要发展、也要创新"。③ 2013 年,全国总工会、共青团中央、全国妇联完成换届。在同全国总工会新一届领导班子成员集体谈话时,

---

①　习近平:《之江新语》,浙江人民出版社 2007 年版,第 157 页。

②　中共中央文献研究室编:《十八大以来重要文献选编》(中),中央文献出版社 2016 年版,第 304 页。

③　中共中央文献研究室编:《习近平关于社会主义政治建设论述摘编》,中央文献出版社 2017 年版,第 177 页。

习近平总书记要求全国总工会"把做好新形势下职工群众工作、调动职工群众积极性和创造性作为中心任务,把巩固党执政的阶级基础和群众基础作为政治责任"①。在同共青团中央新一届领导班子集体谈话时,习近平总书记要求团中央"必须把巩固和扩大党执政的青年群众基础作为政治责任",主动深入基层,扩大团的工作有效覆盖面,"关键是要把工作延伸到广大青年最需要的地方去"。时代在发展,社会在变化,"青年有什么需求,团组织就要开展有针对性的工作,努力使团组织成为联系和服务青年的坚强堡垒"②。在同全国妇联新一届领导班子集体谈话时,习近平总书记指出,做好党的妇女工作,关系到巩固党执政的阶级基础和群众基础,"做好新形势下妇联工作,一定要把工作重心放在基层","扩大群众组织覆盖面"。③

首先,中央将党的群团工作制度化作为要抓紧制定和完善党的领导和党的工作方面的党内法规纳入中央党内法规建设规划当中。2013 年 11 月 5日,中央印发了《中央党内法规制定工作五年规划纲要(2013—2017 年)》,提出"完善群众工作方面的党内法规。研究制定加强和改进党对工会、共青团、妇联等人民团体领导的制度,将党对人民团体的领导纳入制度化、规范化轨道,支持人民团体充分发挥桥梁纽带作用。"④

其次,中央制定加强和改进党的群团工作的专门文件,并召开了党的历史上第一次中央党的群团工作会议。2014 年 12 月 29 日,习近平总书记主持召开中共中央政治局会议,审议通过了《中共中央关于加强和改进党的群团工作的意见》,该《意见》分析了新形势下加强和改进党的群团工作的重要性和

---

① 中共中央文献研究室编:《习近平关于社会主义政治建设论述摘编》,中央文献出版社2017 年版,第 180 页。

② 中共中央文献研究室编:《习近平关于社会主义政治建设论述摘编》,中央文献出版社2017 年版,第 179 页。

③ 中共中央文献研究室编:《习近平关于社会主义政治建设论述摘编》,中央文献出版社2017 年版,第 182—184 页。

④ 中共中央文献研究室编:《十八大以来重要文献选编》(上),中央文献出版社 2014 年版,第 304、482 页。

紧迫性,突出强调了坚定不移走中国特色社会主义群团发展道路,并提出了加强和改进党的群团工作的具体举措。2015 年 7 月 6 日至 7 日,中央党的群团工作会议在京召开,分析研究新形势下党的群团工作面临的新情况新问题,贯彻落实《中共中央关于加强和改进党的群团工作的意见》。习近平总书记强调,工会、共青团、妇联等群团组织要增强自我革新的勇气,开展工作和活动要以群众为中心。要下决心纠正"机关化、行政化、贵族化、娱乐化"①,切实保持和增强党的群团工作的政治性、先进性、群众性,把群团组织建设得更加充满活力、更加坚强有力,使之成为推进国家治理体系和治理能力现代化的重要力量。2015 年 7 月 24 日,习近平总书记在《致全国青联十二届全委会和全国学联二十六大的贺信》中就指出:"青联和学联事业是党的群团事业的重要组成部分,青联和学联组织一定要不断保持和增强政治性、先进性、群众性,不断推进自身改革,认真履行自身职能,更好组织动员广大青年坚定地跟党走。"②可以说,《中共中央关于加强和改进党的群团工作的意见》的出台和中央党的群团工作会议的召开是以习近平同志为核心的党中央结合党的群团事业的时代要求,根据群团组织工作开展面临的问题作出的深思熟虑的结果,由此开启了新时代群团组织的系统性改革。

2015 年年底,中央第十八次全面深化改革领导小组会议审议通过了《全国总工会改革试点方案》《上海市群团改革试点方案》《重庆市群团改革试点方案》,上海、重庆成为群团改革试点地区,全国总工会成为第一个试点群团,群团改革试点工作开始全面推开。2016 年,中共中央办公厅陆续印发了《科协系统深化改革实施方案》《共青团中央改革方案》《全国妇联改革方案》《中国侨联改革方案》《关于加强欧美同学会(留学人员联谊会)建设的意见》;

① 中共中央文献研究室编:《习近平关于社会主义政治建设论述摘编》,中央文献出版社 2017 年版,第 189 页。

② 中共中央文献研究室编:《习近平关于青少年和共青团工作论述摘编》,中央文献出版社 2017 年版,第 76—77 页。

2017 年,《全国青联改革方案》《中国文联深化改革方案》《中国作协深化改革方案》《中国记协深化改革方案》《中国法学会改革方案》《全国工商联深化改革总体方案》陆续印发;2018 年,《中国计划生育协会改革方案》《全国台联改革方案》《中国红十字会总会改革方案》《中国残疾人联合会改革方案》等印发,群团改革全面展开。各群团组织都按照《中共中央关于加强和改进党的群团工作的意见》和中央党的群团工作会议要求,开始全方位改革。八年多来,群团改革取得了较为明显的成效,各群团的组织覆盖面和活动覆盖面都有了较大的进展,有的还取得了较为显著的进展,群团组织的社会知晓度较改革前有了明显上升;群团组织联系群众、服务群众的路径、方法和群众工作本领有了提升,在增强政治性、先进性、群众性方面的意识和行为更加主动。尤其是工青妇组织,都普遍扩大了组织覆盖面和活动覆盖面,"强三性"在组织层面的效果较为显著。例如,2023 年 6 月 26 日,习近平总书记在同共青团中央新一届领导班子成员集体谈话时表示,"党的十八大以来,党的青年工作取得了重大成就、发生了深刻变革,党对共青团和青年工作的领导全面加强,团的立身之本和政治之魂更加牢固,共青团工作的方向任务更加明确,团组织的政治性、先进性、群众性更加鲜明,团干部的思想作风、工作作风、生活作风更加积极健康向上,在广大青年群体中的形象焕然一新"[①]。

综上,党的十八大以来,以习近平同志为核心的党中央对群团工作的重视提升到新的高度,不仅把群团组织明确为"党直接领导的群众自己的组织",而且把每个群团的事业都作为党的群团事业的重要组成部分,加强制度建设。更为重要的是,以习近平同志为核心的党中央对群团改革进行专门部署,强调群团组织作为党和政府联系人民群众的桥梁和纽带必须不断保持和增强政治性、先进性、群众性,全面推动群团进行系统性改革。这是新时代党统筹中华

---

① 《切实肩负起新时代新征程党赋予的使命任务 充分激发广大青年在中国式现代化建设中挺膺担当》,《人民日报》2023 年 6 月 27 日。

民族伟大复兴战略全局和世界百年未有之大变局,高度重视党在百年波澜壮
阔奋斗历程中始终坚持相信群众,依靠群众,组织群众,动员群众所形成的
"群团组织特殊优势"①的体现。不仅如此,党的十八大之后,党明确把群团组
织作为国家治理体系的组成部分,明确了群团组织在国家治理体系中的结构
性地位和不可或缺的功能。在中央党的群团工作会议上,习近平总书记指出:
"国家治理体系是由众多子系统构成的复杂系统。这个系统的核心是中国共
产党,党是领导一切的,人大、政府、政协、法院、检察院、军队,各民主党派和无
党派人士,各企事业单位,工会、共青团、妇联等群团组织,既各负其责,又相互
配合,一个都不能少。"②正因为群团组织是国家治理体系的子系统,正因为群
团事业是党的事业的重要组成部分,群团改革也就自然被纳入到党的十八大
之后以习近平同志为核心的党中央全面深化改革的总体布局当中。2015 年
开启的群团改革由此与 1993 年、2000 年的群团机关机构改革完全不同,是从
加强党的群团工作战略布局上对群团从组织体系、体制机制、行为方式等方面
进行问题导向和目标导向相结合的系统改革。不仅如此,群团改革作为党提
出的全面深化改革的重要任务之一,还成为配合党的十八大后深化党和国家
机构改革的战略性举措,在党和国家机构职能实现系统性、整体性重构的同
时,合力推动国家治理体系和治理能力的现代化,为以中国式现代化全面推进
中华民族伟大复兴夯实超大规模国家人民团结的坚实社会基础。正因为如
此,在党的十九大报告中,"推动工会、共青团、妇联等群团组织增强政治性、
先进性、群众性"被纳入全面增强执政本领中的"群众工作本领"来强调。
2019 年 9 月 9 日,习近平主持召开中央全面深化改革委员会第十次会议时强
调:"落实党的十八届三中全会以来中央确定的各项改革任务,前期重点是夯

①　中共中央文献研究室编:《十八大以来重要文献选编》(中),中央文献出版社 2016 年
版,第 304 页。
②　中共中央文献研究室编:《习近平关于社会主义政治建设论述摘编》,中央文献出版社
2017 年版,第 188 页。

基垒台、立柱架梁,中期重点在全面推进、积厚成势,现在要把着力点放到加强系统集成、协同高效上来,巩固和深化这些年来我们在解决体制性障碍、机制性梗阻、政策性创新方面取得的改革成果,推动各方面制度更加成熟更加定型。"①为"加强系统集成、协同高效",包括群团组织在内的国家治理体系朝着现代化目标进行改革就是题中应有之义。2019 年 10 月 31 日,党的十九届四中全会通过的《中共中央关于坚持和完善中国特色社会主义制度 推进国家治理体系和治理能力现代化若干重大问题的决定》在"坚持和完善党的领导制度体系,提高党科学执政、民主执政、依法执政水平"部分把群团改革及其目标纳入其中,即"保持党同人民群众的血肉联系","健全联系广泛、服务群众的群团工作体系,推动人民团体增强政治性、先进性、群众性,把各自联系的群众紧紧团结在党的周围"②。党的二十大报告强调:"深化工会、共青团、妇联等群团组织改革和建设,有效发挥桥梁纽带作用。"③持续不断地强调群团改革和建设,也意味着党对国家治理体系和治理能力现代化的推进日益走向深入。

作为马克思主义政党,中国共产党一直把党领导的群众组织作为夺取和巩固政权的重要力量。从革命年代党的有力助手到社会主义建设中国家政权的重要社会支柱,再到新时代国家治理体系众多子系统中的一个,群团组织在党的领导下,覆盖和联系工人、农民、青年、妇女、知识分子等各个社会阶层和社会群体,蕴含着有效组织社会、推动社会变革和进步的巨大能量。从革命年代到中国特色社会主义新时代,党对群团地位和功能的认识也在不断深化,对于群团的功能,列宁曾把共产党领导的工会等群众组织形象地比作共产党和

① 《习近平谈治国理政》第三卷,外文出版社 2020 年版,第 179 页。
② 《中共中央关于坚持和完善中国特色社会主义制度 推进国家治理体系和治理能力现代化若干重大问题的决定》,人民出版社 2019 年版,第 8 页。
③ 习近平:《高举中国特色社会主义伟大旗帜 为全面建设社会主义现代化国家而团结奋斗——在中国共产党第二十次全国代表大会上的报告》,人民出版社 2022 年版,第 38 页。

群众之间的"传动装置"和"杠杆"。① 前文所列中央苏区时期将群团的作用界定为"轮带"与"杠杆",显然与列宁的看法是基本一致的。中华人民共和国成立后,党把群团的功能描述为"政权的社会支柱"和"党联系群众的纽带"。改革开放之后,随着经济社会发展的需要和党治国理政实践的需要,一些新成立的群团如中国计划生育协会、中国残疾人联合会等承担着具体政策的执行,在管理体制上归口于国务院或相关部委,党对群团的功能定位的表述逐渐从"党联系广大人民群众的桥梁和纽带"拓展为"党和政府联系人民群众的桥梁和纽带"。中国特色社会主义进入新时代,党对群团组织的功能定位仍是"党和政府联系人民群众的桥梁和纽带"。可见,尽管在提法和表述上有一定的变化,但不变的是党对群团工作的重视和传承,不变的是党对群团地位的肯定,不变的是党对群团组织把党和人民群众联系起来这一一般性、总体性功能的强调。以习近平同志为核心的党中央对群团组织的地位和作用更加重视,在把中国特色社会主义群团发展道路作为党的群团工作长期奋斗历史经验的科学总结的基础上,从党的群团工作层面对群团组织的地位和重要性作了进一步强调,即:"党的群团工作是党治国理政的一项经常性、基础性工作,是党组织动员广大人民群众为完成党的中心任务而奋斗的重要法宝。"②作为国家治理体系的重要组成部分,相较于其他子系统,群团组织承担联系群众的工作,对国家相关领域政策的协助执行作用,实际上是国家治理体系中的柔性主体。在功能上的"桥梁和纽带"作用使群团组织成为国家与社会之间的中间组织层,兼具政治吸纳和社会整合功能。正因为如此,群团组织的存在、建设和改革、发展都立足于群团组织在国家治理体系中的地位,聚焦其"桥梁和纽带"功能而展开。

———————————

　　① 《列宁选集》第四卷,人民出版社 2012 年版,"传动装置"提法见第 370—371 页、第 626 页,如第 626 页,列宁写道:"如果共产党和群众之间的传动装置——工会位置摆得不正或工作得不正常,那我们的社会主义建设就必然遭殃。""杠杆"提法见第 409 页。

　　② 《中共中央关于加强和改进党的群团工作的意见》,人民出版社 2015 年版,第 1 页。

第二节　改革开放以来群团地位与功能：
制度界定和预期*

如前所述，改革开放以来，群团组织的功能定位日益制度化为"党和政府联系人民群众的桥梁和纽带"，而"桥梁和纽带"功能的持续性发挥，使群团组织成为"党执政的坚实依靠力量、强大支持力量、深厚社会基础"①。这既是党对历史上群团组织地位和功能的肯定，也是对现实中群团组织地位和功能所作的实事求是的制度性界定。

从改革开放以来党的全国代表大会和中央委员会的重要文件来看，党中央在认真总结历史经验的基础上，加强和改进对工青妇等群团组织的领导，对群团组织功能发挥的制度性预期主要集中在三个维度上。

（一）加强党的建设和党的领导维度

从党的建设和党的领导维度强调群团工作是党的传统，也体现了党的群团工作是党的工作的重要内容。

1981年，党的十一届六中全会通过了《关于建国以来党的若干历史问题的决议》，这个决议在"党的建设"部分指出："必须正确处理党同其他组织的关系"，"保证工会、共青团、妇联、科协、文联等群众组织主动负责地进行工作"。② 1982年，党的十二大报告在第六部分"把党建设成为领导社会主义现代化事业的坚强核心"将工会、共青团和妇联放在"加强党在工人、农民、知识

---

　　* 本部分略作调整，作为《基层治理中的群团组织：组织社会的嵌入型桥接》的部分内容发表于《治理研究》2023年第2期。
　　① 《习近平谈治国理政》第二卷，外文出版社2017年版，第308页。
　　② 《中国共产党中央委员会关于建国以来党的若干历史问题的决议》，人民出版社1981年版，第59页。

分子中的工作,密切党同群众的联系"中,强调要加强工会、共青团和妇联的工作。① 1992 年,党的十四大报告在第四部分"加强党的建设和改善党的领导"中把群团组织作为密切党同群众的联系的部分强调"加强和改善党对工会、共青团、妇联等群众组织的领导,充分发挥他们作为党联系群众的桥梁和纽带作用"②。2002 年,党的十六大报告在"政治建设和政治体制改革"和"加强和改进党的建设"两个部分均对党领导和推动群团发挥作用提出了要求。在"政治建设和政治体制改革"部分把群团作为"改革和完善党的领导方式和执政方式"的内容,要求"加强对工会、共青团和妇联等人民团体的领导,支持他们依照法律和各自章程开展工作,更好地成为党联系广大人民群众的桥梁和纽带"。在"加强和改进党的建设"部分把群团作为基层党建以增强党的阶级基础和扩大党的群众基础的内容,要求加强非公有制企业党的建设,企业党组织要"领导工会和共青团等群众组织,团结凝聚职工群众,维护各方的合法权益,促进企业健康发展"③。2004 年 9 月,党的十六届四中全会通过的《中共中央关于加强党的执政能力建设的决定》在"坚持党的领导、人民当家作主和依法治国的有机统一,不断提高发展社会主义民主政治的能力"部分,把群团作为改革和完善党的领导方式的内容,强调"加强和改进党对工会、共青团、妇联等人民团体及各类群众团体的领导,支持他们依照法律和章程独立自主地开展工作,充分发挥他们联系群众的桥梁和纽带作用"④。2006 年 10 月,党的十六届六中全会通过的《中共中央关于构建社会主义和谐社会若干重大问题的决定》把群团放在"加强党对构建社会主义和谐社会的领导"部分,即

---

① 中共中央文献研究室编:《十二大以来重要文献选编》(上),人民出版社 1986 年版,第53—55 页。

② 中共中央文献研究室编:《十四大以来重要文献选编》(上),人民出版社 1996 年版,第42 页。

③ 中共中央文献研究室编:《十六大以来重要文献选编》(上),中央文献出版社 2005 年版,第 26、41 页。

④ 中共中央文献研究室编:《十六大以来重要文献选编》(中),中央文献出版社 2006 年版,第 283 页。

"加强和改进党对工会、共青团、妇联等人民团体的领导,支持他们发挥联系群众、服务群众、教育群众、维护群众合法权益的作用"①。2012年11月,党的十八大报告在"党的建设"部分申明:"支持工会、共青团、妇联等人民团体充分发挥桥梁纽带作用,更好反映群众呼声,维护群众合法权益。"②2013年11月,党的十八届三中全会通过的《中共中央关于全面深化改革若干重大问题的决定》将"充分发挥工会、共青团、妇联等人民团体作用,齐心协力推进改革"③放在"党对全面深化改革的领导"部分来强调。2017年10月,党的十九大报告将群团组织列入"党的建设"部分来强调,在"全面增强执政本领"中要求"增强群众工作本领,创新群众工作体制机制和方式方法,推动工会、共青团、妇联等群团组织增强政治性、先进性、群众性,发挥联系群众的桥梁纽带作用,组织动员广大人民群众坚定不移跟党走"④。

在加强党的建设和党的领导维度对群团予以表述,是从党执政的视角,把群团工作作为党的工作的一部分来进行部署。党的群团工作是党通过群团组织来组织、团结、动员广大人民群众为完成党的中心任务而奋斗的重要工作,做好群团工作有利于扩大党的执政基础和群众基础。

(二) 社会主义民主政治维度

在民主政治维度对群团组织的地位和功能进行界定,最初出现在1987年党的十三大报告中。党的十三大报告将群团列入政治体制改革的"完善社会主义民主政治的若干制度"部分,要求群团"改革组织制度,转变活动方式,积

---

① 《中共中央关于构建社会主义和谐社会若干重大问题的决定》,人民出版社2006年版,第36页。

② 中共中央文献研究室编:《十八大以来重要文献选编》(上),中央文献出版社2014年版,第40页。

③ 《中共中央关于全面深化改革若干重大问题的决定》,人民出版社2013年版,第60页。

④ 习近平:《决胜全面建成小康社会 夺取新时代中国特色社会主义伟大胜利——在中国共产党第十九次全国代表大会上的报告》,人民出版社2017年版,第69页。

极参与社会协商对话、民主管理和民主监督,把工作重点放在基层,克服'官'气和行政化倾向,赢得群众特别是基层群众的信任"①。此后,1997年,党的十五大报告把群团组织放在"政治体制改革和民主法制建设"中作为健全民主制度的内容来安排,即"工会、共青团、妇联等群众团体要在管理国家和社会事务中发挥民主参与和民主监督作用,成为党联系广大人民群众的桥梁和纽带"②。2007年,党的十七大报告将群团组织列入"坚定不移发展社会主义民主政治"部分来强调,作为"扩大人民民主,保证人民当家作主"的内容,"支持工会、共青团、妇联等人民团体依照法律和各自章程开展工作,参与社会管理和公共服务,维护群众合法权益"③。2022年,党的二十大报告将"深化工会、共青团、妇联等群团组织改革和建设,有效发挥桥梁纽带作用"④列入"发展全过程人民民主,保障人民当家作主"中"加强人民当家作主制度保障"的部分。

在社会主义民主政治维度对群团组织作用及其发挥进行表述,是从我国社会主义民主政治的本质即人民当家作主角度,强调群团组织作用的发挥是"坚持人民当家作主,发展人民民主,密切联系群众,紧紧依靠人民推动国家发展的显著优势"⑤在国家政权组织层面的表现。因此,做好群团工作不仅有利于党和政府密切联系群众,而且能够深刻体现我国社会主义政权人民主体的组织优势和制度优势。

---

① 中共中央文献研究室编:《十三大以来重要文献选编》(上),人民出版社1991年版,第45页。

② 中共中央文献研究室编:《十五大以来重要文献选编》(上),人民出版社2000年版,第32页。

③ 中共中央文献研究室编:《十七大以来重要文献选编》(上),中央文献出版社2009年版,第23页。

④ 习近平:《高举中国特色社会主义伟大旗帜　为全面建设社会主义现代化国家而团结奋斗——在中国共产党第二十次全国代表大会上的报告》,人民出版社2022年版,第38页。

⑤ 《中共中央关于坚持和完善中国特色社会主义制度　推进国家治理体系和治理能力现代化若干重大问题的决定》,人民出版社2019年版,第3页。

（三）社会治理维度

从社会治理视角对群团组织的地位和功能进行界定，是党的十八大以来新增的一个维度。

《中共中央关于加强和改进党的群团工作的意见》对群团组织的功能定位做了全面概括和梳理，要求"各级党组织要指导群团组织紧紧围绕中国特色社会主义经济建设、政治建设、文化建设、社会建设、生态文明建设，围绕外交工作大局和祖国统一大业，找准工作的结合点和着力点，团结动员所联系群众为完成党和国家中心任务贡献力量"。指出"群团组织是创新社会治理和维护社会和谐稳定的重要力量"[1]，要支持群团组织参与创新社会治理和维护社会稳定。2019 年，党的十九届四中全会通过的《中共中央关于坚持和完善中国特色社会主义制度　推进国家治理体系和治理能力现代化若干重大问题的决定》，在坚持和完善党的领导、社会治理两个部分都强调了要发挥群团组织作用。在坚持和完善党的领导部分，强调"健全联系广泛、服务群众的群团工作体系，推动人民团体增强政治性、先进性、群众性，把各自联系的群众紧紧团结在党的周围"。在社会治理部分，强调"发挥群团组织、社会组织作用"，夯实基层社会治理基础。[2] 2020 年，党的十九届五中全会通过的《中共中央关于制定国民经济和社会发展第十四个五年规划和二〇三五年远景目标的建议》在第十二部分"改善人民生活品质，提高社会建设水平"强调，"发挥群团组织和社会组织在社会治理中的作用"[3]，加强和创新社会治理。随后，2021年 3 月，十三届全国人大四次会议表决通过的《中华人民共和国国民经济和社会发展第十四个五年规划和二〇三五年远景目标纲要》第十四篇"增进民

---

① 《中共中央关于加强和改进党的群团工作的意见》，人民出版社 2015 年版，第 18 页。

② 《中共中央关于坚持和完善中国特色社会主义制度　推进国家治理体系和治理能力现代化若干重大问题的决定》，人民出版社 2019 年版，第 8、30 页。

③ 《中共中央关于制定国民经济和社会发展第十四个五年规划和二〇三五年远景目标的建议》，人民出版社 2020 年版，第 36 页。

生福祉 提升共建共治共享水平"将群团组织纳入构建基层社会治理新格局中,指出要"积极引导社会力量参与基层治理","发挥群团组织和社会组织在社会治理中的作用,畅通和规范市场主体、新社会阶层、社会工作者和志愿者等参与社会治理的途径,全面激发基层社会治理活力"。①

在社会治理维度强调群团组织作用的发挥,既是从社会治理本身多主体参与的特性出发,努力使包括群团组织在内的各种社会主体形成合力的客观要求,也是因为群团组织作为"党直接领导的群众自己的组织,为群众服务是群团组织的天职"②。

表 1-1 改革开放以来党的重要文件中有关群团组织的表述

时间	文件	所处部分	具体表述
1981 年	关于建国以来党的若干历史问题的决议	党的建设	"保证工会、共青团、妇联、科协、文联等群众组织主动负责地进行工作。"
1982 年	党的十二大报告	党的建设	"必须大大加强党在工会中的工作""党要进一步加强对共青团的领导""党一定要加强妇女工作……妇联应当成为代表妇女利益,保护和教育妇女,保护和教育儿童的有权威的群众团体。"
1987 年	党的十三大报告	民主政治建设	"工会、共青团、妇联等群众团体历来是党和政府联系工人阶级和人民群众的桥梁和纽带,在社会主义民主生活中具有重要作用。……群众团体也要改革组织制度,转变活动方式,积极参与社会协商对话、民主管理和民主监督,把工作重点放在基层,克服'官'气和行政化倾向,赢得群众特别是基层群众的信任。"

---

① 《中华人民共和国国民经济和社会发展第十四个五年规划和二○三五年远景目标纲要》,人民出版社 2021 年版,第 153 页。

② 《中共中央关于加强和改进党的群团工作的意见》,人民出版社 2015 年版,第 7 页。

时间	文件	所处部分	具体表述
1989 年	《关于加强和改善党对工会、共青团、妇联工作领导的通知》	＊专门文件	"工会、共青团、妇联是党领导的工人阶级、先进青年、各族各界妇女的群众组织,是党联系群众的桥梁和纽带,是国家政权的重要社会支柱。……必须切实加强和改善党对工会、共青团、妇联工作的领导,充分发挥这些群众组织的作用。"
1992 年	党的十四大报告	党的建设和党的领导	"加强和改善党对工会、共青团、妇联等群众组织的领导,充分发挥他们作为党联系群众的桥梁和纽带作用。"
1997 年	党的十五大报告	政治建设	"工会、共青团、妇联等群众团体要在管理国家和社会事务中发挥民主参与和民主监督作用,成为党联系广大人民群众的桥梁和纽带。"
2002 年	党的十六大报告	政治建设、党的建设	"加强对工会、共青团和妇联等人民团体的领导,支持他们依照法律和各自章程开展工作,更好地成为党联系广大人民群众的桥梁和纽带。""加强非公有制企业党的建设,企业党组织要贯彻党的方针政策,引导和监督企业遵守国家的法律法规,领导工会和共青团等群众组织,团结凝聚职工群众,维护各方的合法权益,促进企业健康发展。"
2004 年	十六届四中全会通过的《中共中央关于加强党的执政能力建设的决定》	政治建设	"加强和改进党对工会、共青团、妇联等人民团体及各类群众团体的领导,支持他们依照法律和章程独立自主地开展工作,充分发挥他们联系群众的桥梁和纽带作用。"
2006 年	十六届六中全会通过的《中共中央关于构建社会主义和谐社会若干重大问题的决定》	党的领导	"加强和改进党对工会、共青团、妇联等人民团体的领导,支持他们发挥联系群众、服务群众、教育群众、维护群众合法权益的作用。"
2007 年	党的十七大报告	政治建设	"支持工会、共青团、妇联等人民团体依照法律和各自章程开展工作,参与社会管理和公共服务,维护群众合法权益。"
2012 年	党的十八大报告	党的建设	"支持工会、共青团、妇联等人民团体充分发挥桥梁纽带作用,更好反映群众呼声,维护群众合法权益。"

续表

时间	文件	所处部分	具体表述
2013 年	十八届三中全会通过的《中共中央关于全面深化改革若干重大问题的决定》	党的领导	"充分发挥工会、共青团、妇联等人民团体作用,齐心协力推进改革。"
2015 年	《中共中央关于加强和改进党的群团工作的意见》	* 专门文件	"群团组织是创新社会治理和维护社会和谐稳定的重要力量。"
2017 年	党的十九大报告	党的建设	"增强群众工作本领,创新群众工作体制机制和方式方法,推动工会、共青团、妇联等群团组织增强政治性、先进性、群众性,发挥联系群众的桥梁纽带作用,组织动员广大人民群众坚定不移跟党走。"
2019 年	十九届四中全会通过的《中共中央关于坚持和完善中国特色社会主义制度　推进国家治理体系和治理能力现代化若干重大问题的决定》	党的领导、社会治理	"健全联系广泛、服务群众的群团工作体系,推动人民团体增强政治性、先进性、群众性,把各自联系的群众紧紧团结在党的周围。""发挥群团组织、社会组织作用,发挥行业协会商会自律功能,实现政府治理和社会调节、居民自治良性互动,夯实基层社会治理基础。"
2020 年	十九届五中全会通过的《中共中央关于制定国民经济和社会发展第十四个五年规划和二〇三五年远景目标的建议》	社会治理	"发挥群团组织和社会组织在社会治理中的作用。"
2022 年	党的二十大报告	政治建设	"深化工会、共青团、妇联等群团组织改革和建设,有效发挥桥梁纽带作用。"

资料来源:笔者根据改革开放以来党的重要文件相关内容制作。

　　由此可见,一方面,改革开放特别是新时代以来,党对群团组织作用的发挥高度重视,无论是在党的重要文件中从党的建设、政治建设和社会建设三大维度对群团组织特别是人民团体的功能定位进行强调和重申,还是在两个专门文件中对加强党对群团组织的领导和推进群团改革进行全面部署,都显示了群团组织作为党和政府与社会和个人之间的连接性,也是对群团组织兼具政治属性和社会属性的确认。另一方面,党在重要文件中无论是把群团组织放在党的建设和党的领导、民主政治建设还是社会治理部分,都要求群团组织发挥党和政府联系人民群众的桥梁纽带作用,而党在专门文件中提出的"去四化""强三性"群团改革,更是要求群团组织在党和人民群众之间发挥桥梁纽带的有机连接作用,而这种有机连接作用的发挥,根本就在于群团组织基于其在国家治理体系中的地位、党对群团功能的制度预期而体现在国家、社会以及国家与社会紧密贴合的基层治理当中。这是由党作为我国最高政治领导力量、我国社会结构正在发生深刻变化以及基层治理作为国家治理体系和治理结构的基础性地位决定的。也就是说,群团组织的功能及其落实不仅表现在国家制度和国家治理体系的结构上,更表现在党自身的建设要求群团组织坚持党的领导、人民当家作主的政权回应社会结构的深刻变化,以及国家—社会关系投射在基层治理中人与人之间关系的整合,由此协力促进国家与社会形成朝着中华民族伟大复兴的团结机制和协同力量,而这反过来进一步要求群团组织通过紧跟中国共产党的先进性来打通其政治属性和社会属性,把人民群众紧密团结在党的周围,以党的向心力形成全社会的凝聚力。进言之,群团组织"强三性"改革的落实在这三个方面将能得到真正的检验。

第三节　2015 年群团改革的战略
目标与底层逻辑

如前所述,群团组织是党和政府联系人民群众的桥梁和纽带,在党的十八大以前,群团组织经历了 1993 年和 2000 年两轮机关机构改革。相较而言,1993 年的群团机关机构改革着重在于加强和改善党的领导,理顺群团组织与党和政府部门之间的职能关系,为群团组织更好地履职提供机构和人员编制保障。2000 年的群团机关机构改革则着重于群团组织优化机关机构设置和运行机制,以有效回应经济社会发展需要。作为贯彻落实党的十五大战略部署、全面完成机构改革任务的一个重要步骤,这次改革要求群团组织要像政府部门抓职能转变一样,立足作为群众性组织的性质和特点,调整与职责任务不相适应的机构,合并分工过细、职责交叉重复的机构,精简并综合设置内设机构,狠抓改进运行机制;进一步探索和建立适合群众团体机关工作特点的用人制度,促进人员结构的优化,提高干部队伍的整体素质,以更好适应建立社会主义民主政治和市场经济的要求,形成充满生机与活力、密切联系群众、符合自身特点的组织机构和运行机制。因此,如果说1993年的群团组织机关机构改革侧重于强化群团组织的政治属性的话,那么,2000年的群团组织机关机构改革则侧重于强调群团组织的社会属性的落实。这两次机构改革的结果是使群团组织机关从领导体制、机构和人员编制属性、工作方法、经费使用等方面与党政机关趋同,由此进一步凸显了群团组织的政治属性,各群团组织与党和政府的联系机制得到体制和制度保障,但机关机构改革未涉及到群团基层组织方式和工作方式上与社会变迁中群众需求的有效对接机制,在客观上也使得群团的工作重心未能真正深入扎到基层,从而出现了群团组织与新形势新任务的要求不适应的问题,甚至出现将群团组织政治属性简单等同于党政机关属性,把群团组织社会属性简单等同于慰问群众和发放福利品,由此,群团组织日渐偏离群众性而陷入"机关化、行政化、贵族化、娱乐化"的"四化"境地。也正是由于将群团组织政治属性简单等同于党政机关属性,有的地方和部门党组织对群团工作重视不够,群团组织无力、无心、无能于本应联系群众的日常性基层工作,从而表现出基层基础薄弱、有效覆盖面不足、吸引力凝聚力不够等突出问题,有的群团组织安于体制内保障而不思进取,工作和活动方式单一,群众工作能力严重不足。这些问题都是群团组织政治属性和社会属性失衡的表现,而一旦政治属性和社会属性失衡,群团组织作为国家治理体系中起连接作用的子系统,就难以真正作为桥梁和纽带把党和政府的发展战略与人民群众的积极性、主动性、创造性有效连接连动,就会直接影响国家治理体系的整体治理效能的有效发挥。为此,群团组织的系统性改革势在必行,而

2015年群团改革恰是着眼于党的群团事业来对群团组织体系进行系统性改革,以使群团组织切实成为党和政府与人民群众之间的连接、连心和连动桥梁,形成党和政府与人民群众的有机团结,凝聚全面实现中华民族伟大复兴的合力。

(一) 2015年群团改革的战略目标

2015年的群团改革实际上在2014年就开始部署。2014年12月29日,中共中央政治局召开会议,审议通过了《中共中央关于加强和改进党的群团工作的意见》,2015年1月8日,该意见印发。2015年7月6日至7日,党的历史上第一次中央党的群团工作会议在北京召开,这次会议的主要任务是分析研究新形势下党的群团工作面临的新情况新问题,贯彻落实《中共中央关于加强和改进党的群团工作的意见》,总结成功经验,解决突出问题,推动改革创新,努力开创党的群团工作新局面。可见,中国特色社会主义进入新时代,以习近平同志为核心的党中央对党的群团工作进行专门研究,发布专门文件,并专门开会推动文件的贯彻落实,是对党的群团工作作为"党治国理政的一项经常性、基础性工作"和"党组织动员广大人民群众为完成党的中心任务而奋斗的重要法宝"的高度重视,也是党结合新时代国内外形势和党治国理政的战略任务,对党的群团工作进行战略布局的体现。

群团组织作为国家治理体系的子系统和党的群团工作的组织载体,其功能是党和政府联系人民群众的桥梁和纽带,这就意味着群团组织承担着党联系人民群众的通道责任和组织人民群众的团结责任。相较而言,通道责任侧重于群团组织的结构性责任,团结责任侧重于强调群团组织的功能性责任,二者叠加为群团组织桥梁和纽带的完整结构性功能。但结构是不是优化、功能是不是良好,决定着群团组织桥梁和纽带作用是否有利于国家治理体系的系统性以及国家治理能力的现代化水平。因此,2015年群团改革的具体目标,旨在针对群团组织作为党的群团事业、国家治理体系的子系统、群团组织桥梁纽带作用发挥这三个层面存在的问题,即表现为"机关化、行政化、贵族化、娱乐化"现象,根本是解决脱离群众这一基础性问题,打通桥梁堵点和纽带痛点,与之对应的改革举措就是系统性地"去四化""强三性"。群团改革的战略目标服务于新时代国家治理更为宏大的目标,即力图通过系统性改革,实现群团组织政治属性和社会属性均衡互补基础上的有效融合,使群团组织运转良好并切实发挥作用,成为党和政府与人民群众之间便捷畅通的桥梁和有机团结的纽带,为党执政治国夯实群众基础,进而与其他子系统形成国家治理协同合力,实现党的全面领导下的社会团结,服务于实现中华民族伟大复兴的宏伟目标。由此,相较于党治国理政,坚持和完善中国特色社会主义制度、推进国家治理体系和治理能力现代化总体目标,群团改革这一战略目标又具有手段性。

综上,群团改革既是中国特色社会主义群团发展道路经验的必然选择,也是党领导人民群众实现中华民族伟大复兴这一总体目标的现实需要。我们从党的群团事业、国家治理体系、群团组织自身地位和功能三个层面对群团改革的战略目标进行简要分析。

首先,从党的群团事业层面看,群团改革战略目标旨在使群团组织进一步契合新时代党的事业发展需要。群团事业是党的事业的重要组成部分。通过群团工作,党与各领域广大人民群众形成紧密联系,使广大人民群众组织起来,作为坚持和发展中国特色社会主义的基本力量发挥积极性、主动性、创造性,进而有效团结起来,在党的带领下全面深化改革、全面推进依法治国、巩固党的执政地位、维护国家长治久安。群团组织是党的群团事业的组织载体,是党的群团事业的组织化主体,革命、建设、改革各个历史时期,党在不断探索加强自身建设的同时,始终高度重视群团工作,加强群团组织建设,发挥群团组织在组织社会、团结群众方面的特殊优势,共同为实现党在各个时期的历史任务而奋斗。中国特色社会主义进入新时代,党秉持为中国人民谋幸福、为中华民族谋复兴的初心,提出"两个一百年"奋斗目标和实现中华民族伟大复兴的中国梦，更需要保持党同人民群众的血肉联系，朝着宏伟目标形成团结合力。在这个过程中，党自身也面临着执政考验、改革开放考验、市场经济考验、外部环境考验，需要以自我革命精神克服精神懈怠危险、能力不足危险、脱离群众危险、消极腐败危险。一些地方和部门党组织对经济增长和作为发展硬件的基础设施高度重视，但对于联系人民群众的发展软件之一的群团工作重视不够，在群团组织干部配备、资金保障和群团工作机制方面着力不多，对经济社会快速变化中的群团工作特点和规律缺乏深入研究，对发挥群团组织作用缺乏有力指导和支持。这些问题增大了党脱离群众的风险。为此，我们需要对群团组织巩固党执政治国的群众基础这一作用的发挥进行再认识，通过改革切实加强对党的群团事业的重视，进而运用党组织的领导地位，有效发挥群团组织与各领域人民群众之间的联系、连接和团结作用，把广大人民群众更加紧密地团结在党的周围，由此实现党—群团组织基本架构之上的社会组织形态和国家—社会有机联系，不断凝聚起实现中华民族伟大复兴的中国梦的合力。因此，群团改革的战略目标落实到具体目标上，就是通过"去四化""强三性"的改革把群团组织锻造得更加契合党的群团工作的需要，为推进党的事业而有效组织群众、动员群众、团结群众。

其次，从国家治理体系现代化层面来看，群团改革战略目标旨在增强国家治理体系结构弹性。作为国家治理体系这个复杂系统中的子系统，一方面，群团组织在组织架构上与以直线职能型组织结构为主而形成科层制的党政机关、国有企业和事业单位不同，也与改革开放之后蓬勃发展的基于理事会—矩阵型组织结构的社会组织有所不同。社会组织是不能设立地域性分支机构的。例如，各全国性社会团体不得设立地域性分支机构，不得在分支（代表）机构下再设立分支（代表）机构或者以学组、工作组、志愿服务队等名义变相设立分支（代表）机构，而群团组织在全国范围内具有"横向到边、纵向到底"的组织结构网络。尽管群团组织的机关在组织架构上呈现出直线职能型结构，但群团组织在组织架构上往往以委员会结构和职能性矩阵结构为主，这使得群团组织能够通过其成员和委员会治理结构扩大和吸收更多社会资源,并借助在各个行政层次和地域的治理结构连接各领域群众,延伸其服务,促进信息在党和政府与人民群众之间的流动,从而成为"我们党的一大创举,也是我们党的一大优势"①。另一方面,群团组织因其桥梁和纽带功能,在组织特性和行为方式上不具有党组织系统的严密组织性和严格纪律性,不具有人民代表大会的立法权,不具有政府系统的行政命令性和执法权,不具有政治协商会议的参政议政民主协商职能,不具有法院、检察院的司法职能和程序性,不具有国有企事业单位目标功能的相对单一性。当然,我国的群团组织更不同于一些发达国家中以政治游说为目的的伞状组织或以协助政策执行和服务供给的"准自治非政府组织"。相比较而言,作为国家治理体系中的子系统,因其桥梁和纽带作用的功能定位,群团组织是相对柔性的结构性主体要素,在行为上不具有强制性和法定程序性。群团组织作为国家治理体系中的柔性子系统,在全社会发挥着或理应发挥其他组织和机构难以发挥的连接、沟通、说服、引导等柔性作用,在一定意义上具有不可替代性。换言之,如果说,党和国家机构遵循的主要是权力逻辑,国有企业主要遵循市场逻辑,国有事业单位主要遵循公共服务逻辑的话,那么,群团组织主要遵循的是社会交往逻辑,但又因其在国家治理体系中的地位及其桥梁和纽带功能的连接性,群团组织同时又具有权力逻辑的支持,从而既具有国家治理体系权力结构性协同接口,又具有基于社会交往而形成的社会网络结构性协同接口,既能够得到国家权力逻辑支持下的政治吸纳和社会整合,也能够得到社会交往逻辑支持下的群体认同和社会资本。因此,群团改革的战略目标的手段性意图,是通过"去四化""强三性"的改革把群团组织作为国家治理体系中的柔性主体力量的优势进一步发挥,以增强国家治理体系结构弹性,为国家治理体系提供政治整合的社会基础和源源不断的社会资本。

---

① 《习近平谈治国理政》第二卷,外文出版社2017年版,第307页。

最后，从群团组织的发展来看，群团组织改革旨在增强群团组织的功能和能力。改革开放以来特别是中国特色社会主义进入新时代以来，我国经济社会和科技发展从速度、广度和深度上呈现出深刻的迭代特点，人们的就业观念、家庭观念、交往观念、生活观念等发生了深刻变化。以互联网万物互联、人工智能为代表的新一轮科技革命不断催生新就业形态和灵活就业人群，人们的社会行为正在发生深刻变化，社会的组织方式也在发生深刻变化，与传统的基于"亲缘""地缘""业缘"的社会交往不同，互联网使人们更容易基于"趣缘"和即兴性而任意连接，所谓"饭圈"和养成系的"老铁文化""'家族'文化"等正成为人们特别是年轻人的社会交往甚至社会组织方式。由此，信息茧房、群体极化现象更易出现，社会矛盾和社会问题更易放大，社会整合难度加大。群团组织还存在着不能及时适应诸如此类的经济社会变化及其带来的更为复杂的叠加变化，必须通过改革优化结构、改进工作，提高能力，把群团组织的根系牢牢扎在人民群众当中，发现和适应经济社会变化，进而积极主动地发挥桥梁纽带作用。不仅如此，在经济社会的快速变化中，群团组织基层基础薄弱、有效覆盖面不足、吸引力凝聚力不够问题突出，尤其是适应互联网时代的基层变化能力不足，特别是在非公有制经济组织、社会组织和各类新兴群体中的覆盖面和影响力亟待增强。有的群团组织工作和活动方式单一，对经济社会变化不敏感，对国家宏观政策和具体政策研究不深，进取意识和创新精神不强，群众工作的作风和能力都与现实脱节。因此，群团改革的直接目标就是通过"去四化""强三性"的探索性举措，使群团组织从功能和能力上激活连接性这一基础核心功能，成为切实协助党有效组织和团结社会的结构性功能主体。

综上，群团改革的战略目标就是使群团组织成为党和政府与人民群众之间便捷畅通的桥梁和有机团结的纽带，在党的全面领导下，凝聚起全体人民群众的力量，与其他子系统形成国家治理协同合力，为实现中华民族伟大复兴的中国梦而共同奋斗。与之相应，"去四化""强三性"就成为群团改革的直接或具体目标。

（二）群团改革的底层逻辑:进一步激活党有效组织社会的副线

中国社会的组织方式与英美等西方国家社会的"自组织"方式并不相同,这既与漫长的历史形成的社会组织方式有传承关系,又有以马克思主义基本原理同中国具体实际相结合、与中华优秀传统文化相结合的创新性发展。

中国社会组织方式的变迁与近代以来中国受到的巨大挑战和由此而来的巨变有关。1840 年鸦片战争之后,中国在西方列强入侵和封建统治腐败中沦为半殖民地半封建社会,面临"此三千馀年一大变局"①的严峻挑战,旧的政治秩序和皇权—绅权—族权社会结构崩塌,中国人民在一盘散沙的局面下陷入悲惨命运。当时的中国社会亟须组织起来,凝聚救亡图存的力量。但如何才能组织起来,当时的人们提出了不同的答案。孙中山先生把教群众集会结社作为"以教国民行民权之第一步"以"固结人心、纠合群力"②的号召和各种走马灯似的救国方案均归失败。直到 1921 年中国共产党应运而生,中国人民才得以真正组织起来。换言之,中国共产党自诞生之日起,就把自身的组织作为有效组织中国社会的核心和主线,并由此延伸出工青农妇等各种组织方式来扎根和组织社会。如果说中国共产党是有效组织中国社会的主线,那么群团组织就是党有效组织中国社会的副线。主线与副线密不可分,副线以主线为依归。

首先,群团组织是中国共产党自身有效组织中国社会的延伸性组织。在新民主主义革命时期,党自身成为把中国社会组织起来的原点,以党自身的组织作为组织中国社会的骨架,以工青农妇等组织延伸并拓展统一战线作为组

---

①　李鸿章于同治十一年(1872 年)5 月 15 日写的《筹议制造轮船未可裁撤折》,原文为:"臣窃惟欧洲诸国百十年来,由印度而南洋而东北,闯入中国边界腹地,凡前史之所未载,亘古之所未通,无不款关而求互市,我皇上如天之度,概与立约通商以牢笼之,合地球东西南朔九万里之遥,胥聚于中国,此三千馀年一大变局也。"国家清史编纂委员会·文献丛刊:《李鸿章全集·奏议五》,安徽出版集团、安徽教育出版社 2008 年版,第 107 页。

②　《孙中山全集》第六卷,中华书局 1985 年版,第 412—413 页。

织中国社会的筋脉,以马克思主义作为组织中国社会的精神,形成了党员—党组织—群众组织的基本网络,在崩塌的旧秩序中有效组织了中国社会,逐渐重塑起中国的社会组织结构,创造了新民主主义革命的社会基础。在社会主义革命和建设时期,党在新民主主义革命时期的党建经验以及运用工青农妇等群团组织社会的经验,在全国范围内迅速推开,使中国社会在人人平等的基础上迅速全面集中组织起来,工青妇等群团组织不仅成为中国人民政治协商会议的组成单位,而且成为城市中单位和农村队社内部的横向连接单元,在移风易俗、妇女解放、扫除文盲、社会治安管理、经济社会建设等方面发挥了重要作用。在改革开放和社会主义现代化建设新时期,工青妇等群团组织陆续恢复组织和工作;党还根据实际需要,推动了若干群团的成立,以此推进社会的组织和建设。不仅如此,党和政府还鼓励和培育社会的横向组织化,引导各领域社会组织的成立,再次推动了社会组织形式的重大变革,使社会主义市场经济的社会基础既具有稳定弹性又具有蓬勃活力。党的十八大以来,中国特色社会主义进入新时代,党通过全面从严治党狠抓自身的建设,大力推动党的群团工作改革创新,进一步激活群团组织在新时代联系党和政府与人民群众的桥梁纽带功能,创造性继承和发扬党通过群团组织开展群众工作以有效组织社会的传统优势,这既是新时代党领导人民群众实现中华民族伟大复兴这一共同梦想的历史选择,也是群团组织与时俱进、发展壮大、增强功能的必由之路。

其次,群团改革是党在新时代激发群团工作这一重要法宝有机组织中国社会的重大创新性实践举措。中国特色社会主义进入新时代以来,我国的社会主要矛盾已经转化为人民日益增长的美好生活需要和不平衡不充分的发展之间的矛盾。一方面,我国社会活力和宽容度不断增加。随着经济社会发展,利益格局深刻调整,社会结构深刻变化,人们生活、工作和交往等各方面社会观念和行为方式多样化,共建共享经济社会发展成果,人民对美好生活的向往也呈现出多样化特点,需求及其满足方式也随之呈现出分层化、分众化、个性化的特点。另一方面,人民对美好生活的向往尽管多样化,但都有对社会秩序的共同要求,也都有朝着中华民族伟大复兴共同目标努力的共同追求。这一共同要求和共同追求落实到社会领域,就体现为活力与秩序相互协调的和而不同的社会稳定,这进一步要求社会不同人群之间的力量协同。无论是个体、家庭需求的满足,还是朝向共同发展目标的力量协同,都需要以社会的有效组织为前提,而社会的组织是否有效又依赖于不同的人群之间是否形成有机的联系。如前所述,改革开放之后,在政企分开、政社分开过程中,中国社会再次经历了深刻变化,社会结构发生重大变革,打破了国家政权建设统摄社会建设的总体化社会组织方式,同时鼓励和引导社会自我组织起来,既使社会活力激扬,又使社会结构在破旧立新的过程中不断更新,党员—党组织—群团组织作为将中国社会有效组织起来的筋脉必须也必然进一步延伸,而且在朝着实现中华民族伟大复兴的中国梦伟大梦想共同奋斗的新征程上,这种延伸是一种纵横交织的立体化延伸。

党根据社会主要矛盾的转化,坚持以人民为中心的发展思想,在推动党和国家机构优化协同高效的同时,推动群团组织、社会组织、群众自治组织、新就业形态劳动者群体等社会多元主体在党的全面领导下形成协同力量。群团组织作为党有效组织中国社会的副线,自觉接受党的领导、团结服务所联系群众、依法依章程开展工作,就是利用历史形成的传统优势:一方面,在党的自身建设带动下加强群团组织自身的建设,增强群团组织的组织力;另一方面,群团组织通过改革,探索联系和服务群众方式的创新,增强政治性、先进性、群众性,主动架起连接的桥梁,形成与群众自治组织、社会组织和各种新型社会群体更加紧密的相互嵌入和有效连接,以新的组织方式和行动方式扎根于基层,扎根于群众当中,使群团作为党在基层开展群众工作的强大组织网络,有力支撑党对多样化社会的有效组织。在党的全面领导下,群团组织将使命融入到增进全社会的稳定性、和谐性和整合性当中,在党建带动下,发挥好有效组织社会的副线功能,积极落实党践行初心使命的战略,围绕党和国家中心工作,增进社会网络结构的有机联系、有效组织,使各种社会主体组织起来,协同发力,塑造充满信任、合作且富有凝聚力的社会,为实现第二个百年奋斗目标和中华民族伟大复兴提供极具韧性和活力的强大社会团结基础。

综上,群团改革的战略目标和底层逻辑,既说明了群团组织在国家治理体系中的地位,也说明了群团组织的功能价值,更说明了群团组织只有通过系统性改革,即存量改革与增量改革相结合,从宗旨的再确认再明确,到组织再造、行为重塑、价值引领,以及一系列增强政治性、先进性、群众性机制的激活、优化、塑造和创造,才能够适应新时代的新形势新任务,牢牢把握为实现中华民族伟大复兴中国梦而奋斗的时代主题,最广泛把群众组织起来、动员起来、团结起来,在党的全面领导下,协同奋力推进中国特色社会主义伟大事业。

第二章 群团组织结构再造:增强群团自身组织力

当我们说起群团的组织结构时,往往涉及三个层面:第一个层面是指群团组织在全国范围内的整个组织体系,第二个层面指的是群团组织章程规定的群团治理结构,第三个层面指的是群团组织机关的组织结构。在日常生活和工作层面,人们往往用群团组织机关的组织结构指代群团的组织结构,而忽略了群团第一个层面和第二个层面的组织结构。之所以如此,是因为人们习惯性地认为,既然群团组织机关所在地挂牌群团组织名称,那么,群团组织的机关就等同于群团组织本身,而这在一定意义上也成为群团组织"机关化""行政化"的外在表现。但是,这种看法显然是不完整甚至偏颇的,不仅忽视了群团组织的治理结构,而且忽视了群团之所以具有独特优势的"横向到边、纵向到底"的网络化规模化组织体系。2015 年启动的群团改革之所以呈现出与以往群团组织机关机构改革完全不同的显著的系统性特点,首先就在于着力打造"小机关、强基层、全覆盖"的群团组织体系。以增强政治性、先进性、群众性为目的的群团组织结构的优化调整涵盖了群团组织结构的三个层面,以群团组织结构的全系统优化来破除机关化、行政化,使群团的组织结构与治理结构有力支撑群团组织"强三性"。

第一节　群团组织结构改革

（一）群团组织结构：稳定性基础上的微调

从章程来看，各群团组织的组织架构具有共同性。在此，我们选取工会和计划生育协会分别作为基础性群团和政策性群团的代表来分析群团的基本组织架构。

1. 基础性群团的组织结构：以工会为例

如前所述，我们从组织体系、治理结构和群团机关三个层面对群团的组织结构展开分析。

根据《中国工会章程》①，中国工会实行产业和地方相结合的组织领导原则。同一企业、事业单位、机关和其他社会组织中的会员，组织在一个工会基层组织中；同一行业或者性质相近的几个行业，根据需要建立全国的或者地方的产业工会组织。除少数行政管理体制实行垂直管理的产业，其产业工会实行产业工会和地方工会双重领导，以产业工会领导为主外，其他产业工会均实行以地方工会领导为主，同时接受上级产业工会领导的体制。省、自治区、直辖市，设区的市和自治州，县（旗）、自治县、不设区的市建立地方总工会。地方总工会是当地地方工会组织和产业工会地方组织的领导机关。全国建立统一的中华全国总工会，中华全国总工会是各级地方总工会和各产业工会全国组织的领导机关。因此，中国工会的组织体系由全国组织、各级地方组织、基层组织组成。具体来说，与我国行政层级相适应，我国工会组织体系从结构上分为"三层五级"。"三层"即中华全国总工会、各级地方总工会及其派出机构

---

① 即 2023 年 10 月 12 日，中国工会第十八次全国代表大会修改通过的《中国工会章程》。

和基层工会三大层级;"五级"即中华全国总工会,省(自治区、直辖市)总工会,市(地、州)总工会,县(市、旗)总工会和基层工会五级。当然,基层工会作为最为基层的工会组织,其基础就是工会会员了,在这个意义上说,会员是工会组织体系的基础支撑。需要注意的是,产业工会全国组织和各级地方产业(行业)工会组织分别是中华全国总工会和各级地方总工会的组成部分,图2-1简要示意了我国工会组织体系。从组织体系来看,我国工会体系呈现出"横向到边、纵向到底"的金字塔结构。

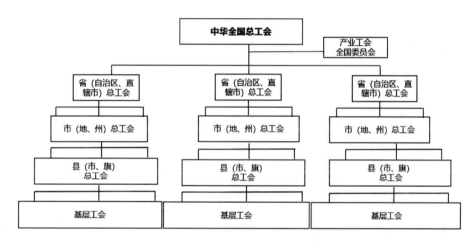

图 2-1　中国工会组织体系简图

资料来源:笔者根据《中国工会章程》绘制。

工会的治理结构由会员大会或会员代表大会—总工会执行委员会/总工会委员会—主席团—书记处组成。其中,工会的最高领导机关,是工会的全国代表大会和它所产生的中华全国总工会执行委员会;工会的地方各级领导机关,是工会的地方各级代表大会和它所产生的总工会委员会;工会各级代表大会的代表和委员会由民主选举产生,工会各级委员会,向同级会员大会或者会员代表大会负责并报告工作,接受会员监督。

以各级地方总工会和各产业工会全国组织的领导机关中华全国总工会为例,最高权力机构是中国工会全国代表大会,每五年举行一次,由中华全国总工会执行委员会召集。在特殊情况下,由中华全国总工会执行委员会主席团提议,经执行委员会全体会议通过,可以提前或者延期举行。中华全国总工会执行委员会,由中国工会全国代表大会产生,既是中国工会全国代表大会的执行机构,又和工会全国代表大会构成工会的最高领导机关,在中国工会全国代表大会闭会期间,负责贯彻执行中国工会全国代表大会的决议,领导全国工会工作。中华全国总工会执行委员会全体会议闭会期间,由主席团行使执行委员会的职权。因此,主席团是常设执行机构,主席团全体会议,由主席召集。主席团闭会期间,由主席、副主席组成的主席会议行使主席团职权。主席会议由中华全国总工会主席召集并主持。主席团下设书记处,由主席团在主席团成员中推选第一书记 1 人,书记若干人组成。书记处在主席团领导下,主持中华全国总工会的日常工作。可见,中华全国总工会的治理结构是建立在会员(代表)大会基础上的委员会制,具体见图 2-2。

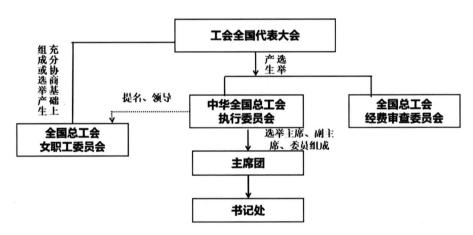

图 2-2 中华全国总工会治理结构

资料来源:笔者根据《中国工会章程》绘制。

中华全国总工会机关的组织结构则指的是其机关的组织机构设置。群团改革后,全国总工会机关的组织机构主要有 14 个:办公厅、组织部、宣传教育部、研究室、权益保障部、劳动和经济工作部、基层工作部、网络工作部、社会联络部、法律工作部、女职工部(全国总工会女职工委员会办公室)、财务部、国际联络部、全国总工会经费审查委员会办公室。另外还有机关党委、机关离退休干部局、中华全国总工会资产监督管理部、中国工运研究所、中华全国总工会信息中心、中国职工对外交流中心、中华全国总工会机关服务中心等机构。按照章程规定,中华全国总工会根据需要,还可确定设置产业工会全国组织。产业工会全国组织即产业工会全国委员会,作为中华全国总工会的特别机构,负责对相关产业行业工会工作的宏观指导,经中华全国总工会批准,可以按照联合制、代表制原则组成,也可以由产业工会全国代表大会选举产生。目前,共有7个产业工会全国委员会:中国教科文卫体工会全国委员会、中国海员建设工会全国委员会、中国能源化学地质工会全国委员会、中国机械冶金建材工会全国委员会、中国国防邮电工会全国委员会、中国财贸轻纺烟草工会全国委员会、中国农林水利气象工会全国委员会。从群团机关组织机构看,中华全国总工会呈现出科层制直线职能型结构。

共青团、妇联的组织体系、治理结构、机关机构设置与工会在形式上基本相同。《中国共产主义青年团章程》规定,团的全国领导机关,是团的全国代表大会和它产生的中央委员会。地方各级团的领导机关,是同级团的代表大会和它产生的团的委员会,团的各级委员会向同级代表大会负责并报告工作,团的各级领导机关,除它们派出的代表机关外,都由选举产生。在团的全国代表大会闭会期间,中央委员会执行全国代表大会的决议,领导团的全部工作。团的中央委员会全体会议选举常务委员若干人,组成常务委员会;选举第一书记1人和书记若干人,组成书记处。在中央委员会全体会议和常务委员会闭会期间,书记处行使中央委员会的职权。共青团中央机关内设机构主要有:办公厅、组织部、宣传部、青年发展部、基层建设部、少年部、统战部、维护青少年权益部、社会联络部、国际联络部、机关党委。根据《中华全国妇女联合会章程》，妇女联合会实行全国组织、地方组织、基层组织和团体会员相结合的组织制度。妇女联合会的组织体系与工会的组织体系基本一致，治理结构和群团机关组织机构设置形式也基本相同。妇女联合会的最高领导机构是全国妇女代表大会和它所产生的中华全国妇女联合会执行委员会。以妇女联合会的全国组织为例，全国妇女代表大会闭会期间，中华全国妇女联合会执行委员会贯彻执行全国妇女代表大会的决议，讨论并决定妇女工作中的重大问题和人事安排事项。中华全国妇女联合会执行委员会的全体会议选举主席 1 人、专兼职副主席若干人、常务委员若干人，组成常务委员会。中华全国妇女联合会常务委员会是执行委员会闭会期间的领导机构，常务委员会讨论决定妇女工作中的重要问题，定期向执行委员会报告工作，接受监督。中华全国妇女联合会常务委员会下设书记处，由常务委员会推选第一书记和书记若干人组成，主持日常工作。全国妇联机关的组织机构主要有：办公厅、组织部、宣传部、妇女发展部、权益部、家庭和儿童工作部、联络部、国务院妇女儿童工作委员会办公室、机关党委、离退休干部局。

科协的组织体系在形式上与工青妇略有差异。尽管也拥有"横向到边、纵向到底"的组织体系，但根据《中国科学技术协会章程》规定，中国科学技术协会由全国学会、协会、研究会，地方科学技术协会及基层组织组成。地方科学技术协会由同级学会、协会、研究会和下一级科学技术协会及基层组织组成。全国学会、协会、研究会是中国科学技术协会的团体会员。各级地方学会、协会、研究会是同级地方科学技术协会的团体会员。县级以上科学技术协会发展团体会员。学会和基层组织发展个人会员。在治理结构和群团机关机构设置上，中国科协与工青妇基本相同，其组织体系和治理结构如图2-3所示。

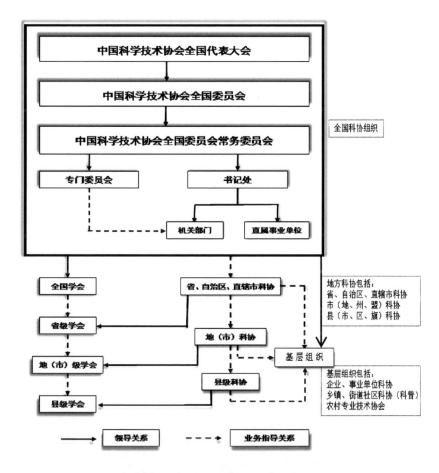

图 2-3　中国科学技术协会组织体系和治理结构简图

资料来源:笔者根据《中国科学技术协会章程》绘制。

2. 政策性群团的组织结构:以计划生育协会为例

中国计划生育协会作为政策性群团,在组织体系、治理结构、机关机构设置形式上与基础性群团略有差异,但差异不大。根据现行《中国计划生育协会章程》①规定,计划生育协会的组织体系由全国组织—地方组织—基层组织

———————

　　① 即 2016 年 5 月 20 日中国计划生育协会第八次全国会员代表大会修改通过的《中国计划生育协会章程》。

构成。其中,地方组织包括省(自治区、直辖市),设区的市和自治州,县、自治县、不设区的市和市辖区,乡、民族乡和镇(街道)计划生育协会;基层组织包括城乡社区和村(居)计划生育协会,企业事业单位和流动人口计划生育协会。20 世纪 80 年代,我国全面推行"一孩"计划生育政策,计划生育工作在基层深入到社区和村庄。由此,计划生育协会也深入到村组当中,在全国范围内形成了"横向到边、纵向到底"的覆盖城乡的组织体系,其基层协会普遍建立会员小组,会员建立群众联系户,具有很强的执行力。2013 年以后,我国的计划生育政策做了大幅度调整,中国计划生育协会的功能在工作内容、工作方式等方面都面临重大转型,其组织体系特别是基层组织的生存发展受到较大的现实挑战,但这并不影响其组织体系的表现形式。图 2-4 显示,计生协在组织体系结构上与工会、共青团、科协等群团组织并无实质性差异。

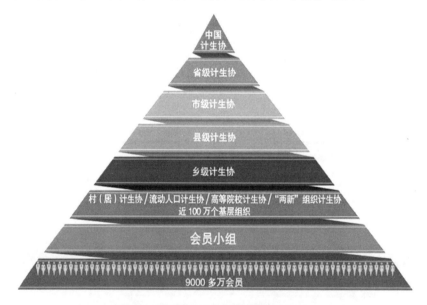

图 2-4 中国计划生育协会组织体系

资料来源:中国计划生育协会网站,http://www.chinafpa.org.cn/jgsz/jsxjj/201812/20181220_44631.html。

在治理结构上,因是政策性群团,计划生育协会受同级党委领导和同级政府卫生健康行政部门业务指导,其领导机构是同级会员代表大会和它选举产

生的理事会。以中国计划生育协会的全国组织为例,全国会员代表大会选举
产生全国理事会,全国理事会在全国会员代表大会闭会期间,行使其职权,执
行其决议,常务理事会在全国理事会闭会期间,行使其职权,执行其决议。中
国计划生育协会设会长1名,常务副会长1名,副会长若干名,会长代表全国
理事会领导中国计划生育协会工作;常务副会长是中国计划生育协会的法定
代表人,受会长委托主持中国计划生育协会工作;中国计划生育协会机关是中
国计划生育协会的执行机构,由常务理事会按程序任免的秘书长主持执行机
构的日常工作。因此,中国计划生育协会的治理结构采取的也是委员会制。
但作为最后入列的群团组织,中国计划生育协会1980年才成立,在改革开放
中深受社会团体组织方式影响,其治理结构基本上与在民政部门登记的社会
团体相似,与工青妇和科协等群团的治理结构从形式到表述方式上存在差异。
中国计划生育协会机关主要有5个内设机构,即办公室、组织宣传部、家庭服务
部、国际合作部、机关党委,也是直线职能型组织结构。从工会、共青团、妇联和
计划生育协会的章程表述来看,群团改革前后,群团组织体系、治理结构和机关
机构结构基本上没有变化,但都强调基层建设,具体对比如表2-1所示。

表2-1　群团改革前后各群团组织结构对比

群团名称	群团改革前后比较
工会①	1. 组织体系"三层五级"结构不变,强调加强基层工会建设:(1)进一步规范了区一级工会的组织形式,章程第22条第3款将"直辖市和设区的市总工会可在区建立区一级工会组织或者设派出代表机关",修改为"直辖市和设区的市总工会在区一级建立总工会"。(2)对加强基层工会组织建设提出明确要求,章程第25条增写"从实际出发,建立区域性、行业性工会联合会,推进新经济组织、新社会组织工会组织建设的内容"。 2. 治理结构没有变化。 3. 群团机关机构设置根据改革要求有所调整,突出职工权益保障、加强基层工作、网络工作和社会联络。

　①　群团改革后,2018年10月26日中国工会第十七次全国代表大会通过的《中国工会章程》与2013年10月22日中国工会第十六次全国代表大会修改通过的《中国工会章程》做比较。机关机构设置指中华全国总工会机关机构设置。

群团名称	群团改革前后比较
共青团①	1. 组织体系结构基本不变,强调充实团的基层组织,章程增写第 25 条"团支部是团的基础组织,担负直接教育团员、管理团员、监督团员和组织青年、宣传青年、凝聚青年、服务青年的职责。" 2. 治理结构没有变化。 3. 群团机关机构设置根据改革要求有所调整,突出基层建设、青年发展、维护青少年权益、社会联络。
妇联②	1. 组织体系结构基本不变,充实规范地方组织、基层组织和团体会员的内容,章程第 25 条明确"妇女联合会在乡镇、街道、行政村、社区、机关和事业单位、社会组织等建立基层组织";第 26 条增写"乡镇、街道,行政村、社区应当建立妇女联合会";统一基层妇联换届时间,删除执委会举行的次数,对基层妇联是否设常委会不作限定。 2. 治理结构没有变化。 3. 群团机关机构设置根据改革要求有所调整,突出妇女发展、权益维护、家庭和儿童工作和社会联络。
科协③	1. 组织体系结构不变,强调扩大基层组织,章程第 16 条增写"学会和高等学校科协、大型企业科协等基层组织,符合条件的,经批准可成为同级科学技术协会的团体会员"。增写第 41 条"中国科学技术协会和地方科学技术协会可依规模和影响发展符合条件的基层组织作为团体会员"。 2. 治理结构没有变化。 3. 群团机关机构设置根据改革要求有所调整,突出科学技术创新、科学技术普及和相关宣传。

---

① 群团改革开始后,2018 年 6 月 29 日中国共产主义青年团第十八次全国代表大会部分修改后通过的《中国共产主义青年团章程》与 2013 年 6 月 20 日中国共产主义青年团第十七次全国代表大会部分修改后通过的《中国共产主义青年团章程》做比较。机关机构设置指共青团中央机关机构设置。

② 群团改革开始后,2018 年 11 月 2 日中国妇女第十二次全国代表大会部分修改后通过的《中华全国妇女联合会章程》与 2013 年 10 月 31 日中国妇女第十一次全国代表大会部分修改后通过的《中华全国妇女联合会章程》做比较。机关机构设置指全国妇联机关机构设置。

③ 群团改革开始后,2016 年 6 月 1 日中国科学技术协会第九次全国代表大会通过的《中国科学技术协会章程》与 2011 年 5 月 29 日中国科学技术协会第八次全国代表大会通过的《中国科学技术协会章程》做比较。机关机构设置指中国科协机关机构设置。

续表

群团名称	群团改革前后比较
计生协①	1. 组织体系结构进行了完善,章程增设"组织制度"专章,强调地方组织和基层组织建设。章程增设"志愿者"专章,并对"地方组织"专章和"基层组织"专章内容进行细化,第 40 条明确"城乡社区和村(居)计划生育协会,企业事业单位和流动人口计划生育协会,是中国计划生育协会的基层组织"。 2. 治理结构进行了明确,基本没有变化。 3. 群团机关机构设置根据改革要求有所调整,突出家庭服务。

综上,群团的组织结构具有相对稳定性。首先,各群团组织体系在架构上变化不大,都具有"横向到边、纵向到底"的全国组织体系,且群团的全国组织、地方组织和基层组织都受同一章程约束。这是群团与社会组织在组织结构上最大的不同,这种组织体系支撑着群团组织承担起引导群众听党话、跟党走的政治任务,进而夯实党执政的阶级基础和群众基础,而这个政治任务则是群团组织同社会组织的根本区别。其次,在治理结构上,各群团都采用委员会制,但因其会员或所联系的群众基础和边界不同,而在治理结构名称和表达上有所差异。最后,群团机关的组织机构都回应群团改革要求做了调整,更加突出主责主业,但也都仍然是科层制直线职能型组织结构,群团机关的机构和人员编制纳入到机构编制管理部门管理。既然群团组织结构变化不大,那么,群团在组织结构层面如何体现和实现党对群团改革的要求呢? 换言之,群团组织结构改革如何来支撑群团组织增强政治性、先进性、群众性呢? 这主要体现在群团组织结构在内容要素构成上的变革。

(二)群团组织体系改革:内容要素构成的变革

群团改革因群团组织在新时代的任务、所联系群众/会员规模庞大、社会

---

① 群团改革开始后,2016 年 5 月 20 日中国计划生育协会第八次全国会员代表大会修改通过的《中国计划生育协会章程》与 2010 年 12 月 19 日中国计划生育协会第七次全国会员代表大会通过的《中国计划生育协会章程》作比较。机关机构设置指中国计生协机关机构设置。

复杂性增加以及群团组织存在不适应问题而需要进行系统改革。这个系统改革首先就需要群团组织聚焦自身功能,在组织系统层面展开。各群团组织尽管具体功能有所不同,但作为党直接领导的群众自己的组织,共性的也是核心的功能是党和政府联系人民群众的桥梁和纽带。围绕这个核心功能增强政治性、先进性、群众性,群团组织就需要勇于改革创新,加强自身组织建设。换言之,群团组织改革需要转向群团整个组织体系层面。

1. 群团组织结构的内容构成要素调整

相较于更受关注的群团机关机构、职能设置和运作方式,群团在全国范围内的组织体系结构及其内容要素构成往往容易受到忽视,但群团组织体系的内容要素构成往往直接影响着群团组织体系的整体运转,对群团功能的落实形成结构性约束。

各群团组织"自上而下,一直到村和社区,建立了比较完整的组织体系"①。群团组织体系的完整性首先就表现在结构上,而各群团组织在体系结构上大都是全国组织—地方组织—基层组织—所联系群众/会员这一金字塔形结构。从组织体系意义上说,群团组织结构的内容要素包括全国组织、地方组织、基层组织、所联系群众/会员四个方面,但群团组织所联系群众/会员是一个个具体的有着不同特性、需求的个人,无论是基层组织、地方组织,还是全国组织,都最终由代表着所联系群众/会员的具体个人组成。也就是说,群团组织体系的构成内容最终都依托于具体个人形成的集合性特征,而这些集合性特征则反映出群团组织体系"横向到边、纵向到底"的"边"和"底"是不是编织成了覆盖群团组织应当联系和服务的群众/会员的有效网络。换言之,群团组织应当联系和服务的群众/会员作为群团组织内容的基础构成要素需要在群团组织结构的充实中得到充分体现,因为这直接关涉群团组织的群众性,

---

① 习近平:《论坚持人民当家作主》,中央文献出版社 2021 年版,第 40 页。

对应于群团组织覆盖不到、覆盖不全的问题。

在现实中，人民群众的就业、生活、集聚、交往、需求满足方式已经多样化，群团组织所联系和服务的群众/会员所处的地域、区域、职业等也各有不同。2012年以来，随着城镇化进程不断推进，我国人口流动活跃、规模巨大，为经济社会平稳健康发展注入了强大动力，但也给社会整合、公共服务供需匹配带来了复杂挑战。2012年，全国居住地和户口登记地不在同一个乡镇街道且离开户口登记地半年以上的人口（即人户分离人口）2.79亿人，其中，流动人口为2.36亿人①，约占全国总人口的1/6，其中70%是从农村流向城市；2020年，我国人户分离人口达到4.93亿人，占全国人口的34.9%，其中，流动人口达到3.76亿人，占全国人口的26.6%②，人口持续向沿海、沿江地区及内地城区集聚。群团组织基于相对静态社会的组织体系已经无法形成对所联系和服务群众/会员的有效对接和覆盖，尤其是非公有制经济组织、社会组织等新领域新阶层人群，以及平台经济和科技发展催生的各种新就业形态劳动者等，往往成为群团组织覆盖的盲区。于是，群团组织的基层已经呈现出软、散，甚至对应不了所联系和服务群众/会员的错位和缺位现象。这些现象实际上严重削弱了群团组织的基层存在，不少群团组织的基层组织只存在于数据和报表上，群团组织体系的完整性事实上已经受到现实的巨大冲击，"横向到边、纵向到底"的"边"和"底"已经严重虚化。因此，群团组织体系必须找回其结构基础——所联系和服务的群众/会员，对"边"和"底"进行重建。也就是说，群团组织体系的构成要素中，基层组织和会员基础首当其冲，群团组织必须回应所联系群众/会员的变化，在巩固已有基层组织的同时，充实和扩大基层组织，真正面向群众/会员，让群众/会员感受到群团组织的存在，并在群团组织中获

---

① 国家统计局：《中华人民共和国2012年国民经济和社会发展统计公报》，2013年2月22日，中国政府网：https://www.gov.cn/gzdt/2013－02/22/content_2338098.htm，最后检索日期：2023年6月30日。

② 陆娅楠：《人口家底有了新变化（权威发布）》，《人民日报》2021年5月12日。

得需求的满足和身份的归属,夯实群团组织的社会根基。

2. 在存量巩固和增量拓展中充实和扩大基层

如前所述,在结构上,群团组织体系呈现金字塔形状。但是,金字塔稳不稳固,在现阶段,主要不取决于居于金字塔顶部的全国组织,而取决于金字塔底部的基层组织是否结构健全以及在广度和深度上是否有效覆盖所联系群众/会员。基层组织的结构健全和有效覆盖对群团组织作用的发挥起着基础支撑作用,进而直接影响党的群众工作的实效,正如习近平同志在 2015 年 7月中央党的群团工作会议上指出的:"这是党在基层开展群众工作的强大组织网络,世界上任何政党都比不了。"①群团基层组织一方面要往社会基层扎牢根基,另一方面要往社会各领域拓展网络,形成纵向和横向协同发力,才能够达到大力健全群团组织特别是基层组织的目的,而大力健全基层组织既是群团组织自身健全组织体系的需要,也是保持和增强群团组织群众性以凝聚群众的必然要求,更是保持和增强群团组织政治性、先进性的落脚点。

那么,基层在哪里?或者说,何为"基层"?笔者认为,基层既包括国家政权的基层单元以及国家—社会界分中位于社会部分的村庄、社区所形成的物理基层场域中,也包括我们整体上跨入移动互联网时代以来新就业形态以及与之相关的线上线下即时随意转化的"可切换人造公共空间"。因此,"基层"既是物理空间场域,也是人们日常行为的关系场域。在这个国家与社会紧密黏合的基层场域中,不同的行为体相互作用而形成基层治理,由此构成国家治理的基础层,并为党治国理政提供着基础信息、基础认同和信任。群团组织作为基层治理中的重要主体,在基层党组织的领导下,和其他主体一道编织着基层治理的社会之维,但又承担着在党和国家与人民群众之间的沟通作用,是党治国理政的末梢神经。群团基层组织覆盖面越广,工作越有力,就越能使所联

---

① 《习近平著作选读》第一卷,人民出版社 2023 年版,第 367 页。

系和服务的群众/会员在党的领导下拧成一股绳,党的执政基础和群众基础就越稳固越强大,群团组织的地位和作用进而也就越稳固越强大。因此,群团组织需要从深度和广度上充实和扩大基层组织,在基层治理的场域中把政治性、先进性和群众性有机统一起来,切实发挥其桥梁纽带的团结作用。2015年群团改革以来,各群团组织充实和扩大基层组织的做法表现在存量加固和增量拓展两个方面。考虑到对于一些以会员特别是团体会员为组织基础的群团,如中国科协来说,扩大团体会员范围就是拓展群团组织特别是基层组织覆盖面,我们把这种情况也视为群团组织充实和扩大基层的举措。

一是基层组织和会员的存量巩固。在群团改革前,群团组织对于基层组织数量和所联系群众/会员情况都有一个基本统计,但因人口流动频繁和群团组织所联系群众的具体数字的不确定性,基于会员的群团组织往往不收会费也基本上不发会员证,会员规模往往也是一个估算的大体数字。因此,群团组织的基本统计并不是清晰或准确、精确的统计。不仅如此,有的群团组织是以会员为基础的,例如工会、共青团、计划生育协会,这些群团组织的基层存量边界相对清晰,包括两个方面,即基层组织和会员数量。有的群团组织则是所联系群众与会员相结合且所联系群众占主导的,例如妇联,其基层存量的边界在统计学意义上较为清晰,但在实践中,因所联系群众不像会员那样有权利—义务关系约束,其基层组织存量往往与党政机关、国有企事业单位、城乡社区的数量相一致。无论是以会员为基础的群团组织,还是以所联系群众为主体的群团组织,其基层存量主要在党政机关、国有企事业单位、城乡社区当中,而在改革开放40多年来特别是21世纪以来不断生长出来的新的经济社会空间,则少有群团基层组织的存在。尽管在浙江、广东、上海等地,工会、共青团和妇联在一些非公经济组织和社会组织中陆续探索建立了一些基层组织,但并不成规模,甚至在一些非公有制经济规模庞大的地区,工会、共青团和妇联等群团组织的基层组织是一片空白。与这些现实相应,群团组织所联系和服务的群众/会员往往也边界模糊,而边界模糊也就意味着联系和服务的方式是粗疏粗放的,而联系和服务方式的粗疏粗放也就使得群团组织功能的发挥并不稳定,甚至流于形式。2015年群团改革以后,各群团组织要切实发挥桥梁纽带作用,就需要明确联系和服务方式,明确联系和服务的群众/会员的具体情况,继而在界定清楚"基层"、比对现实中所联系群众和潜在会员的分布情况的基础上充实和扩大自身的基层组织和会员规模。这首先就需要对既有基层组织和团体会员、个人会员的底数有较为清晰的掌握。在实践中,各群团组织都对基层组织在底数摸排的基础之上进行巩固强化。

所联系群众与会员相结合且所联系群众占主导的群团组织,最具代表性的是妇联组织。通过数据比对和系统大调研,全国妇联对基层组织底数进行摸排的同时加固基层组织。2016年9月,中共中央办公厅印发了《全国妇联改革方案》,妇联开始调研摸排和深入研究。2017年9月,全国妇联出台了《关于进一步深化改革 夯实基础 更好发挥基层妇联组织作用的意见》,提出了五个方面的具体举措,指导基层妇联组织改革向纵深推进,进一步构建"上面千条线、下面一张网、身边一个家"的基层妇联组织建设新格局,其存量加固的举措主要是重构基层妇联组织形态。一是持续推进"会改联",即村(社区)妇女代表大会改建妇女联合会,纵向在自然村屯、村民小组、社区网格、居民楼栋等妇女生活最小单元建立妇女小组,横向向农民合作社、行业协会、各类兴趣组织等拓展,织密织牢基层组织网,打通联系和服务妇女群众的"最后一公里"。二是持续推进乡镇妇联组织区域化建设改革,纵向把辖区内所有村(社区)妇联组织都纳入到乡镇妇联组织体系之中,横向把组织覆盖拓展到辖区内所有机关、企事业单位、各类社会组织、联谊组织中的妇女群众,统筹辖区内各方妇女工作力量和工作资源,实现区域内组织联建、人员联管、活动联办、资源共享。2017年12月,全国妇联与财政部联合印发了《关于进一步支持和推动基层妇联组织建设和基层工作的意见》,提出一方面要靠妇联组织自身抓住改革机遇、破解薄弱环节,坚持不懈抓基层、打基础;另一方面要完善基本财力保障机制,为基层妇联组织和基层工作提供有力支持。到2018年

10月中国妇女十二大召开时,全国村和社区妇代会改建妇联、乡镇妇联组织区域化建设改革基本完成,"一大批有热心、有专长、有影响力的妇女骨干加入到基层妇联队伍之中,乡、村两级妇联执委达770多万人"①,妇联基层组织得到显著充实。上海市作为全域试点地区开始群团改革后,各群团都通过大调研来摸底、分析问题并采取加强基层建设的措施。截至2018年底,上海市妇联开展大调研266次,进一步加强阵地建设,成立上海市妇女之家旗舰园和服务大联盟,建成遍布全市居(村)、深入企事业单位的妇女之家7678个,建有议小区事、议身边事的妇女议事会4669个,激活妇联组织的"神经末梢"。②重庆市妇联到2020年底,全市1011个镇街全部建立区域性妇联,8042个村全面完成行政村妇代会改建妇联,选举产生村妇联执委13.8万人,更多愿做、能做、会做妇联工作的同志吸纳到妇女工作队伍中来,基层力量实现倍增,妇联工作力量"倒金字塔"问题得到了有效解决。③

科协是以会员制为基础的群团,中国科协实行团体会员制,其团体会员学会和基层组织发展个人会员。中共中央办公厅于2016年3月27日印发并实施《科协系统深化改革实施方案》,要求科协系统以加强政治引领、密切联系群众、突出问题导向、强化学会主体地位、坚持系统推进为基本原则推进改革,准确把握群众性这个根本特点,把团结联系服务科技工作者作为科协组织的基本职能,坚持眼睛向下、面向基层,积极联系引导科技相关社会组织,健全基层组织,扩大有效覆盖,增强代表性,聚焦科协系统不同程度存在的脱离群众、组织松散、能力薄弱、庸懒散浮拖等现象,坚决从体制机制入手,从根本上解决科技工作者与科协组织联系不亲、不紧等突出问题。为此,中国科协经过调研,在巩固基层组织上着手在两个方面发力:一是加强街镇科协组织建设,提

①　中华全国妇女联合会编:《中国共产党领导妇女运动百年》,中国妇女出版社2023年版,第492页。

②　上海市妇联调研座谈,地点:上海市妇联会议室,时间:2019年3月13日。

③　重庆市妇联调研座谈,疫情原因,采取线上座谈方式,时间:2021年8月19日。

出 2020 年街镇组织全覆盖的目标,并要求各地科协摸排基层组织底数之后加快街镇层面的科协组织全覆盖,补充和巩固街镇基层科协组织。二是从制度层面为科协基层组织建设提供依据。一方面,重点加强国有企业和高校科协的巩固和建设。2015 年,中国科协联合国资委印发了《关于加强国有企业科协组织建设的意见》,提出根据国有企业的地区分布、行业特点、规模大小、科技人员数量等,分别采取单独组建、区域联建、行业统建、依托组建等多种方式成立企业科协。科技人员总数达到 100 人以上(含 100 人)、条件成熟的企业,应单独组建科协组织;中小企业集中的区域,要根据企业的所属行业分布情况,采取区域联建、行业统建等方式成立科协组织;高新技术开发区和经济技术开发区所在区域,要采取单独组建和依托园区组建等方式,实现龙头企业辐射产业上下游企业,实现园区科协组织的全覆盖。坚持科协工作联系点制度,对未建立科协组织的企业、园区,选择确定企业科协工作指导员和联络员,确保科协工作的覆盖;对已经建立科协组织的企业、园区等,各级地方科协、国资委要加强联络和服务,指导已建立的企业科协组织发挥好服务功能。同年,中国科协联合教育部印发了《关于加强高等学校科协工作的意见》,积极研究探索不同类型高校科协的组织体制、运行机制和活动方式,坚持分类指导,推动高校科协科学发展。另一方面,学会是科协的团体会员,在科协章程中,学会和基层组织同等重要,是科协组织体系重要的有机组成部分。因此,中国科协根据群团改革要求,在推动中国科协所属学会承接政府转移职能的同时,加强学会的能力建设。2019 年,中国科协印发《中国科学技术协会全国学会组织通则》,从任务、内部治理、加入中国科协为团体会员等方面加强规范学会的组织建设,以达到巩固科协基层的目的。在地方层面,2018 年,上海市科协配合中国科协的改革要求和上海市群团改革的要求,以"不忘初心、牢记使命,深化改革,更好联系服务科技工作者"大调研为契机,坚持以需求为导向,力求摸清家底、整合资源、精准服务。摸清家底的结果是,2018 年,上海市科协建成园区科协 28 家,企业科协 136 家,"全市 16 个区 214 个街镇,有一半有科协组织,约为 110 个。如松江、金山等科协组织比较健全,市中心的科协组织反倒没有建立"①。到 2019 年 3 月,上海街道(乡镇)科协有 136 家,总体覆盖率为 63.55%;9 个区实现乡镇街道科协组织或工作全覆盖。为此,上海市科协一方面按照应建尽建原则,制定了 2019 年度基层组织建设目标,即年底前要完成余下一半街镇(乡镇)科协组织的建立。关于学会对科协的重要性,上海科协学会学术部负责同志提出,"科协是因学会而生的,为学会而兴盛。科协的很多问题是学会还不够强大"②。针对学会覆盖面广(几乎涵盖了自然科学领域)但覆盖人群未必广以及发展不平衡、内部治理和法人治理结构还没有完全形成等实际情况,上海市科协从体制机制、党建全覆盖和推动承接政府转移职能力度等方面推动学会组织规范化和能力提升。

中国计划生育协会是会员制的政策性群团组织,分为个人会员和团体会员,用中国计生协机关一位中层负责人的话说:"群团组织中,我们最后入列,但基层组织是最健全的,直接扎到村一级、组一级,基层触角多,有近 100 万基层组织,会员 9400 多万。"③但是,基层组织和会员的数据常年没有动态核实过。尽管群团改革前的中国计生协章程规定了"计划生育协会会员分为个人会员和团体会员",且在会员义务中载明"团体会员、个人会员向批准入会的计划生育协会缴纳会费"④。在实践中,会员不缴纳会费是常态,因此,也无法从会员证的发放和会费缴纳方面来确定准确的基层组织和会员数量。群团改革开始后,2016 年 5 月 20 日中国计划生育协会第八次全国会员代表大会修改通过的中国计生协章程对公民个人、企业事业单位及社会团体入会的程序以及会员证/会员证书、会员权利义务做了更为全面规范的规定,"会员依规向批准入会的计划生育协会缴纳会费"。但各地计生协依章程在摸排基层组

① 上海市科协调研座谈,地点:上海市科协会议室,时间:2019 年 3 月 11 日。
② 上海市科协所属学会座谈,地点:上海市科协会议室,时间:2019 年 3 月 11 日。
③ 中国计划生育协会座谈,地点:中国计划生育协会会议室,访谈时间:2019 年 1 月 28 日。
④ 即 2010 年 12 月 19 日中国计划生育协会第七次全国会员代表大会通过的《中国计划生育协会章程》。

织和会员底数方面的态度和进展不一。上海市计生协 2017 年对 19.8 万会员重新进行了登记,上海市嘉定区因地制宜在全区范围内进行基层组织和会员底数摸排,并在此基础上努力做到应建全建。该区南翔镇 2016 年成立了南翔智地群团服务站来负责群团综合服务,2017 年对该镇计生协基层组织进行底数摸排,镇计生协有村(居)计生协 32 个,流动人口计生协 2 个,会员 1235 人。摸清底数之后,嘉定区人口计生委、嘉定区团委、嘉定区计生协联合开展的计生特殊家庭"金拐杖圆梦行动"志愿服务品牌项目实施力度显著加强。湖南省怀化市以群团改革为契机,重组基层村居的计生协组织,将原有会员"清零"后,重新发展协会会员。在村居计生协组建时,明确村居支部书记为会长、支部委员和优秀村民代表为理事,重组村居计划生育协会。计生积极分子经过自愿申请、理事会审核批准、自愿缴纳会费后重新加入计生协,优化了以"五老"为骨干的基层协会会员队伍,提升基层协会会员素质,建立起一支扎根基层的、能做实事的计生协会队伍。通过各县计生协协调基层政府和村居委会将全市 317 名原村计生专干纳入村计生协会组织,担任秘书长或专职副会长,以充分发挥他们在群众中的影响力,促进了协会工作开展。截至 2019 年 10 月,共发展各级计生协会组织 3428 个、会员 50 万余人,骨干会员近 8 万人。①

二是基层组织网络的增量拓展。在摸排基层组织存量的同时,各群团组织也在结合实际,进行基层组织的增量拓展,也就是扩大基层组织覆盖面。群团组织在这方面主要是突破既有的体制内全覆盖思维:一方面,通过扩充基层组织成员的方式来延伸基层组织的覆盖面,即接长手臂;另一方面,着重于在非公有制经济组织、社会组织、流动人口、新就业形态平台和群体中建立基层组织。同时,重点探索开展网上工作,联合和引导相关社会组织,由此形成基层组织增量拓展。

在国家治理体系中,工会一直是群团子系统中的老大哥。随着我国经济

---

① 湖南省怀化市计生协座谈,调研地点:湖南省怀化市计生协会议室,时间:2019 年 10 月 29 日。

社会的快速发展,职工队伍特别是农民工队伍不断发展壮大,"大众创业、万众创新""互联网+"等战略深入实施,创造了大量的新业态、新岗位,直接影响了新时代职工队伍的构成及其诉求表达方式,非公有制经济组织、社会组织、新型就业形态组织等吸纳劳动就业人口日益增多,劳动关系以及由此产生的权益维护需求更为复杂,大力拓展基层组织以扩大工会组织和工作覆盖面,及时调研职工多样化的需求、化解劳动领域矛盾,就成为工会工作必须下大力气重点推进的现实需要。2015 年 7 月以来,全国总工会和上海市、重庆市分别承担中央群团机关改革和地方群团改革试点任务,全国总工会制定《全国总工会改革试点方案》,加强基层工会建设和扩大吸收会员是其中的重要内容,出台《关于增强基层工会活力 发挥基层工会作用的实施意见》等文件,工会系统连续开展基层工会建设年、落实年活动,以开发区(工业园区)、建筑项目、物流(快递)业、家庭服务业、农业专业合作组织以及社会组织等为重点,加大了工会组建力度,创新建会形式,采取单独组建、区域联建、行业统建、依托组建等多种方式,有效破解非公有制企业建会难题,扩大了工会组织覆盖面,工会会员达到 3 亿人。通过广泛开展"农民工入会集中行动",2015 年和 2016 年,增加农民工会员 3000 万人,农民工会员达到 1.4 亿人。①

上海市总工会针对大量非公企业集聚街道、乡镇和园区的实际情况,围绕街镇工会管理幅度过大等问题,于 2015 年 8 月出台了《关于加强街镇"小三级"工会组织规范建设的指导意见》,通过增建街镇、园区总工会,新建区域性、行业性工会联合会,不断健全完善"小三级"②工会组织体系。到 2016 年 10 月底,上海就建有乡镇、街道总工会 212 个,开发区(工业园区等)总工会

① 全总改革试点工作领导小组:《关于全国总工会改革试点工作的总结报告》,《工人日报》2017 年 3 月 28 日。

② 全国总工会提出的"小三级"工会组织,即乡镇(街道)—村(社区)—企业"小三级"工会组织体系。上海市总工会在具体实践中结合实际情况提出的街镇"小三级"工会组织体系,即街镇总工会—工会联合会—企业工会三级,具体是指由街镇、开发区总工会,区域性、行业性工会联合会和企业工会、联合工会所构成的三级基层工会组织体系。

21 个,区域性、行业性工会联合会 1527 个。此后,上海各区加大了落实全国总工会改革要求和上海市群团改革要求力度。例如,截至 2020 年 7 月,长宁区总工会全面加强楼宇工会联合会建设,共建立 81 家楼宇(园区)工会联合会,实现全区 158 栋商务楼宇的全覆盖;宝山区大场镇全镇实地实体型企业 466 家,建会 427 家,建会率达 91.6%;非公企业 427 家,建会 386 家,建会率 90.4%。全镇工会会员总数 1.3 万人,职工入会率 94%①。针对非公企业工会工作的短板和薄弱环节,上海市总工会先后实施了非公企业工会改革 1.0 版和 2.0 版,健全覆盖全域的非公企业工会组织体系。非公企业工会改革 1.0 版主要是前期蹲点调研排摸情况,并从 2016 年 7 月在宝山区顾村镇开展试点,2017 年 4 月在宝山区全区推广,2018 年 11 月上海市总工会下发了《关于深入推进非公有制企业工会改革发展的意见》,在全市面上全面推开。顾村镇作为改革试点,其三任工会主席对基层工会工作有共识:"工会要改的是理念,街镇工会和基层工会是重中之重,改革就是因为基层工会是僵尸工会、挂牌工会、老板工会。最重要的是打通联系服务最后一公里,有人有钱有能力办事,变职工'被入会'为'要入会',否则工会就是空的。"②非公企业工会改革 2.0 版主要是以"小二级"③工会建设为切入口深化非公企业工会改革,实现"小二级"(园区)工会区域内职工全覆盖、普惠制、零距离服务。为此,上海市总工会 2019 年 12 月印发了《非公有制企业工会经费收支管理实施办法》,持续有效扩大非公企业工会组织覆盖面。到 2020 年 6 月底,上海各类"小二级"工会已超过 1000 家,覆盖基层单位 5 万多家,覆盖职工 130 多万人。④ 同

---

① 上海市宝山区大场镇总工会访谈,地点:该镇总工会办公室,时间:2020 年 7 月 29 日下午。

② 上海市宝山区总工会座谈,地点:宝山区职工服务中心,时间:2020 年 7 月 29 日上午。

③ 在上海,"小二级"工会是由两个以上工会委员会(含联合工会),按照管辖覆盖、责任覆盖、组织覆盖的路径,原则上对应非公党建片区、社会治理网格、园区片块和居民区等,以区域为基础、行业为特色建立覆盖全域的工会联合会,是工会组织体制的重要组成部分、履行服务职能的重要阵地,参与社会治理、促进社会和谐的重要力量。

④ 上海市总工会座谈,地点:上海市总工会会议室,时间:2020 年 7 月 28 日。

时，上海市总工会还不断拓展工会建会领域，2019 年以来，通过市职工保障互助会陆续推出《上海工会灵活就业会员专享基本保障》《新就业形态劳动者互助保障计划》①，并狠抓落实，发布《关于推进落实 2020 年灵活就业群体会员服务工作的通知》等文件，创新职工入会方式，积极探索灵活、分散、流动就业群体的组织覆盖和工作覆盖。杨浦区总工会着力吸收灵活就业群体入会，竭诚服务灵活就业群体，努力扩大工会组织对新产业新群体的覆盖面，有效夯实工会组织的基层基础，率先成立区医养照护行业工会联合会，覆盖了杨浦区内 31 家医疗机构和 52 家养老机构近 3000 名医养照护职工。截至 2020 年 6 月 23 日，杨浦区从事物流快递、网约送餐、房屋中介、护理护工、货运驾驶、保安保洁、商场信息、家政服务、工地短工、保洁环卫等行业的 5345 名灵活就业群体职工参加 D 类保障并缴纳会费享受补贴，这种服务与基层工会建设同步的做法使"基层工会不仅真正建起来，而且转起来、活起来"②。其他地区如笔者调研的重庆、深圳等地的总工会，也均加强了对非公经济组织和新就业形态基层工会的建设和指导，努力扩大工会组织和工会工作的覆盖面。如重庆市总工会把对新形态的就业人员的入会工作作为基层组织建设方面的一项重要的工作。首先，和市级相关的行政主管部门、行业协会一起调研，摸清了八大群体就业人员底数。其次，对新就业群体上门服务，"尤其是本部不在重庆的，比如阿里巴巴的饿了么，还有北京三快科技公司的美团等等，我们也把他们纳入我们的慰问范围"。最后，重庆市总工会依托行业主管部门、行业协会，组织新就业形态的劳动者入会。"先从企业总部建会，然后是企业的分部、经营部或者分公司，只要符合条件的，我们都在推进他们建会。成效相对来讲今年还是发展比较快，比如我们重庆市的快递员这一块，重点的 10 个企业，有 8 个

---

① 2023 年，上海市总工会对这两个保障计划进行优化整合，推出了《上海工会新就业形态劳动者（灵活就业人员）专享保障计划》。

② 上海市杨浦区总工会调研，地点：上海市杨浦区总工会，时间：2020 年 7 月 28 日。

全部建了会,覆盖了快递员群体 70% 的数量。"①在全国各地工会系统的努力下,到 2018 年中国工会十七大召开时,全国工会会员总数已达到 3 亿人,其中农民工会员 1.4 亿人,基层工会组织 280.9 万个,覆盖单位 655.1 万个。② 中华全国总工会持续开展的新就业形态劳动者入会集中行动也卓有成效。2021 年以来,全国新发展新就业形态劳动者会员 1037 万人,互联网百强企业全部实现建会突破。③

全国妇联则是着力推动立体化、多层面扩大妇联组织覆盖,以实现对妇女群众的有效覆盖。对于妇联来说,通过扩充基层组织成员的方式延伸基层组织的覆盖面,是解决基层工作力量不足问题的现实选项,也是做大和充实基层力量的现实选择。2015 年 9 月,全国妇联印发了《关于扩大基层妇联组织成员的意见》,指导各地把活跃在城乡社区的各类女性组织带头人和在妇女群众中有影响、有专长的妇女骨干吸纳到基层妇联组织中。2016 年 7 月,《全国妇联改革方案》印发,其中一项做强基层的举措就是创新基层组织设置,积极推动在城乡社区普遍建妇联,并重点抓好乡镇(街道)妇联组织建设,推动在新领域新阶层新群体中形式多样地建立妇女组织。例如,重庆市妇联试点推进在下属单位多的大部门、大系统建妇联组织的工作,万盛经济技术开发区所有妇女人数 30 人以上的机关事业单位、国有企业和 27 所学校全面成立妇联组织。到 2020 年底,重庆市妇联在女性集中的新领域建妇女组织 1188 个,例如在重庆购物狂网络科技公司建立重庆购物狂网络妇联,在网络作家协会建立网络妇联,在外地驻渝商会、民营医院等建立妇联组织。④ 在巩固村妇代会

---

① 重庆市总工会线上调研座谈会,时间:2021 年 8 月 19 日。

② 王东明:《以习近平新时代中国特色社会主义思想为指导 团结动员亿万职工 为决胜全面建成小康社会夺取新时代中国特色社会主义伟大胜利而奋斗——在中国工会第十七次全国代表大会上的报告(二〇一八年十月二十二日)》,《工人日报》2018 年 10 月 27 日。

③ 谭天星:《不断深化工会组织改革和建设 有效发挥党联系职工群众的桥梁纽带作用》,《民主与法制》周刊 2023 年第 17 期。

④ 重庆市妇联线上调研座谈,时间:2021 年 8 月 19 日。

改建妇联（即"会改联"）、乡镇街道建区域性妇联成果基础上，重庆市妇联推动妇联组织向最小单元延伸，按照"地缘、业缘、趣缘"三缘原则，广泛在城市楼栋、社区网格、村民小组以及商贸区、旅游景区等建立各类妇女小组 5.6 万个；坚持规范标准、完善制度、因地制宜建阵地，全市建成遍布城乡社区的 2.3 万余个妇女之家、儿童之家，有效解决了服务妇女群众"最后一公里"问题。上海市妇联则把基层组织广覆盖的思路从聚焦于市区街村逐步转为哪里有服务需求就在哪里建组织，力图把妇联组织打造为立体多元开放的体系，特别是针对新领域新阶层新业态的四种情况来因地制宜、灵活覆盖方式。第一种情况是条件具备的情况下先建立妇联组织，建立后逐步完善提高。具体来说又分为园区、楼宇商圈，行业性和群体性的，如归国留学回来的、全职妈妈等。到 2019 年 3 月，已建立 139 家基层妇联组织。第二种是条件不具备但希望得到妇联服务的，则建立妇女之家，"2010 年就开始做，有 7900 多家，这两年在四新领域作为重点，去年换届之后 5 年间想达到 1 万家"①，群众获得妇联服务有归属感了再建妇联。第三种是条件不具备但有妇女社团的话，就以吸纳团体会员形式扩大覆盖面。到 2019 年 3 月，重庆有 11 个妇女社团作为团体会员加入了妇联。第四种是设立妇女联络员，通过吸纳为妇女代表或执委的方式来覆盖。这些往基层扎根的做法进一步激活妇联组织"神经末梢"，基层社会的活力也由此而得到增强。

中国科协则一方面加强在科技园区、创业社区、高等院校、乡镇街道等建立科协组织，接长手臂、形成链条，扩大科协组织和科协工作的覆盖面，另一方面从制度层面为扩大团体会员基数提供依据并加强学会组织建设。上海市科协某中层负责人形象地说："要把科协细胞充实到社会当中去，否则，手指头掉了都没有痛感。"②因此，上海市科协大力推进园区科协和企业科协建设，到 2018 年 7 月，建立园区科协 28 家，企业科协 136 家，并新建上海交通大学、华

---

① 上海市妇联调研座谈，地点：上海市妇联会议室，时间：2019 年 3 月 13 日。
② 上海市科协调研座谈，地点：上海市科协会议室，时间：2019 年 3 月 11 日。

东理工大学和上海海事大学等高校科协。同时,出台《上海市科学技术协会购买学会管理岗位项目管理办法(试行)》,学会进一步做强,支持学会以承接政府转移职能等方式参与社会治理。重庆市科协则着力建设社区科协,2018年12月出台《关于进一步加强和改进社区科协工作的实施方案》(渝科协发〔2018〕121号),将2019年作为科协基层组织建设年,2020年作为科协基层组织提升年,要求创新社区科协组织实现形式,鼓励和支持科技工作者密集的社区建立科协组织,在依托社区党委开展工作的同时,探索在楼宇经济联盟、两新组织等领域采取自己建、引导好、联合建或者打楔子的方式建立科协组织。2016年6月1日,中国科学技术协会第九次全国代表大会通过了修改后的《中国科学技术协会章程》,在章程的"基层组织"专章中增写"学会和高等学校科协、大型企业科协等基层组织,符合条件的,经批准可成为同级科学技术协会的团体会员"。规定"中国科学技术协会和地方科学技术协会可依规模和影响发展符合条件的基层组织作为团体会员"。需要说明的是,尽管有了这一规定,一些地方科协如苏州市科协也发展了符合条件的基层组织作为团体会员,但中国科协一直没有把基层组织作为团体会员来发展。2021年5月30日,中国科学技术协会第十次全国代表大会部分修改并通过的《中国科学技术协会章程》直接明确:"中国科学技术协会实行团体会员制。学会和基层组织,符合条件的,经批准可成为同级科学技术协会的团体会员。"在经过充分论证的基础上,2023年3月3日,中国科协印发了《中国科学技术协会团体会员管理办法》,为扩大对国家战略科技力量和基层一线科技工作者的有效覆盖、吸纳基层组织作为团体会员提供了制度依据。

群团组织拓展基层组织网络,还表现在整合社会组织和志愿组织力量上。"联系和引导相关社会组织,是群团组织发挥桥梁和纽带作用的一项重要任务。"[①]尽管社会组织不是群团的基层组织,但在相关领域中所服务的群体更

---

① 《习近平著作选读》第一卷,人民出版社2023年版,第369页。

具有细分性、针对性,服务也更具专业性。把社会组织通过多种方式联系起来、凝聚到群团组织周围,是群团组织接长手臂,扩充联系和服务群众链条,进而拓展基层组织网络的重要方式。上海和重庆作为试点地方,在联系和引导社会组织方面作出了积极探索。如重庆市妇联一方面对主管的社会组织发展现状进行调研,制定服务管理实施方案,向团体会员派出党建指导员;另一方面举办女性社会组织创新驱动培训班,开展政策辅导和咨询,并按照"不求所有、但求所用"原则,连续 5 年举办妇联系统社会化项目发布会,公开发布社会化项目 336 个,200 余家社会组织和专业团队积极承接,将服务妇女儿童和家庭的 232 家社会组织联系在妇联周围,实现社会组织由"工作对象"向"工作力量"的有效转变。① 上海市总工会成立上海工会社会联络工作协调小组,统筹推进工会社会联络工作,主动联系上海市委统战部等了解上海劳动关系领域社会组织情况,积极探索通过培育孵化社会组织、购买服务、组建工会等方式联系引领劳动关系领域社会组织。杨浦区总工会引导小蝌蚪社区文化发展中心、飞扬天使青少年公益服务中心等 22 个文化类体育类社会组织为职工群众提供项目化专业化服务②,并在引导过程中推动社会组织建工会。例如,在承接睦邻中心服务项目的社会组织中建立行业工会组织,由此使社会组织成为群团组织的二传手、三传手,像毛细血管一样延伸到社区和社会各领域中。各地群团组织还探索培育志愿者队伍,并着力加强村(居)志愿服务队建设,如上海市总工会在机关和基层均招募志愿者,在机关招募了 10 名志愿者,这些志愿者多为具有丰富群众工作经验的资深工会干部或专业人士。在镇街和社区中则把志愿者作为加强社会化工会工作的方式,着力培育一支以专职工会工作者为核心、以社会化工会工作者为中坚、以工会积极分子和志愿者为骨干的工作队伍,在扩大基层队伍的同时更为灵活地开展工作,而志愿者特别是镇街和社区中的志愿者则在联系和服务群众中让更多群众知晓、了解工会

① 　重庆市妇联线上调研座谈,时间:2021 年 8 月 19 日
② 　上海市杨浦区总工会调研座谈,地点:上海市杨浦区总工会,时间:2020 年 7 月 28 日。

及其工作内容,在提升工会服务知晓度的同时,吸引群众参与工会活动并进而加入工会。

综上,群团组织体系的改革主要是突出加强基层建设,通过巩固既有基层组织和在新领域中拓展基层组织两种方式来夯实群团的基层基础。一方面,是对群团"纵向到底"的"底"进行确认,在确认"底"的同时把群团组织体系的金字塔塔基加固,由此改革之前群团基层组织软、散情况;另一方面,是对群团"横向到边"的"边"进行延伸,确认"边"所在的区域和新领域,同时把基层组织(包括团体会员和个人会员)的金字塔塔基不断拓宽,横向发力、做大基层,由此解决之前群团组织覆盖存在盲区的问题。随着基层组织的充实和增加,相应的人财物等资源也就随之向基层一线充实。例如,2020年,全国总工会对乡镇(街道)工会专项补助经费1.57亿元,对社会化工会工作者补贴1.36亿元,年度新增社会化工会工作者3357人,到2021年6月累计达41101人。① 着重于基层组织存量巩固和增量拓展的改革由此终止并改变了改革前机关化、行政化所导致的群团组织体系所呈现出的"倒金字塔"情况。但群团组织结构改革还有一个重要方面,也就是把"倒金字塔"完全正过来,这就需要作出群团组织治理结构及其日常工作机构——群团组织机关的改革。只有群团组织体系、治理机构和机关机构改革同时同步发力,形成组织再造,群团组织"倒金字塔"结构才能完全正过来。

第二节　群团组织治理结构改革

治理结构是群团组织得以运转和开展活动的基础。群团组织治理结构基本上是代表大会—领导机关/领导机构—执行机关/日常工作机构,由于群团机关在群团组织架构中承担着群团组织治理结构的日常运转工作,我们在这

---

① 郑莉:《开拓进取,续写新时代工运事业新篇章》,《工人日报》2021年6月29日。

里探讨的群团组织治理结构改革把群团机关机构改革包括在内。

(一)群团治理结构的优化调整

正如前文所述,群团组织的治理结构基本没有变化,所以,群团治理结构改革的不是治理结构本身,而是治理结构的内容构成。通过改革,体现和强化群团组织的群众性,同时为群团组织的政治性、先进性向社会向基层延伸在提供人力资源的基础上拓宽信息流和资源流通道。这主要体现在纵向和横向两个方面。

1. 纵向:基层和一线人力资源向上汇聚

群团组织治理结构改革的纵向表现,主要表现为群团组织体系中的全国组织和地方组织治理结构在内容构成上突出基层和一线要素,即调高治理结构中来自基层和一线的人力资源(代表、委员)比重,以此形成群团组织扎根群众性的结构支持。这与群团组织体系中着重加强基层组织建设是一致的。一方面,确保治理结构与群团组织体系形成正金字塔的嵌套;另一方面,确保来自基层和一线的信息流在治理结构中自下而上的流动更为顺畅,把"落实到基层、落实靠基层"理念转化为治理结构内容要素的调整优化,用以破除治理结构层面脱离群众的风险。因此,各群团在改革后,无论是在群团的全国组织还是在地方组织中,无论是在一级治理结构中的代表大会还是委员会中,来自基层和一线的人员比例均有提高,由此形成基层和一线人力资源的向上汇聚。

以工会系统为例,针对工会领导机构组成人员广泛性、但代表性不够的突出问题,全国工会系统通过制度化方式把更多普通职工中的优秀代表吸纳进工会领导机构,不断提高基层一线人员比例。2015年11月9日中央全面深化改革领导小组第十八次会议通过的《全国总工会改革试点方案》要求提高领导机构职工代表的比例,包括在全总执委会委员及主席团成员中,分别提高劳模和一线职工比例,全总领导班子中增设农民工兼职副主席和书记处书记(挂职)等。此后,中华全国总工会还出台了《关于做好从劳动模范中选拔工会专兼职干部工作的指导意见》《关于充分发挥全国总工会劳模兼职副主席作用的暂行办法》《关于进一步加强新形势下工会保障工作的意见》等文件。2016 年 1 月 16 日,中华全国总工会召开第十六届执行委员会第四次全体会议,全国劳模、农民工代表巨晓林当选中华全国总工会兼职副主席,全总十六届九次主席团会议推选时任北京师范大学党委副书记田辉为全总书记处书记(挂职),改进了工会领导机构人员构成。全总十六届四次执委会议和九次主席团会议还增补了 12 名劳模和一线职工为执委会委员,增加了 3 名劳模和一线职工作为主席团委员。至此,全总十六届执委会委员和主席团成员中,劳模和一线职工数量分别增至 45 名和 10 名,所占比例分别从 11.6% 和 9.9% 增至 15.4% 和 13.5%。① 2018 年,中国工会十七大召开,代表中基层和一线职工有 1308 名,占代表总数的 65.1%,比例较 5 年前提高了 17.2%;工人有 446 名,占 22.2%,较 5 年前提高了 16.3%②,进一步增强了代表构成的广泛性、代表性。第十七届执行委员会第一次全体会议选举产生的 15 位副主席中,有 7 人是兼职副主席,其中 3 名兼职副主席郭明义、巨晓林、高凤林都是一线工人、全国劳模。截至 2023 年 2 月,全国总工会领导班子配备 3 名劳模和一线职工兼职副主席,35 个省级工会领导班子中配备 118 名兼职副主席、23 名挂职副主席;2022 年劳模和一线职工在各驻会全国产业工会第五届全国委员会和常务委员会中比例均达到 10% 以上。③ 全国总工会的治理结构改革具有当然的"以上率下"示范效应。上海市总工会和重庆市总工会也都在换届中加大了治理结构中基层和一线职工代表的比例。其中,上海市总工会第十四次代表

---

① 《农民工代表当选全总副主席》,《工人日报》2016 年 1 月 18 日。
② 钟言:《代表诞生》,《中国工运》2018 年第 11 期,第 79 页。
③ 谭天星:《不断深化工会组织改革和建设　有效发挥党联系职工群众的桥梁纽带作用》,《民主与法制》周刊 2023 年第 17 期。

大会于 2018 年 5 月召开,在 830 名正式代表中,基层和一线人员 704 名,占 84.8%;新当选的 143 名上海市总工会十四届委员会委员中,基层和一线人员 64 名,占 44.8%,超过 40% 的改革比例要求;十四届委员会常务委员会 21 名成员中,基层和一线人员 7 名,占 33%,超过 15% 的改革比例要求。[①] 不仅如此,上海市总工会还优化了全委会列席机制,即在一年两次的全委会会议上,随机在 830 名代表中选 70 位列席会议,以使所有代表在 5 年任期内均能轮一次列席会议。上海市总工会还优化了领导班子结构,专挂兼相结合,形成"1+4+1+2"结构,即设主席 1 人(由市人大常委会副主任兼任)、专职副主席 4 人、挂职副主席 1 人、兼职副主席 2 人,进一步增强了上海市总工会工作的群众性。同样地,上海市区一级和镇(街)级总工会也更加突出基层和一线。以杨浦区为例,2017 年换届后,杨浦区总工会领导班子按照"1+2+1+2"配备,各街道总工会全面换届,共增加 55 名兼职工会副主席,常委会、全委会、工代会中一线委员比例均超过规定标准,充分体现了各层级总工会治理结构贴近基层、扩大治理基层基础的努力。

上海的其他群团组织也侧重于加强治理结构中来自基层、一线的人力资源要素。例如,2018 年 5 月召开的共青团上海市第十五次代表大会上,代表、委员、常委来自基层和一线的比例分别达到 80%、50% 和 30%;2018 年 9 月产生的上海市十届科协的治理结构中,基层、一线科技工作者在常委会中的比例从 28% 提高到 46%,在全委会委员中的比例从 48% 提高到 68.4%,市科协兼职副主席在副主席中的比例从 71% 提高到 76%,代表性明显增强。重庆的群团组织也在治理结构中大幅提高基层一线工作者的比重,如 2017 年 12 月产生的重庆市五届科协治理结构中,一线科技工作者在代表大会、全委会委员、常委会委员中的比例分别由四届科协时的 70%、61%、73% 提高到 80%、70%、75%。尽管群团全域试点地区只有上海和重庆,但各群团的改革方案陆续发

① 上海市总工会调研座谈,地点:上海市总工会会议室,时间:2020 年 7 月 28 日。

布之后,各群团也都在组织体系"条线"上向基层和一线倾斜,笔者所调研的非改革试点地区的群团组织也大都采取了提高一线基层代表比例和"专挂兼"等方式来优化治理结构。

群团治理结构中来自基层和一线工作者比例上调,在客观上形成了基层和一线人力资源特别是有代表性的优质人力资源在群团组织体系中向上汇聚,具有强烈的示范效应,在增强群团全国组织和地方组织代表性和群众性的同时,也为群团的全国组织和地方组织扩充了来自基层的需求、动态等信息的渠道,不仅便于基层信息更为顺畅地自下而上流动,而且对推动群团政治性、先进性形成了结构性支持,有助于提高群团组织体系自上而下围绕党和国家中心工作,在联系和服务群众中动员和团结所联系的群众听党话、跟党走。

2. 横向:跨域延伸人力资源手臂

群团治理结构优化调整不仅体现在基层和一线工作者在纵向上向上汇聚,而且还体现在横向跨域延伸上。这种跨域延伸主要体现在两个方面。

一是群团组织领导班子"专挂兼"方式中做足"挂"和"兼"文章,拓展治理结构横向网络,其目的在于充分整合资源。例如,上海市工会第十四次代表大会选举产生的新一届领导班子中 2 名挂职副主席是新提名的、来自大型国企的领导干部和法院系统的专业型干部,2 名兼职副主席都是继续提名的全国劳模代表。这对维护职工权益和加强对职工的思想引领有显著示范效应。作为全国群团改革的试点,上海团市委 2016 年 2 月 29 日第十四届七次全会选举产生了 1 位挂职副书记和 3 位兼职副书记,这 4 位副书记没有行政级别,他们都协管团市委各部门工作,参与书记办公会、常委会等,改变了以往"纯行政班子"的形象。2017 年 6 月,一位团市委挂职副书记在挂职体会中写道:"自己也力求发挥特长,融合团青特色,把重点放在宣传思想、网络建设、青年文化、媒体平台等领域……自身平台建设好了,品牌打响了,粉丝数庞大了,新媒体矩阵建设的重点在'青春上海'的微信公众号。"①3 位兼职副书记分别是优秀青年典型、基层青年代表、青年社会组织负责人三类群体中的代表。兼职副书记史逸婵是"上海最了解白领的"静安区青年社会组织"白领驿家"负责人,而"白领驿家"当时吸纳、管理 6.13 万名体制外白领青年。可以说,这种"专挂兼"治理结构内容构成要素的横向拓展,在一定意义上重塑了团组织的治理结构和治理形态,密切了团青关系,为团在体制外特别是非公经济组织中的青年工作提供了结构化延伸途径。与"专挂兼"相配合,上海团市委在全市各街镇团(工)委普遍配备 15—21 名委员,将驻区单位、"两新"组织、青年社会组织中的青年吸纳进来,共同开展团建联建,形成"团干部+社工+志愿者"的基层工作队伍,有力扩大了基层人力资源队伍。

二是治理结构中委员会、常委会等跨域延伸。各群团组织都把治理结构中的委员会委员、常委会委员进行"结构优化式跨域扩容",即不改变数量,而是调整结构,尽量跨域吸纳"资源型"成员——能够增强联合行动、给群团活动带来便利和创新思维的机构、领域和组织人士。例如,全国妇联着力改革领导机构人员构成,以增强广泛性和代表性。截至 2017 年年底,全国妇联领导机构中各行各业劳动妇女和知识女性代表的比例均有提升,执委由 24%提高到 29.4%,常委会组成人员由 16.4%提高到 20.7%,主席、副主席由 12.5%提高到 22.2%。中国妇女十二大产生的第十二届执委、常委、兼职副主席中各族各界、各行各业劳动妇女和知识女性的优秀代表比例分别提高到 35.3%、27.3%和 44.4%,超额完成改革目标任务。② 妇联在创新基层组织设置方面的一个具体做法是"会改联",即村(社区)妇女代表大会改建为妇女联合会。尽管在 2015 年群团改革之前,乡镇(街道)都有妇联,城乡社区在形式上基本都有妇代会和妇代会选举产生的妇女主任,但是,乡镇(街道)妇联主席往往

---

① 来自与该同志的访谈,地点:上海团市委机关会议室,时间:2018 年 8 月 14 日。
② 中华全国妇女联合会编:《中国共产党领导妇女运动百年》,中国妇女出版社 2023 年版,第 409 页。

同时还兼着信访、民政、农建等工作,而城乡社区的妇代会代表仅在开会的时候发挥作用,妇女主任同时还兼任诸如调解纠纷、协助治安、协助公共卫生、计划生育、优抚救济、青少年教育等工作,城乡基层妇女组织的作用显然就弱化或者几乎不存在了。"会改联"则是把基层组织的治理结构进行扩容,并和妇联的日常工作完全打通,意味着城乡社区妇女联合会选举产生的执行委员会按照妇联章程的组织制度规定,参加妇女联合会的有关活动,密切联系和服务妇女群众,反映妇女需求,努力开展妇女工作。河南省 R 市 B 区 2017 年城乡社区"两委"换届,正好和妇联"会改联"工作同步,做妇联工作十多年的 W 乡妇联专职副主席说:"'会改联'后,便于开展工作了,使村里'妇女之家'真正发挥作用,乡里一呼,各村妇联主席就响应。乡妇联设了 5 个兼职副主席,有执委会委员 27 个,其中两个企业家搞活动愿意出钱出力,很热心妇联工作,还有一个律师、一个驻区单位妇委会主任、一个企业的妇委会主任,她们组织的巾帼服务队很积极。总体上看,社会兼职的比(体制)内部兼职的积极,加上有网上妇联、微信群,现在干活是在鼓励中干活,比原来轻松,喜欢干愿意干。"[1]在 B 区妇联主席看来,乡镇(街道)妇联兼职副主席和基层执委都把妇联身份当作对其社会地位的肯定,"有荣誉感归属感,更加靠近组织"[2]。该区 L 乡 Z 村干了 20 来年妇女工作的妇联主席同时也是村副支书,她说:"我们村 2340 多人口,妇女 25 个代表,选了 10 个执委,我是主席,还有两个副主席,农村现在不缺吃喝,人们闲,妇联引着妇女生活方式健康,人居环境整治。跟群众打交道要有技术,腿多了(即执委委员)工作能分担些,我没操到心呢,她们就都操心了。"[3]笔者调研发现,一般来说,城乡社区的妇联往往不再设立常委会,这就使城乡社区的妇联执委会委员承担起联系所在村(居)民小组妇女和

---

① 河南省 R 市 B 区 W 乡妇联主席访谈,地点:B 区妇联会议室,时间:2019 年 7 月 30 日。
② 河南省 R 市 B 区妇联主席访谈,地点:该区妇联会议室,时间:2019 年 7 月 30 日。
③ 河南省 R 市 B 区 L 乡 Z 村妇联主席访谈,地点:B 区妇联会议室,时间:2019 年 7 月 30 日。

彼此联络的经常性节点,在日常联系村(居)民和彼此联络的信息交流中,妇女工作就水到渠成。2023年7月初,笔者在云南省玉溪市X村调研,该村妇联主席说:"现在做事太方便了,党建带群建,村里一年要开4次党员代表大会,我们执委会也就顺带开会,直接就把妇联重要工作做了,日常工作还有执委会的微信群,群里一说话,大家都把活儿干了,很方便。"①

中国科协从2018年开展"三长制"改革试点工作,主要内容为吸纳街道(乡镇)医院(卫生院)院长、学校校长、农技站站长(农业服务中心主任)进入县乡(镇)科协领导机构兼(挂)职、发挥作用。重庆作为中国科协确定的开展改革试点工作的5个省市之一,把涪陵区、永川区、开州区、梁平区、石柱县、城口县等6个区县作为改革试点区县,其他各涉农区县至少安排1个乡镇作为试点,其中所辖的深度贫困乡镇全部纳入试点,成效显著。2019年12月,重庆市科协把深化"三长制"改革作为提升科协组织力的重要举措,联合市委组织部、市教委、市农业农村委、市卫生健康委出台了《关于进一步深化基层科协组织"三长制"改革的意见》(渝科协发〔2019〕111号)。到2020年6月,全面完成了全市乡镇(街道)科协"三长"增配工作,吸纳3100名医院(卫生院)院长、学校校长、农技站站长(农业服务中心主任)进入基层科协兼职副主席,并通过"三长"带"三师"(院长带医师、校长带教师、站长带农艺师),把基层一线科技工作者有机串联起来,发挥了独特作用。② 2021年5月,重庆市科协又印发了《关于开展"三长"带"三会"试点工作实施方案》(渝科协发〔2021〕35号),巩固"三长"带"三师"成果,开展"三长"带"三会"(生命健康协会、青少年科技辅导员协会、农技协会)试点,发挥所属基层一线科技工作者的专业特长和优势作用,进一步延伸科协在基层的工作手臂,完善科协的组织体系,增强科协组织力,更好地服务群众。

可见,群团组织通过治理结构内容要素的跨域延伸,不仅直接使群团组织

①　云南省玉溪市X县G镇X村调研,地点:X村村委会,时间:2023年7月7日下午。
②　重庆市科协线上调研,时间:2020年8月11日。

各层级的治理结构上下互动、纵横交织以促进群团内部上层、中层和基层之间的交流,促进群团组织内外人力资源和思维、行为方式的互相了解和学习,而且更重要的是,群团基层组织通过治理结构内容构成向社会的扩容使群团的根系更深地扎入人民群众当中,同时使基层组织把所在区域各领域的"能人"都连接起来,而这种连接使群团基层组织治理层的委员们作为信息和资源节点,在做强群团基层组织的同时,把所在区域的群众连接起来,扩大了群团连接群众的覆盖面,也扩大了群团基层组织的知晓度,激活了群团基层组织的活性,由此激发了基层社会的活力和团结性。

(二)群团组织机关机构优化与编制下沉

群团组织治理结构中的执行功能主要落在群团组织机关,而群团组织长期被诟病的"机关化""行政化"实际上主要指的也是群团组织机关组织设置的"倒金字塔"结构,即群团机关大而基层弱,不接地气、脱离群众。要保持和增强群团组织政治性、先进性、群众性,就需要针对突出问题,完善群团机关的组织设置是关键。各群团组织的改革方案都着力打造的"小机关、强基层、全覆盖"群团组织体系中,"小机关"中的"小"是动词,即缩小群团组织机关,这包括两个方面:一是精简群团组织机关机构和人员编制,并将人员带编制下沉到基层组织;二是群团组织的机关机构优化。相较而言,精简机构和人员编制的改革主要在上海和重庆这两个群团改革全域试点地区展开,非试点地区的群团改革基本不涉及人员编制精简,但都按照群团改革要求对机构设置进行了优化。因此,在这里主要聚焦于群团的全国组织和上海、重庆两个试点地区的群团组织来进行分析。

1. 群团机关机构改革:人员编制精简与下沉

与1993年和2000年两次群团机关机构改革相比,2015年群团机关的机构改革因纳入群团组织体系总体改革而呈现出明显的系统性特征,群团全国组织的机关机构改革主要是根据群团改革要求和群团组织工作实际优化机构设置，上海和重庆作为群团改革试点地区，则在市级群团机关机构和人员编制都精简，而且将精简出的人员和编制下沉到区县和乡镇（街道）层面。

《全国总工会改革试点方案》提出的改革措施中，第一条就是改进工会领导机构人员构成和全总机构设置。全总在改革试点中对机构编制进行必要的调整。调整遵循的基本原则有四个方面：一是广泛征求意见，反复研究论证，充分考虑各种因素，积极稳妥推进，既适应工作需要，又体现改革力度，既强调必要性，又注重科学性；二是面向基层，强化服务基层、服务职工的职能，把编制资源向基层倾斜，进一步做强基层、夯实基础；三是聚焦主责，机构设置的调整注重职能整合优化，提质增效，强化工作执行力；四是依法合规，认真落实"精简、统一、效能"的要求。全总坚持重心下移，在人员编制上"减上补下"，精简一部分编制，充实到若干任务繁重、力量薄弱的县级工会，为省市级工会加强基层工会建设作出示范，带动省级、市级地方工会实行编制"减上补下"。同时，依靠地方党委政府的重视和支持，推动县一级整体编制调整，充实工会组织；指导县以下工会组织通过争取公益性岗位、增加兼职比例、实行岗位人员流动等多种途径，逐步解决县级工会和乡镇（街道）工会专职工作人员短缺的问题。从作为群团改革试点地区的上海和重庆的实践看，因涉及全地域群团改革，各群团组织从市本级到街道乡镇基层，都采取了"小机关、强基层、全覆盖"改革措施。在此，我们主要以工会系统为例来说明人员编制精简与下沉情况。

为解决上级工会人员配备"叠床架屋""等级森严"而越到基层力量越薄弱的力量配备"倒挂"现象，2016年，上海市区两级总工会都以"硬指标"的形式，对增强街镇等基层工会力量提出了相应的改革举措。其中，对干部队伍实行了"减上补下"，上海市总工会机关编制精简40%，精简的53个编制全部下沉到街镇（开发区、园区）工会。其中，13名基层经历相对缺乏的年轻干部"带编"到街镇总工会工作，充实了街镇工会工作力量，如宝山区总工会接收市总工会"减上补下"4 位年轻干部,这 4 位干部中的一位于 2020 年提拔到区委组织部,一位成长为区总工会权益部部长,还有两位都在镇总工会任工会专职副主席。各区总工会也通过各种形式把年轻机关干部下沉到街镇、园区、基层服务站等基层一线,更好地服务职工群众。如杨浦区总工会机关编制由 19 人减到 17 人,2 个编制调整到非公企业、科技工会。此外,为激发街镇等基层工会干部活力,上海市总工会此次改革提出街镇总工会主席按同级副职、专职副主席按正科级领导职务配备的要求,各区委组织部结合换届选举工作,予以推进落实。同时,为充实街镇总工会力量,上海市总工会还出台了《关于加强社会化工会工作者队伍建设的指导意见》,由上海市区两级财政共同出资,按照每 2000—3000 名会员或 30—50 家工会配备 1 名社会化工会工作者的比例,为区域性、行业性工会联合会配备工作人员;同步制定《关于加强社会化工会工作者培训的实施办法》,以"针对性、专业性、操作性"为原则,提升社会化工会工作者的职业认识、职业精神和职业水平。到 2020 年 6 月,上海市的工会社工队伍已经有 1000 多人。以笔者调研的宝山区大场镇总工会为例,2016 年 3 月,镇总工会增补了 1 位因群团改革由市总工会"减上补下"的专职副主席,2017 年,区总工会成立"宝山公惠职工事务服务中心",统一招聘、管理工会社工。按照每 2000—3000 名会员配备 1 名社工的比例,镇总工会共有 5 名社工,年龄都在 30—40 岁,学历都在大专及以上,5 人分别划分片区,负责全镇 10 个村联合工会、集团公司联合工会工作,帮助中小非公企业工会"建起来、转起来、活起来",增强了镇总工会工作力量。① 重庆市的改革举措和上海市基本一样,重庆市总工会机关通过"减上补下"调减编制 123 个,其中机关编制 20 个、事业单位编制 103 个,由市编办统筹下达各区县总工会等群团机关。区县总工会层面,通过"减上补下"和区县统筹,各区县工会机关一般在原有基础上增加 2—5 个编制,区县工会机关共增加行政编制 23 个,事业编

---

① 根据课题组上海市总工会、杨浦区总工会、大场镇总工会调研资料整理,调研时间:2020 年 7 月 27—30 日。

制 209 个,普遍建立了职工服务中心。在乡镇(街道、园区)工会层面,企业 100 家以上、职工 5000 人以上的乡镇(街道、园区)建立总工会并配备专职副主席 1 人,其他乡镇(街道、园区)改建为工会联合会。同时选聘社会化工作者,以购买服务等方式充实乡镇层面工会工作力量。[1]

在上海和重庆,共青团、妇联、科协、计划生育协会等都采取了类似的人员编制精简与下沉做法。例如,上海市妇联机关编制从 69 个减到 50 个,缩减了 30% 左右,19 个编制补充到了力量薄弱的郊区的区和街镇妇联。"19 个编制补到下面杯水车薪,但象征意义大,小机关仅仅是减少人数吗? 还是要转职能,重新梳理职能,突出重点,淡化掉一些不是最紧迫的职能。"[2]上海市科协机关行政编制数从 70 个精简为 60 个,全部充实到区科协,加强基层力量。重庆市妇联机关及所属事业单位的编制精简了 20%,从 214 个减到了 171 个,精简的 43 个编制全部充实到了基层。重庆全市工青妇科几家精简的编制总共达到 250 个,全部下沉到了区县一级,平均每个区县妇联的编制增加了 3—5个。"虽然我们市妇联减了 43 个编制,但是全市妇联系统增加了 91 个,我们妇联系统在整个重庆市妇联群团改革的机构编制当中还有'小赚'。"[3]但现实中,人员带编制下沉到区县和乡镇(街道)层面后,也出现了一些新问题,例如前文提到的宝山区总工会 2016 年接收了市总工会"减上补下"4 位年轻干部,目的是增强宝山区的工会力量,但 2020 年,其中一位提拔到了区委组织部。类似情况在其他群团也存在,例如上海市妇联的一位年轻干部下沉到某区妇联后不久就因年纪轻、能力强而被重用为某镇副镇长。尽管流转轮岗和提拔有利于干部成长,但群团改革期间由上级群团组织下沉到区县和乡镇(街道)的人员在较短时间内就离开群团工作岗位,在客观上也对区县和乡镇(街道)群团工作有一定程度的影响,这个问题也值得学界以后对国家治理体

---

① 根据课题组对重庆市总工会的调研资料整理,调研时间:2021 年 8 月 19 日。
② 上海市妇联调研,地点:上海市妇联会议室,时间:2019 年 3 月 13 日。
③ 重庆市妇联网上调研,调研时间:2021 年 8 月 19 日。

系中包括群团组织在内的各子系统干部的成长和使用进行全面系统研究。

2. 群团组织机关机构优化

群团组织机关人员编制的精简,往往与机关机构设置是紧密联系在一起的。如果说人员编制精简的目的是下沉以充实区县和乡镇群团工作力量,那么,机关机构设置调整则是针对机关机构设置不够合理以及活动方式存在自我循环、封闭运行现象,最终是和人员编制的下沉形成配合,共同促成资源向基层倾斜,更好地联系和服务群众。这里主要聚焦于上海市群团改革中工会、共青团、妇联和科协的机关机构优化情况进行描述和分析。

全国妇联着眼于理顺职能和创新机制,调整机关部分内设机构。为强化家庭工作,自上而下成立家庭和儿童工作部;为加强全国妇联网络及新媒体建设,在宣传部设立网络及新媒体处,组建全国妇联网络信息传播中心。由此,改革后的全国妇联机关内设机构为 10 个:办公厅、组织部、宣传部、妇女发展部、权益部、家庭和儿童工作部、联络部、国务院妇女儿童工作委员会办公室、机关党委、离退休干部局。上海市妇联一方面考虑与全国妇联职能的对接,一方面立足于上海市实际情况,通过职能梳理,于 2016 年把机关内设机构从 8 个减到 6 个(不含市妇儿工委办),加强了家庭工作和网络宣传工作,内设机构为:办公室、组织部(含机关党委)、宣传与网络工作部、权益保障部、发展联络部、家庭儿童部。重庆市妇联内设机构从 11 个减到了 6 个(不含市妇儿工委办):办公室、组织联络部(社会组织服务中心)、宣传教育部(网络宣传中心)、妇女发展部、维护妇女权益部(信访办公室)、家庭与儿童工作部。同时,重庆市妇联成立了妇女社会组织服务中心,加强对女性社会组织的联系和引导。可见,上海市妇联和重庆市妇联机关尽管在内设机构数量上都是 8 个部门,也都突出了权益保障、网络工作、联络工作、家庭和儿童工作,但是,上海和重庆两地市级妇联机关机构改革也都结合两地具体实际而形成了形式上的差异。首先,两地在内设机构名称和数量上并不与全国妇联机关保持一致,即在机关机构设置上不再上下一般粗。其次,两地妇联机关的组织机构尽管也都围绕妇联组织职能定位,即引领、服务、联系妇女群众进行了优化,但机构名称也不尽相同,反映了两地妇联因地制宜发挥的功能侧重点以及功能发挥方式方面也不尽相同。

上海市总工会以机构精简、职能聚焦、效率提高为目标,以强基层、强支撑、强服务为基本要求,将原有13个机关内设机构整合为9个。一是强基层,新建基层工作部,目的是夯实基础、搞活基层、充分发挥基层工会功能作用。二是强支撑,以强化宏观参与、提高服务职工能力为导向,重组劳动关系工作部、权益保障部、宣传教育部等综合服务部门,并对机关工作部门的职能进行优化整合,设置组织部、财务资产管理部、经审办。三是强服务,设置办公室、研究室两个综合服务部门,发挥好管家和智囊作用。四是推动工会机关“政事分开”,合理划分市总机关部室及直属单位职能职责,强化市总机关部室的顶层设计、指导推动、监督检查等职能,强化直属单位的公益性、服务性职能,运用项目制、团队制等工作方式,实现市总机关部室与直管单位互补协同。各区总工会按照上下对应、服务职工、精简高效的原则,以“三部一室”①为基本架构,对工作机构也作了相应的优化和调整,促进了工作机构扁平化。

上海市共青团制定了《共青团上海市委机关主要职责、内设机构和人员编制方案》以及《共青团上海市委机关内设机构、市青少年服务和权益保护办公室职能》等文件,完成机关内设机构精简25%的目标,并把机关工作机构设置调整为“9+1+X”结构。“9”即办公室、组织部(机关党委)、宣传与网络工作部、基层工作部、学校工作部、少先队工作部、社会工作部、团结联络部(青联秘书处)、合作交流部;“1”指的是市青少年服务和权益保护办公室;“X”即“网上共青团”“爱心暑托班”“创新创业”等工作组。原统战部更名为团结联络部,让体制外青年一看就明白;原青工部、地区(郊区)工作部合并为基层工

---

①　即组织建设部、权益保障部、宣传教育部和办公室(合署经审办)。

作部,突出面向基层、统一领导;原市社区青少年事务办公室更名为市青少年服务和权益保护办公室,强化其专门统筹团市委服务项目的组织功能。"9+1+X"结构将上海团市委对团和青少年工作的布局以内设机构及其延伸的方式表达出来,在一定意义上将共青团机关的组织结构围绕并支撑共青团功能的意图清晰传递出来,特别是其中的"X"结构要素,使团机关的机构实现了一定程度的开放式延伸,打破了以往力量倒挂的"倒金字塔"结构,并与共青团的治理结构以及不断充实、扩大基层组织的体系结构形成了正向"金字塔"形的嵌套。

上海市科协机关机构从7+2个精简为6+3个,随后又变为5+3个。① 调研宣传部归并到办公室,原来科技创新服务部括号在调研宣传部,调整后括号在学会学术部。5+3个机构即:办公室(调研宣传部)、组织人事部(老干部工作部)、财务资产管理部、学会学术部(科技创新服务部)、科学技术普及部。同时,围绕公益性、服务性职能定位,推进直属单位机构编制精简和职能调整,撤销2家事业单位后,保留有5家直属事业单位,即上海市业余科技学院(上海科学会堂服务中心)、上海市科普事业中心、上海科技报社、上海市科学技术协会学会服务中心、上海市科普教育展示技术中心(上海市国际科技交流中心)。这使上海市科协在围绕职能定位进行日常工作更为聚焦科协的核心工作内容。

综上,从上海和重庆的群团组织治理结构和机关机构改革来看,"小机关"的目的不仅是使群团组织机关变小,而且是促进群团组织机关改作风,眼睛向下,人员、编制和由此所带来的力量不断往下往基层汇集,形成做大做强基层的意识和导向。在这个意义上,"小机关"成为群团改革在组织结构层面最为直接的牵引,也成为贯彻中央加强和改进群团工作以上率下的示范。由此,"小机关"就与治理结构中基层一线力量作为组织结构的内容构成要素在

---

① "+"号后面的数字指的是加括号,可以用括号里的名称对外单独开展活动。

群团组织体系中向上和向全国组织的治理结构汇聚,把跨领域社会横向力量吸收进入治理结构当中,形成纵向的上下联通,并由此支持群团组织的治理结构与社会不同领域的力量形成横向的联系,进而为群团基层组织往社会基层深处扎根和向社会新增长领域的拓展积累组织势能,通过相应的组织覆盖和工作覆盖方式做强基层,扩大覆盖面,使群团组织传统的"横向到边、纵向到底"的组织体系不断适应新时代中国经济社会的变化,在适应中激活群团基层组织,激活基层社会的神经末梢,由此从群众中获得源源不断的动力,不断"去四化",不断增强政治性、先进性、群众性。由此,群团组织的结构通过系统改革,从机关机构结构、治理结构和组织体系三个层面把人员与资源配置的"倒金字塔"正过来,并形成了群团组织体系的正向"嵌套金字塔",群团组织的基层基础得到前所未有的加强,为群团组织回归群众性这一根本属性做好组织结构支持,也为群团组织政治性这一灵魂和先进性引领做好了体系支持。从这个意义上说,在党的领导下,群团组织实现了结构重塑,在"强基层""全覆盖"中逐步加强对社会的有效组织,进而整合社会、团结社会,与国家治理体系中的其他子系统协同,朝着中华民族伟大复兴的目标凝聚合力。

第三节 群团组织结构改革的机制

群团组织的结构改革是朝着群团组织增强政治性、先进性、群众性去的,在现实中的呈现就是建立起"小机关、强基层、全覆盖"的组织体系。2015 年群团改革以来,各群团组织特别是上海、重庆两地的群团组织在组织结构三个层面上的改革已经基本上固化下来。各地的群团改革实践说明,历史形成的群团组织的基础结构本身的确是经过历史检验的,具有组织结构的稳定性,也具有包容性。在基础结构不变的情况下,改变群团组织与新形势新任务的要求不适应之处,改革的重点就在于群团组织结构的构成性要素本身及其组合形式。一方面,是对其结构性要素本身的再解释;另一方面,是对结构性要素本身的承载者——"人"这一起主观能动作用的内容要素的整合、调整,由此来实现群团组织结构的系统性优化。

(一)以功能驱动组织结构改革

从群团改革的战略意图和八年多的实践来看,群团组织结构改革的机制可以概括为功能驱动机制,而功能之所以驱动群团组织结构改革,在于群团组织功能本身来于群团外部的确认与群团内部的响应。

群团组织作为国家治理体系的一个子系统,是国家治理体系结构的组成部分,其功能定位是党和政府联系人民群众的桥梁和纽带,23 家群团组织作为整个群团组织系统的组成部分,其各自的功能定位体现为党和政府联系特定领域人民群众的桥梁和纽带,而"桥梁和纽带"首先就意味着连接。换言之,群团组织的首要功能是连接,但这种连接是朝着国家治理体系以及支撑国家治理体系的全体人民的共同目标的。显而易见,中国特色社会主义进入新时代,这个目标是人民幸福、民族复兴,而将曾一盘散沙的中国人民凝聚起来并建立独立自主的共和国的中国共产党,始终牢记的初心使命恰在于为中国人民谋幸福、为中华民族谋复兴。人民的共同目标和党的初心使命的契合由此要求国家治理体系和治理能力的现代化,群团组织作为国家治理体系的子系统,不仅需要形成国家治理的结构支持,而且需要其子系统结构的能动性内容要素能力的现代化。在这个意义上,群团组织的"桥梁和纽带"功能就不仅在于连接,而且还在于连接基础上的有机整合和集体行动。由此,群团组织结构改革事实上是以功能定位倒逼组织结构的优化调整,也就是说,群团组织结构改革的机制是功能驱动机制。

群团组织的"桥梁和纽带"功能是历史形成的,也是党和国家在总结历史经验基础上通过制度化予以确认的。2015 年启动的群团改革针对的问题外在表现是群团的"四化"问题,其内在本质是群团组织的桥梁和纽带作用未能发挥,这在很多方面都有表现。比如,一方面,党和政府的政策信息流未能通过群团组织的桥梁畅通流向人民群众并得到人民群众的充分了解、理解;另一方面,人民群众的需求信息流未能通过群团组织的纽带流向党和政府形成社会整合和政治吸纳。再比如,群团组织的体制化保障使本应通过群团组织体系—治理结构—机关机构来系统发挥功能的国家治理制度设计一度收窄为群团组织体系中从全国组织到地方、基层组织的群团组织机关来发挥功能,从而使群团组织的政治属性和社会属性失衡,群团组织的桥梁功能虚置成了"断桥",纽带功能虚置成了"飘带"。因此,群团改革先从组织结构系统改起,其实是对群团组织发挥功能的基础性响应,是功能驱动的,反过来,群团组织的结构通过改革理顺了,则有助于群团功能的有效发挥。

但是,功能驱动是一个总体的表达,实际上,功能之所以能够驱动群团组织的结构改革,还在于群团组织的外部推力和内在动力两个方面的共同驱动。

一是外部推力,主要来自于党。党对群团工作的重视和部署直接推动了包括组织结构改革在内的群团改革。如前文所述,中国共产党自诞生以来,就是有效组织中国社会的领导核心和主线。党的十八大以来,习近平同志指出:"党要管党,才能管好党,从严治党,才能治好党。"①党在不断加强党自身建设的过程中,始终把政治建设摆在首位,"以提升组织力为重点,突出政治功能,把企业、农村、机关、学校、科研院所、街道社区、社会组织等基层党组织建设成为宣传党的主张、贯彻党的决定、领导基层治理、团结动员群众、推动改革发展的坚强战斗堡垒"②。作为党有效组织中国社会的延伸性组织,群团组织是党有效组织中国社会的副线。因此,推动群团改革,在新时代激发党的群团工作这一重要法宝有机组织中国社会的作用,是党对有效组织中国社会的主线副线作出的一体战略。换言之,推动群团改革,是党立足实现"两个一百年"奋

---

① 中共中央文献研究室编:《十八大以来重要文献选编》(上),中央文献出版社 2014 年版,第 467 页。

② 习近平:《决胜全面建成小康社会　夺取新时代中国特色社会主义伟大胜利——在中国共产党第十九次全国代表大会上的报告》,人民出版社 2017 年版,第 65 页。

斗目标、实现中华民族伟大复兴中国梦宏伟目标,针对我国发展的内外环境正在发生的深刻变化和党面临的前所未有的挑战和考验,结合我国群团组织独特优势和存在的问题,从战略高度作出的重要部署。因此,以习近平同志为核心的党中央下大力气推动群团改革,2014年12月28日中共中央政治局会议通过《中共中央关于加强和改进党的群团工作的意见》这一群团改革专门文件,到2015年7月召开了历史上第一次中央党的群团工作会议来贯彻落实《中共中央关于加强和改进党的群团工作的意见》,并于2015年底由中央第十八次全面深化改革领导小组会议审议通过《全国总工会改革试点方案》《上海市群团改革试点方案》《重庆市群团改革试点方案》,体现了党在新时代有效组织中国社会的决心和信心。2017年8月,习近平总书记对群团工作改革作出重要指示,对群团改革取得的积极成效给予肯定,强调各群团组织要结合自身实际,紧紧围绕增强政治性、先进性、群众性,直面突出问题,采取有力措施,敢于攻坚克难,注重夯实群团工作基层基础。可见,以习近平同志为核心的党中央对群团改革的关注具有鲜明的问题导向,针对关键问题,夯实群团工作基层基础,而夯实群团工作基层基础就需要群团组织从自身的组织结构改起。

二是内在动力,主要来自于群团自身的生存发展需要。改革开放40多年来,随着经济实力不断提升,我国社会结构也发生了深刻变化,人民日益增长的美好生活需要和不平衡不充分的发展之间的矛盾已经成为我国社会的主要矛盾,群团组织也越来越充分地认识到自身的组织结构、行为方式已经不能满足所联系和服务群众/会员日益多样化的需求,对所联系群众的引领和凝聚越来越面临着缺少组织基础、资源支持和能力不足等问题。尽管一些地方的群团组织如工会、妇联、科协也一直不断探索对农民工、流动人口、新领域新阶层人员等群众采取多样化的组织方式和服务方式来履行桥梁和纽带功能,但都局限在一地一领域,缺乏群团组织作为国家治理体系子系统的全面性、系统性、主动性应对。有的地方工会负责人直接说:"服务对象在变,管理方式在变，工会工作现在就像在追赶，努力做一点就比不做强。自己的活儿没好好干，发点东西等于做事了，这种观念要改。群团必须得自找门路自己创新发展，街镇工会和基层工会是重中之重，改革就是因为一些基层工会是僵尸工会、挂牌工会、老板工会。"①还有的地方某区总工会主席更是犀利指出："不改不行！不上升到政权建设上改，怎么做事？"②一些地方群团组织的工作人员希望完全打破既有的科层制组织和行为方式，能够真正通过社会化运作来有效发挥作用。如中部某省一城区妇联主席直言："不要按照机关来管理，放开让我们社会化运作。只改工作方式不改体制，摆脱不了机关化。"③还有政策性群团组织因政策的连续快速变化而直接产生生存忧虑，有着强烈的改革愿望。例如，我国20世纪80年代后长期采取的独生子女政策从2013年12月调整为"单独二孩"政策，2015年12月调整为"两孩政策"，到2021年8月又调整为"三孩"政策，短短几年内，人口计划生育政策发生了巨大变化，有地方计划生育协会干了20多年的工作人员直言压力："以前是不让人家生，现在是求着人家生，但人家迟迟不要孩子，观念变了，要孩子负担重，这个我也没办法。原来的工作方式模式变了，下一步该干啥？怎么干啊？"④群团组织特别是地方和基层群团组织强烈的生存和发展需求，与党对群团改革的战略部署相结合，形成了以功能定位的有效落实来促进甚至倒逼群团组织结构改革的驱动机制。

（二）群团组织结构改革中的问题：机制反思

群团组织改革是在党的推动和群团自身生存发展需求结合下实施的，但党的推动在其中起着直接的决定作用。换言之，群团组织的结构改革尽管是

---

① 上海市B区某总工会主席访谈，地点：该区总工会会议室，时间：2020年7月29日。
② 东部G省S市F区M街道总工会调研，2020年8月27日。
③ 中部B省N市B区妇联主席访谈，地点：该区妇联会议室，时间：2019年7月31日。
④ 中部H省B市S县F村计生专干访谈，地点：F村村委会，时间：2019年4月15日。

功能驱动的结果,但在一定意义上是倒逼出来的。在组织结构改革过程中,尽管功能倒逼组织结构面向基层优化的机制起到了群团组织结构把"倒金字塔"正过来的效果,但改革中也存在一些问题。

一是一些地方群团改革在扩大基层组织覆盖面方面采取"硬任务硬落实",即以行政指令的方式对下一级群团组织提出硬性任务"一刀切"去抓落实。例如,东部某地群团组织为扩大基层组织覆盖面而规定区县和乡镇街道群团发展基层组织的年度硬性指标。S市一街道总工会主席直言:"上级总工会的一些目标还是需要现实一些。基层建组织不可能一下子(建起来),需要一个过程。不反对下任务,但不能下死任务,那样的话我只能糊弄你。"①还有的乡镇群团组织的干部直接说:"制定政策的人跟下面具体情况脱节","基层组织要扩大要加强,群众有认同感才可以。只管下任务,下得太死,就会产生'三子':疯子、傻子、骗子。上面下任务的是疯子,中间是傻子,下面我们就是骗子了。还是要成熟一家建一家"。②

二是充实基层组织工作力量方面"人岗"不一致。除前文提到的上海和重庆市级群团组织机关下沉到区县和乡镇(街道)的人员短时间内就调整到非群团岗位"重用"现象之外,越来越多的地方学习上海和重庆两地用购买岗位聘用社工的方式来扩充乡镇(街道)和社区层级群团组织力量,但是,在增加群团组织社工岗位方面存在着人岗偏离群团工作的问题。例如,东部某市团市委增强街道团委的做法之一就是由团市委财政出钱,为各街道增加1名团口的社工,但是,团口的社工人到了街道之后,干活就不分家了。该市下面一个区团委的负责人说:"其实交叉干活也无所谓,但最好是以团的工作为主,或者不影响到团的工作的主业。"③这种人岗不一致的情况并非个例,既与

---

① 东部 G 省 S 市 F 区 S 街道总工会主席访谈,地点:该区总工会会议室,时间:2020 年 8 月 27 日。

② 东部 G 省 S 市 F 区 Y 街道总工会主席访谈,地点:该区总工会会议室,时间:2020 年 8 月 27 日。

③ 东部 G 省 S 市 F 区团委座谈,地点:该区团委会议室,时间:2020 年 8 月 28 日。

乡镇(街道)工作的综合性复杂性有关,但也与群团组织扩大基层组织覆盖面过程中对基层组织工作内容以及与基层政府之间的组织协调程度有关。

这些实践中的问题说明,一些群团组织在观念上仍然有"机关化""行政化"倾向。群团组织都对应一定的行政级别,其机构编制需要由机构编制管理机关核定,群团人员均纳入行政编制或参公管理事业编制,经费纳入一级财政。因此,各级群团组织中不少工作人员都强调自身的机关编制属性。换言之,群团组织的人财物是得到充分保障的,尤其是人员编制保障使得一些群团组织工作人员在以增强政治性、先进性、群众性为目的的改革意图把握上,把与党政机关相同的运转方式视为群团组织工作方式规范化的表现。由此,在实践中采取"硬任务硬落实"也就并不稀奇。用购买服务聘用社工的方式确实能够充实群团基层组织的工作力量,但如何在实践中以规范的岗位设置、岗位描述等来规范群团基层工作力量,还需要进一步探讨,而这也说明,群团组织在组织结构层面增强群众性,还需要进一步梳理群团组织不同于党政机关、不同于企事业单位、不同于社会组织的组织特点,找到更为有效的拓展基层工作力量的方式方法。

总体上看,群团组织结构的系统性改革增强了群团组织自身的组织力,在一定程度上疏通了群团组织作为党和政府联系人民群众的桥梁和纽带的堵点,把群团组织面向基层面向群众的组织化通道大大拓宽,基层和一线人力资源在治理结构中向上汇集、机关人员编制下沉,组织体系中基层组织的纵向扎根与横向拓展,不仅完善了群团组织的组织体系,而且提升了群团组织在基层社会的知晓度,为群团组织功能的发挥提供了日益完整和完善的组织结构支持。因此,群团组织结构的改革增强了群团的组织力,也是对群团组织紧密联系群众优秀传统的回归,是对群团组织成立初期在党的领导下植根群众当中的网络化组织架构的复兴。当然,这个复兴不是照搬原来,而是在与群团组织自身的历史基因相结合基础上的组织结构优化。

第三章　群团组织行为重塑:在资源下沉中加强服务[*]

党对群团组织的功能定位始终是明确的,即"党和政府联系人民群众的桥梁和纽带",其功能目标是"组织动员广大人民群众坚定不移跟党走"。因此,群团改革的关键是使群团组织的桥梁纽带作用有效发挥出来。当然,23家群团组织整体作为国家治理体系的一个子系统,总体的功能定位和功能目标是一样的,但具体到各个群团,职能定位则稍有不同。例如,中共中央办公厅于2016年3月27日印发并实施的《科协系统深化改革实施方案》,对科协改革提出了明确目标,即"通过深化改革,力争从根本上解决科协系统机关化、行政化等脱离群众的突出问题,所属学会发展和服务能力显著提升,工作手段信息化、组织体系网络化、治理方式现代化迈上新台阶,科协组织的政治性、先进性和群众性更加突出,开放型、枢纽型、平台型特色更加鲜明,服务科技工作者、服务创新驱动发展战略、服务公民科学素质提高、服务党委政府科学决策的能力明显增强,真正成为党领导下团结联系广大科技工作者的人民团体、提供科技类公共服务产品的社会组织、国家创新体系的重要组成部分,为更好地服务党和国家中心工作奠定坚实基础"。其中,"开放型、枢纽型、平

---

[*]　本章的部分内容作为《基层治理中的群团组织:组织社会的嵌入型桥接》一文的组成部分发表于《治理研究》2023年第2期。

台型"这"三型"特色确立了科协组织的新定位、新形象；"服务科技工作者、服务创新驱动发展战略、服务公民科学素质提高、服务党委政府科学决策"的"四服务"是中央对科协功能定位的进一步要求。再如，2018 年 11 月 2 日，习近平总书记在同全国妇联新一届领导班子成员集体谈话时，专门指出了妇联的职能定位："概括起来就是引领、服务、联系。"①与之相应，妇联的工作内容是"多做组织、宣传、教育、引导妇女的工作，多做统一思想、凝聚人心、化解矛盾、增进感情的工作"②。从总体上看，无论是基础性群团还是政策性群团，增强政治性、先进性、群众性的改革在行为层面上，都是在找准具体职能定位的基础上聚焦于凝聚、引领、服务三个方面展开。换言之，凝聚、引领、服务是群团组织践行其桥梁和纽带总体功能定位的三个基本领域，也是群团组织"强三性"机制着力的重点领域，而其评价标准与功能目标是一致的，即看群团组织通过凝聚、引领、服务，是不是能够有效"组织动员广大人民群众坚定不移跟党走"。因此，各群团组织"强三性"行为是各群团组织体系从上到下的行为集合，其最终的落点则在基层社会，即通过群团的基层组织来联系、联通基层社会，相应地，群团组织"强三性"行为就直接体现在群团组织联系群众、服务群众上。而联系群众、服务群众做到了、做好了，群团组织的政治性、先进性就有了基础。也正因为如此，《中共中央关于加强和改进党的群团工作的意见》提出的加强和改进党的群团工作应全面把握"六个坚持"的基本要求和"三统一"的基本特征都把服务群众摆在突出位置。③ 基于此，本章着重梳理群团组织服务群众的行为重塑的相关机制，群团组织凝聚和引领群众的行为机制留待下一章探讨。

---

① 中共中央党史和文献研究院编：《习近平关于妇女儿童和妇联工作论述摘编》，中央文献出版社 2023 年版，第 30 页。

② 中共中央党史和文献研究院编：《习近平关于妇女儿童和妇联工作论述摘编》，中央文献出版社 2023 年版，第 13 页。

③ "六个坚持"，就是坚持党对群团工作的统一领导，坚持发挥桥梁和纽带作用，坚持围绕中心、服务大局，坚持服务群众的工作生命线，坚持与时俱进、改革创新，坚持依法依章程独立自主开展工作。"三统一"，就是各群团自觉接受党的领导、团结服务所联系群众、依法依章程开展工作相统一。

第一节　存量改革：服务重心和资源下沉

群团改革至今已经有八年多，这八年多的群团改革实践为我们呈现出了各群团组织围绕联系群众服务群众所做的鲜活探索。各地群团组织进行了重新界定联系群众和服务对象、资源下沉基层、拓展业务方式、丰富服务内容等实践，以增强群团组织政治性、先进性和群众性。无论是上海、重庆作为全域群团改革试点地区，还是其他非群团改革试点地区，群团组织行为上的改革在实践中都包括两个方面：一是以既有人员和资源下移来激活既有服务渠道、服务方式的存量改革；二是以横向拓展撬动社会资源多样化服务群众的增量创新。在改革中，为增强群众性，联系、团结、服务好所联系群众，各群团组织努力把眼光更多地投向基层，把力量和资源更多地配置到基层，从体制机制上解决群团与所联系群众联系不紧、不亲的问题。

群团组织存量改革的行为主要表现为群众需求调研、资源下沉、领导下基层三个方面。

（一）群众需求调研常态化

一般来说，需求调研是资源配置的基础。在群团改革中，群众需求调研是其存量改革行为的一部分，而且可以被看作是群团存量改革行为的起始部分。之所以如此，原因有二：一是群团改革本身所针对的问题，无论是基层基础薄弱、有效覆盖面不足、吸引力凝聚力不够这一突出问题，还是工作和活动方式单一，存在机关化、脱离群众现象，或是干部能力素质需要提高和作风需要改进，都需要以调研来找到解决问题的症结；二是群团组织存量改革的资源是有限的，尽管资源的流向已经明确是往基层下沉，但下沉之后的分配需要以基于调研界定的群众和服务对象为基线。因此，深入群众开展扎实的需求大调研，倾听群众呼声、反映群众意愿，是群团组织存量改革的第一步。

2015 年 11 月 9 日,中央深改组第十八次会议审议通过的《全国总工会改革试点方案》《上海市群团改革试点方案》《重庆市群团改革试点方案》对改革试点举措进行部署,都强调调查研究的重要性。全国总工会 2016 年 8 月 23 日印发了《中华全国总工会关于加强调查研究和理论研究的意见》,提出了 11 个方面的调研内容,并提出加强调查研究和理论研究的制度机制保障,如工会领导机关、领导干部调研工作制度,重要决策调研论证制度,机关干部联系点制度,工会统计调查制度等。同年 8 月,根据中央全面深化改革领导小组要求,由全国总工会牵头,会同国家发改委、教育部、工信部、人力资源和社会保障部等研究制定了产业工人队伍建设改革方案。此后,6 个联合调研组分赴 11 个省(区、市)、4 所职业院校、24 家企业开展实地调研,同时向各省(区、市)总工会和政府相关厅局发函进行了书面调研,各调研组还进行了共 32 场座谈交流,在此基础上研究起草了改革方案。[①] 2017 年 4 月 14 日,中共中央、国务院印发了《新时期产业工人队伍建设改革方案》,就推进产业工人队伍建设改革专门进行谋划和部署,这在党和国家历史上是第一次。该方案对产业工人的概念进行了再界定,提出的五大方面 25 条具体举措中就包括突出创新面向产业工人的工会工作,创新国有企业工会工作,加强非公有制企业和混合所有制企业工会工作。为做好劳动关系形势动态监测和分析研判工作,全国总工会还建立了全国工会劳动关系监测网络,形成了与全国工商联对民营企业劳动关系状况监测、人力资源和社会保障部劳动关系形势分析研判相配合的机制,完善产业工人劳动经济权益保障机制。同时,为深入了解 2012 年第七次全国职工队伍状况调查 5 年来职工队伍的新变化新趋势新特征,准确把握工会工作面临的新形势新任务,及时反映基层和职工的愿望呼声,深化对职工队伍发展规律的认识,全国总工会于 2017 年 1—8 月组织开展了第八次全国职工队伍状况调查和各专项课题调研。调查显示,新技术新产业新业态的

---

① 陶志勇编著:《中国工会理论创新四十年(1978—2018)》,中国工人出版社 2018 年版,第 125 页。

蓬勃发展给职工队伍带来了新变化，私营、港澳台商、外商及其他单位职工总数为32435.6万人，占职工总数的82.9%，国有和集体单位职工总数6698万人，占职工总数17.1%。[①] 这意味着工会组织的覆盖面严重不足，基层基础相当薄弱。而与新技术新产业新业态发展相应，劳动关系更加灵活复杂。20.3%的职工认为，所在单位经营管理者与普通职工之间关系"一般"和"不融洽"，职工结束上一份工作时，没拿到经济补偿金的高达50.3%，自雇就业、自由职业者中参加过工会法律援助活动的占5.5%；逐渐成为劳动力主体的新生代更加注重体面劳动；现有法律法规难以完整定义劳动关系灵活化、高度自主化的状态，因劳动关系界定不清而引发的新型劳资纠纷呈上升趋势。[②] 不仅如此，规模庞大的农民工群体[③]也呈现出新特征，如新生代农民工占比过半、50岁以上农民工占比不断提高等，这就要求工会创新联系职工的新手段，加大力度全方位了解和理解职工的各种需求，整合资源，贴近职工做好包括维权在内的各种服务工作。正是有了广泛调研作为基础，全国总工会在扩大基层组织覆盖面、梳理既有服务、扩展服务内容、创新服务范式方面的行为更具针对性。

上海、重庆两地在群团改革中也都强调开门大调研。上海市总工会在做好基础调研的基础上，将调研常态化，以动态调研所得作为项目和资金流向的牵引，来组织落实服务职工体系。一是推动建网调查，包括职工收入调查、家计调查、医药费支出和消费支出调查，与主副食品调查网信息结合，打通调研和统计，通过指标调整完善，掌握基础数据；其中，对困难职工的家计调查由上海市总工会单独做。二是跟踪调研，对公共服务行业一线职工、低收入职工跟踪调研，如对市容绿化、河道养护、排水管道等行业做跟踪，用于就最低工资标准

---

① 中华全国总工会研究室编著：《中国工人阶级四十年（1978—2018）》，中国工人出版社2018年版，第278页。

② 中华全国总工会研究室编著：《中国工人阶级四十年（1978—2018）》，中国工人出版社2018年版，第256—257页。

③ 根据国家统计局：《2017年农民工监测调查报告》，农民工总量2017年达到28652万人，外出和本地农民工双增长。

调整等方面与政府部门沟通，在最低工资制度上做好源头参与。杨浦区总工会把开展职工调查作为必经程序，自下而上收集整合之后，形成主动对接职工需求的年度重大项目，并通过相关会议、网站、微信公众号立体化宣传，让更多职工知晓，形成群众化参与。尤其在上海市委 2018 年在全市开展为期一年的"不忘初心、牢记使命，勇当新时代排头兵、先行者"大调研之后，上海市工会系统的大调研更加深入。例如，金山区总工会在筹备 2018 年金山区工会第五次代表大会过程中，通过微信公众号"鑫工号"网上平台，面向金山区 35 家直属工会全体工会干部、33 家工会联合会以及基层工会的工会干部和职工代表发放问卷，针对其"活力工会"创建情况做了专门调查，收回有效问卷 1595份。超 7 成受访者认为这项工作带来了基层活力的提升，还收到了共计 1336条来自基层的文字反馈，为此后的工会工作和"活力工会"品牌建设建言献策。① 上海市妇联的大调研由办公室牵头。2016 年 6 月，《上海市妇联机关干部落实"五个一"工作的实施意见》出台并全面实施。"五个一"，即当一天基层妇联干部、参加一次居村妇女活动、发现一个困扰妇女群众的问题、为居村妇女群众开展一次服务、交一个基层妇女群众朋友。同时，上海市妇联完善"妇女需求调研月"制度，规定每周三为信访窗口日、七八月份为每年的需求调研月，主席班子带队面向 800 多名妇女代表听取意见，形成"听取收集、需求梳理、直接落实、领办解决、提案转化、反馈发布"6 个环节，把调研所得高效转化为服务行为，从制度上保障妇女群众的诉求件件有回应和落实。2018年，上海市妇联把调研工作常态化制度化。"每个局级领导确保 2 个月的调研，每人主牵头 1 个项目，还要牵头 1 个重点课题。"②虹口区妇联除了平时走访之外，还把每年 10 月定为走访月。某街道妇联主席说："一是了解需求，发现需求，有个判断；二是提今年工作要求和建议，以便来年更好规划。"③调研

---

①　上海市总工会调研，地点：上海市总工会会议室，时间：2020 年 7 月 28 日。

②　上海市妇联调研，地点：上海市妇联会议室，时间：2019 年 3 月 13 日。

③　上海市虹口区妇联工作调研，地点：虹口区某街道第一市民驿站，时间：2019 年 3 月 13 日。

不仅是要掌握基本数据,而且能够校准主观认知偏差,"真正把情况摸清、把问题找准、把对策提实"①。例如,上海市科协工作人员就说:"我们的群众是专业群众——科技工作者,受过一定教育,有一定专业背景,情感上心理上有诉求,有参与的诉求,开门大调研发现90%的问题跟科协工作没关系,老百姓关注的都是交通住房职称评定等,但科协能帮助解决的很少。"②针对这种情况,上海市科协调整思路,聚焦"我们到底是谁? 为了谁? 做什么才能对得起这个工作?"展开调研,通过跟科学家谈、跟基层谈、跟科协外面的人谈,上海市科协把"自己的家底"摸清楚了,即"科协最大资源是人,有200多家学会,30万会员,200多万科技工作者队伍,2000多万市民,不能拿着金饭碗讨饭吃。二是有非常健全的网,三是还有基地、平台"。通过研讨调研,上海市科协提出了工作目标"五个化":"学术高端化、科普大众化、创新服务精准化、咨询服务化、建家交友亲情化。"③

综上,群众需求调研是群团组织存量改革中的基础行为,不仅使群团组织转变了作风,对自身的基层组织、所联系群众的基本情况有了较为全面的了解,而且使群团组织对群众的需求以及需求的多样性有了深切的体会,进而使群团组织在配置资源以满足群众需求方面有了基本的依据。既然群众需求调研是基础行为,越来越多的群团组织也就把群众需求调研作为一项经常性的工作常态化,逐渐把工作做得更加扎实,更有针对性。

重庆市总工会建立了职工需求定期调查制度,按照职工群众的需求来设计和实施服务项目,推动构建"职工提出—工会主导—事业单位承办—职工参与—职工评价"的活动开展和工作机制。重庆市妇联一位工作人员说:"改革让我们对工作的谋划更加务实,转变了作风。先通过调研,我们向基层的问

---

① 习近平:《在学习贯彻习近平新时代中国特色社会主义思想主题教育工作会议上的讲话》(2023年4月3日),《求是》2023年第9期。
② 上海市科协系统调研,地点:上海浦东浦兴路街道,时间:2019年3月12日。
③ 上海市科协座谈,地点:上海市科协会议室,时间:2019年3月12日。

需问计问效,然后来设计我们的项目,包括通过基层的需求上升到我们顶层设计,包括地方立法,让我们觉得特别有力量。"①除了群团组织自己的调研月和诸如"五个一"调研工作机制外,越来越多的群团组织加强了与第三方的合作,将调研和由调研延伸出来的评估等贯穿到服务工作全过程。例如,重庆市妇联成立了家庭建设研究中心,依托重庆师范大学对家庭教育进行调研,同时与中华女子学院签订了合作共建框架协议,通过调研来找到问题,指导工作的开展,同时注重调研成果的转化,形成人大建议和政协提案,给政府决策提供建议。

（二）资源向基层倾斜

群团组织通过充实和扩展基层,群团机关—治理结构—群团组织体系嵌套正金字塔结构形成,为群团组织的资源自上而下充实基层提供了顺畅的结构通道。群团组织面向基层,力量配备和服务资源向基层倾斜,主要体现为经费、项目等下沉到区县、乡镇(街道),力图更加符合时代和贴近群众需求,使群团组织在基层通过强化靶向性服务,切实增强群团基层组织的凝聚力。因此,资源向基层倾斜有两个方面的表现,即资源向基层下沉本身以及资源下沉到基层后的运用。

一是经费和项目全面下沉基层。以工会系统为例,经费、项目全面下沉基层的具体做法有三种。一种是通过建章立制加大对基层的资金保障。2016年7月8日,全国总工会印发了《关于加大对乡镇(街道)、开发区(工业园区)工会和基层工会经费支持力度的若干规定》,明确乡镇(街道)、开发区(工业园区)工会和基层工会的经费留成比例,即:"(一)全国工会经费全年收入的95%留在地方和基层工会,全国总工会本级集中5%。(二)基层工会的经费分成比例不低于60%。现低于60%的,一律调整为60%。(三)各省级工会按

---

① 重庆市妇联线上调研,时间:2021年8月19日。

照省以下各级工会经费分成比例由省级工会确定的原则,明确所辖乡镇(街道)、开发区(工业园区)工会的经费分成比例,报全国总工会备案。"①同年 10 月 26 日,全国总工会印发了《中华全国总工会关于增强基层工会活力发挥基层工会作用的实施意见》,将工会经费使用进一步向基层倾斜,优化经费支出结构。将全国工会经费全年收入的 95% 留在地方和基层工会,基层工会的经费分成比例不低于 60%,明确乡镇(街道)、开发区(工业园区)工会的经费分成比例。全总本级工会经费全年收入的 70% 用于对下级工会的补助,并要求省及省以下各级工会要加大对乡镇(街道)、开发区(工业园区)工会和基层工会经费投入力度。② 第二种是打造基层服务站点。通过经费补助实行项目化管理,依托"技能培训促就业""阳光就业暖心行动""医疗互助活动""送温暖""金秋助学"等工会既有品牌活动,着力打造以 3500 余个县级以上帮扶中心、20 多万个帮扶站点为线下实体,以"互联网+"为线上平台,线上线下互补互促的全方位多层次服务职工工作体系。③ 第三种是专项性的补贴下拨。例如,2020 年上半年,全国总工会按照每户 2000 元标准,为全国 127326 户建档立卡全国级困难职工发放疫情期间临时生活补贴;各级工会专项用于慰问受疫情影响的低收入职工和感染新冠肺炎以及染病病亡职工家庭常态化送温暖资金 9.36 亿元。④ 上海和重庆作为全域群团改革试点地区,群团经费也向乡镇(街道)倾斜。例如重庆市总工会出台《乡镇(街道)、开发区(工业园区)工会留成经费及规范管理的规定》,明确市、区县总工会拿出本级留成工会经费的 20%,作为乡镇(街道)、开发区(工业园区)工会留成经费,有效缓解了乡镇

---

① 李玉赋主编:《新的使命和担当 III——全国总工会改革试点制度文件与释义》,中国工人出版社 2017 年版,第 171 页。

② 李玉赋主编:《新的使命和担当 III——全国总工会改革试点制度文件与释义》,中国工人出版社 2017 年版,第 156 页。

③ 全国总工会课题组编:《深入学习贯彻习近平总书记关于工人阶级和工会工作的重要论述》,中国工人出版社 2021 年版,第 162 页。

④ 全国总工会课题组编:《深入学习贯彻习近平总书记关于工人阶级和工会工作的重要论述》,中国工人出版社 2021 年版,第 46 页。

（街道）一级工会无钱办事的问题。渝北、江北、开州等区县还成立了群团公益基金或专项资金。

上海市虹口区从 2018 年开始，每年财政列支 100 万元给妇联专门用于群团购买项目经费，并按照每个社区 1 万元的标准给街道配备群团专门活动经费。[①] 该区某街道妇联主席说："原来群团预算很少。2016 年 2 月开始群团改革，年底区妇联就有做项目的经费了，11 月公益项目有 48 万，项目落地是在 2017 年完成。经与财政沟通，2018 年开始每年 100 万给妇联专门用于群团购买项目经费。每个居民区 1 万，27 个居民区全都落实了。现在年初街道就有 27 万群团资金，可以统筹。"[②] 重庆市妇联在经费上的保障力度进一步加大，市、区（县）两级财政从 2016 年开始按照全市户籍女性人口数和 0—17 周岁户籍男童人口数，分别按每年每人 1.1 元的标准划拨妇女儿童事业发展专项经费，并按照每人每年 0.1 元的标准递增，已经从 2016 年 1.1 元涨到 2021 年的 1.6 元，到 2020 年达到人均 1.5 元。[③] 重庆各级妇联真正实现"有钱办事"，基层妇女工作得到有力保障。这些实践为全国妇联相关制度的出台提供了实践基础。2020 年 5 月，全国妇联印发《关于深化妇联组织建设改革 实施"破难行动"的意见》，按不低于妇女人均 1 元钱标准划拨的工作经费重点向基层倾斜，村（社区）妇联工作经费纳入村级组织运转经费统筹解决，资金、资源、项目全力向基层倾斜。重庆市科协整合安排 1000 万元资金支持市级科技社团和区县科协工作，16 个区县人均科普经费翻了一番，并设立重庆市科协创业种子投资引导基金 1000 万元，打造科技新星培育工程，科协基础保障能力全面提升。[④]

相较而言，非改革试点地区的群团组织的存量改革效果因地域不同而存

---

① 笔者与上海市虹口区妇联、J 街道妇联和相关社会组织的座谈，地点：J 街道第一市民驿站，时间：2019 年 3 月 13 日。

② 上海市虹口区 J 街道妇联座谈，地点：J 街道第一市民驿站，时间：2019 年 3 月 13 日。

③ 重庆市妇联线上座谈会，时间：2021 年 8 月 19 日。

④ 重庆市科协线上座谈，时间：2021 年 8 月 19 日。

在较大差异性,虽然从总体上看,资源下沉并不明显,但群团改革的大势和群团系统内在的改革要求,使各群团组织盘点和优化使用既有的基层资源,如不少地方的工会系统将之前用作场地出租的工人文化宫收回并辟为群众活动场所。

二是以社会服务和社区融入激活基层既有实体公共空间。群团组织资源下沉到基层,即人员、经费和项目管理均向区县、乡镇(街道)汇集,在一定程度上改变了群团基层组织活动缺人缺钱的现实,从而使群团组织有能力在基层治理中整合党政和社会资源,有针对性地回应所联系群众的需求,提供服务,同时激活既有社区空间。例如,上海的市民驿站在向社区居民提供的各种服务中,均有群团组织参与其中。虹口区妇联以市民驿站为点把全区划为社会服务 4 个片区,2019 年把一半经费围绕家庭教育用于购买第三方服务,一半给居委会妇联设立了专门主题,用以配合创全国文明城区和垃圾分类,同时在社区层面开展志愿者活动,依托各方资源为社区居民提供服务。某街道妇联主席说:"31 个执委就是 31 个方面的资源,她们分别在居委会中担任执委,有利于了解居委会情况。先通过居委会层面,慢慢发现老百姓需求,有个判断,再到街道妇联对接,专业性强的我找社会组织对接,还有区妇联的服务配送项目,如律师下社区妇女维权。还有问题儿童项目,去年认领了 2 个,两个家庭都很满意。"①上海市团委为各街镇配备 1—2 名青少年事务社会工作者,1—2 名负责团青工作的群团社区工作者,以及 15—20 名志愿者,把居(村)党支部书记聘为"青年工作指导员",并制定《上海共青团"向社区走"五年行动计划》,推进"双报到、双结对"制度,推动驻区团组织、团员团干部参与街镇、社区共建,以"青年议事会""青年志愿者""青年平安守护者"队伍等为载体,广泛开展"青春社区行动";以助老帮困、儿童看护和权益保护、青年交友和家庭建设支持等为载体,广泛开展"青春温暖行动",引导更多青少年参与社区建设。

---

① 上海市虹口区妇联座谈,地点:该区某市民驿站,时间:2019 年 3 月 13 日。

无论是把社会服务放在市民驿站公共空间，还是推进青年融入社区建设，都实现了对社会资源的撬动，既使居民需求得到了近距离满足，又激活了既有社区公共空间的使用，在服务和参与中密切了群团与社区居民群众的联系。

重庆市总工会指导区县总工会创新参与基层社会治理方式，通过网格长兼任工会小组长等方式，把工会工作融入到社区网格化管理体系之中，实现工会服务在工作地、居住地和网络空间的三重覆盖。各级职工（群团）服务中心（站点、窗口）适应职工群众作息时间需求，普遍推行错时上下班、周末值班、职工预约和上门服务制度。同时，重庆市总工会注资 500 万元成立重庆市温暖基金会，依托中国职工保险互助会建立职工互助保障平台，利用超市、医院、学校等社会资源拓展爱心网点，采取工会专项资金、财政配套和社会募集相结合方式，加大临时性救助、项目化帮扶、互济性活动的力度，经常化精准化做好"雪中送炭"工作。重庆市团市委联合市文明办、市财政局、市教委、市妇联、市科协等 22 家市级部门成立了重庆市青少年校外教育工作联席会议（简称"市校外联"），办公室设在重庆市团委，把各区县青少年宫作为校外教育公益活动常态化的场所，并于 2018 年 4 月把校外教育触角延伸到街道、乡镇，以社区微型少年宫打通校外教育"最后一公里"，在满足青少年校外教育需求的同时，实现对青少年的政治引领和价值引领。

激活基层既有实体公共空间还包括群团组织把自己的传统阵地回归服务所联系群众根本的举措。例如，各地工会基本上都有工人文化宫（俱乐部）、工人疗休养院等基础设施作为职工文化活动和维护身心健康的公共空间，但在现实中，各地工人文化宫、俱乐部以及工人疗休养院等都不同程度地存在出租、承包、委托经营等营利行为，以至于在一些地方一度失去职工活动的场所①，这在一定程度上等同于放弃了职工活动的基层阵地。群团改革后，针对

---

① 全国总工会 2008 年向全国推广贴近基层贴近职工的职工书屋建设时，就要求各地工会发挥现有的职工之家、文化宫、俱乐部图书馆（室）、阅览室的阵地作用。但一些地方的工人文化宫、俱乐部长期被出租、承包出去，以至于有的地方工会专门再花资金租场地建职工书屋。

这种情况,全国总工会于 2016 年 9 月 18 日、19 日印发了《中华全国总工会关于加强和规范工人文化宫管理的意见(试行)》和《中华全国总工会关于加强和规范工人疗休养院管理的意见(试行)》,加强阵地管理和资产管理。以工人文化宫管理为例,在资产管理上,要求"各级工会要用 1 年时间集中清理工人文化宫的出租、承包行为,把工人文化宫从依靠出租、承包为主获取经营收益,转变到向为工会、职工和社会提供文化服务为主获取效益上来",并要求工人文化宫一律不得新签出租、承包合同,已经整体对外出租、承包的,必须限期收回,且在清理完成前,对外不得悬挂"工人文化宫"的牌子。对一些名存实亡的工人文化宫予以清理,要求"各级工会要用 1 年时间集中开展对虽有事业单位的机构和编制,但无场地无人员无活动的工人文化宫的清理工作,逐步激活该类工人文化宫,恢复其服务职工的功能"。在加强资产管理的同时,全国总工会要求工人文化宫坚持公益性发展方向,纳入当地公共文化服务体系,做优做强文化服务主业,加强阵地管理,增强阵地服务功能。这两个文件为各地工会把工人文化宫和工人疗休养院收回工会、真正用于服务职工和工会事业发展提供了依据。重庆市总工会 2016 年 9 月 21 日印发了《进一步推进直属事业单位回归公益改革总体方案》,提出"当前和今后一个时期,我市工会事业单位公益化改革的重点领域是职工文化教育体育服务事业、职工疗休养事业两大服务领域,关键是管好办好工人文化宫(俱乐部)、职工疗养院和职工对外交流中心,充分发挥服务职工群众的职能"。此后,重庆市工会系统就以文化宫为基层阵地,依托职工兴趣协会、爱好者群众组织、基层企事业单位职工文化活动骨干,扩大文体活动服务队伍,根据职工群众需求开展各类服务职工活动,通过文艺小分队、电影大篷车、技艺示范、骨干培训、健康义诊、心理疏导、健康讲座等方式,把公益活动的触角延伸到基层职工的身边。当然,现实中也有一些地方工会在这方面存在着困难,如河南省 R 市 B 区总工会主席说:"阵地丢失多。职工学校 1985 年成立的,组教科专抓,以前是租赁出去当经费用了。文化宫只剩下一栋楼,成了经营场所,院子老化、门窗老化,上面说让收，下面有难度。没法开展活动，有活动才有活力啊。"①

综上，资源下沉为群团提供了扎根基层的有力保障，使群团组织能够在基层开展联系群众、服务群众的具体实践。一方面，扰动了基层城乡社区中多种主体之间的既有格局，凸显了群团组织的存在；另一方面，增强了市民驿站、党群服务站、工人文化宫、科技馆、青少年宫以及社区文化活动中心等既有实体空间促进居民交往的公共性，使群团组织与其他基层治理主体合力再造地方公共生活成为现实。群团组织以社会服务和社区融入加大基层实体公共空间使用频率，在回应社区居民需求和吸引群众参与活动的过程中，给基层治理带来了活力，也大大提高了群团组织的知晓度，为群团组织开展联系群众、服务群众的具体活动打下了社会认知基础。

（三）完善机关干部下基层机制

在组织层面把群团机关"倒金字塔"结构正过来的同时，群团组织在行为层面推出了促使群团机关干部眼睛向下、深入基层的行动机制，以改变群团组织活动方式自我循环、封闭运行的"机关化"现象，以"立足职能定位，立足所联系的群众，寻找工作结合点和着力点，推动群团组织职能与时俱进"②。群团组织机关干部下基层，一般是纳入机关干部队伍建设和转变作风当中，即要求群团机关干部去"机关化、行政化"，密切同所联系群众的关系，而不是单纯站在纯服务纯业务角度来推动群团组织的日常工作。

以妇联系统为例，2020 年 5 月，全国妇联印发了《关于深化妇联组织建设改革 实施"破难行动"的意见》，所列的四项"破难"主要任务之一就是持续推动妇联组织作风建设"破难"。为此，该意见提出，健全完善调查研究机制，落实"下基层、访妇情、办实事""基层妇女群众需求调研"等机制，并健全妇联机

---

① 河南省 R 市 B 区总工会主席访谈，地点：B 区总工会会议室，时间：2019 年 8 月 2 日。

② 中共中央党史和文献研究院编：《习近平关于妇女儿童和妇联工作论述摘编》，中央文献出版社 2023 年版，第 30 页。

关于干部联系基层妇女群众的制度机制,深入了解妇女群众所需所急所盼,把察实情、出实招、办实事、求实效贯穿于全过程,切实把调研成果转化为引领服务联系妇女群众的具体行动。同是在 2020 年 5 月,全国妇联党组研究制定《全国妇联机关干部密切联系妇女群众工作制度(试行)》,进一步完善机关干部双月下基层工作周、到居住地社区妇联报到、直接联系妇女群众等制度,努力实现服务妇女在基层、工作落实在基层、本领提高在基层、作风转变在基层。各地也进一步探索创新直接联系妇女群众的具体举措。上海和重庆作为群团改革试点地区,两地各级妇联都建立了机关干部直接联系妇女群众、常态化下基层、妇女需求调研、建立基层联系点等各类制度,为其他地区的妇联机关干部下基层提供了经验借鉴。吉林省妇联采取"牵手结对包保"方式,省妇联每名党员干部牵手结对 3 户贫困户,组织乡镇以上妇联干部包保 1191 个村(社区),与留守妇女、单亲贫困母亲等 1.3 万名困难妇女结成牵手对子,帮助她们解决生产生活中的困难。①

其他群团组织也都在加强机关干部队伍建设和作风建设方面采取了机关干部下基层的各种举措。例如,重庆市总工会为破解工会"四化"等脱离职工群众的突出问题,深化工会干部在基层蹲点活动,于 2016 年修订了《工会干部直接联系职工群众的实施意见》,完善工会机关干部联系基层和职工制度,普遍建立工作联系点制度,要求市和区县总工会的机关干部要推行"四个一"的联系结对活动,即联系 1 个非公经济组织工会、1 名一线职工、1 名农民工、帮扶 1 名建档困难职工,每年深入联系点不少于 2 次。重庆市科协针对基层科协普遍"四缺",即缺人员、缺资源、缺手段、缺阵地问题,提出的措施之一就是完善机关干部联系服务基层科协组织、科技工作者和定点联系学会制度,用领导班子"蹲一地带一片",转作风促落实,加强科协干部与基层科技工作者的联系。重庆市九龙坡区总工会探索建立了直接联系服务科技工作者制度,由

---

① 中华全国妇女联合会编:《中国共产党领导妇女运动百年》,中国妇女出版社 2023 年版,第 490 页。

区、镇街科协主席、副主席、常委、委员、秘书长根据职级，直接联系科技工作者1—3 人，但当地总工会负责人也坦言，在实践中还"较为松散，实际作用有待加强"①。

综上，群团组织从群众需求调研、资源下沉、领导下基层三个方面加大了存量改革。这既是群团改革的规定动作，也是对群团组织传统优势在新时代的继承性发扬，从供给侧对面向群众提供服务的既有资源和做法进行了优化改革。当然，这些存量改革并不是与增量改革相割裂的，而是对以创新性拓展为特点的增量改革起到支持作用。

第二节　增量创新：在创造公共空间中拓展服务

群团组织的增量改革体现在功能实现方式的创新上。如前所述，群团组织作为国家治理体系的一个子系统，其总体功能是党和政府联系人民群众的桥梁和纽带，各群团组织具体的功能尽管因侧重点和联系群体不同而各有侧重，但总体上，桥梁和纽带功能的达成又由凝聚、引领和服务这三个具体功能来表现，而无论是凝聚、引领，还是本章侧重的服务功能，都要基于三个基本要素：一是服务对象，即群团所联系群众/会员；二是服务场所，包括实体空间和互联网空间；三是服务方式，包括直接服务和间接服务。就群团组织服务功能的实现来说，群团组织的增量改革主要是对服务对象再界定，创造和拓展服务场所，创新服务方式。其中，对服务对象的再界定，与上一章群团基层组织网络增量拓展以扩大基层组织覆盖面是紧密联系的。之所以扩大基层组织覆盖面，就是因为经济社会的发展催生了新领域新职业新就业样态，群团组织自身既有的组织网络脱域、脱嵌于所联系群众和本应成为群团会员的群众了。所以，群团改革以推动群团基层组织扩大覆盖面本身就是对群团所联系群众/会

---

① 重庆市科协线上调研，时间：2021 年 8 月 19 日。

员的再界定。因此,这里所要分析的群团服务行为增量创新着重于群团服务所联系群众/会员的场所和方式上。

一是嵌入基层治理协力创造公共空间。群团改革使群团组织更加重视基层,群团组织治理重心向区县、乡镇(街道)和基层社会的下移,资源配置向基层的倾斜,一方面使群团组织在区县、乡镇(街道)和城乡社区的公共服务布局中更加主动地向所联系群众提供服务,成为连接公共服务供给和居民群众需求的重要主体;另一方面也使群团组织之间携手共建,加强了与群众自治组织村(居)委会的合作关系,由此创造出新的实体公共空间。

从各地特别是上海和重庆群团的实践看,群团组织创建新的公共空间有两种形式:一种是与区县、乡镇(街道)联建,面向所联系群众提供综合服务。例如重庆市总工会 2016 年牵头联合团市委、市妇联出台《关于协同推进"四个联手"工作的意见》,打破了相对封闭、自我循环的运行机制,联手依托党群服务中心建设区域性群团服务站,联手进驻乡镇(街道)公共服务中心、村(社区)便民服务中心开展群团服务项目;在工业园区、楼宇、商圈、专业市场、孵化园、重大工程项目等职工聚集的区域,建立了由工会牵头的群团服务站,这些群团服务站直接面向职工、青少年、妇女儿童等提供服务;同时,工青妇三家还联手打造了维护职工、青少年和妇女儿童权益的法律援助等品牌活动,开展如"八月工匠杯"等青年职业技能大赛等专项活动。当年度,重庆市总工会打造了 14 个群团服务站市级示范点,区县总工会牵头打造了 160 个群团服务站,建成区县职工服务中心 40 个、7000 多个帮扶站点,尤其是拓展了区县职工服务中心的功能,打造职工来访接待、就业创业技能培训、困难帮扶、法律援助、互助保障、综合服务六位一体的服务平台。"做实和扩大我们职工帮扶的服务站点,延伸了我们区县服务中心的触角和服务群众的空间。比如我们围绕保障和改善户外劳动者和新就业形态劳动者的生产生活条件,在解决他们的饮水就餐如厕和休息方面的问题,建了很多的户外劳动者驿站。截至 2021年 4 月,全市共建工会户外劳动者服务站点 1090 个,累计投入的资金 2141 万元,覆盖了户外劳动者 130 多万人。"①重庆市开州区总工会牵头开展"服务农民工·携手促发展"工作品牌,提供农民工入会、就业创业培训、困难帮扶、维权维稳、文体生活等服务项目。另一种是与企业和社会组织共建。重庆市总工会牵头建立重庆市职工服务类社会组织联席会议制度,首批吸收行业协会、社会服务机构等 29 家成员单位。铜梁区东城街道成立社会组织联合会,立足于承接各类公益性和非公益性的社会活动,吸纳辖区登记注册的 10 多家社会组织,形成面向职工服务的专业集群;秀山县确定每季度第二月第一日(或第一个星期上班日)为"职工权益保障服务日",定期深入物流园区、工业园区、火车站等职工集聚的地方开展上门维权服务和政策咨询。这种与企业和社会组织的共建所形成的公共空间相较而言更具有灵活性,利用的是园区、企业、社会组织本身所具有的群聚特性,群团组织主动融入其中,通过形成机制性公共空间来联系和服务群众。同时,这种群团之间的联手,在突出各自基本职责、坚守主阵地的基础上,联合各方面的资源,不仅共建共享多样化的公共空间,而且节约了联合开展活动的成本,取得的是综合性的社会效益。

上海市团委成立了基层工作部推动区域化团建,以解决城乡社区团建短板问题。"群团改革以来,不仅是街镇和居村在做,条里的团组织也在做,区域化团建越来越融合。居民区里'三驾马车'矛盾很突出,共青团要发挥作用,在难题上有突破。我们就开展以团员身份进业委会,一开始项目名称是'团青骨干进业委会','进'的表述太硬,就改为'参与',从方法来论,区房办掌握基本盘,如多少存量,我们摸底子,之前也对青年业主做了微调研,他们也很务实目标也很单纯,想保证房屋保值增值。我们把信得过的团青骨干摸排出来,说清楚动员他们发挥作用。业委会中年纪大的太多,对信息网络玩不转,需要年轻人,团青骨干可以做业委会特邀委员或志愿者,让业主和居民对他们有所认识。等到业委会选举的时候,推动相对顺利。"②上海市宝山区团

---

① 重庆市总工会线上调研,时间:2021 年 8 月 19 日。
② 上海团市委调研座谈,地点:上海团市委会议室,时间:2018 年 8 月 14 日。

委动员 6200 名团员在社区亮明身份做志愿者,积极加入业委会、在解决诸如公共场地老人跳广场舞与幼儿玩耍等问题的过程中,加深了邻里间的了解、理解,既缓解了社区居委会、业委会、物业公司"三驾马车"矛盾,也通过社区居民和团员的身份叠加实现了邻里和谐。不仅如此,资源下沉还为区县和乡镇(街道)提供了资源整合和群团之间以及群团与社会组织合作等诸多选择,拓展出新的实体公共空间。例如,上海市团委与静安区白领驿家两新组织促进中心合作,运用做楼宇党建的良好基础和工作优势,坚持需求导向,打造出符合青年人需求的公共空间,探索出在社会领域广泛凝聚青年群体的新方法,有效吸引了非公有制经济组织和新就业样态的从业者,将"原子化"的白领有效地"再组织化"。

群团组织运用下沉资源嵌入基层治理当中,主动织密了与群众自治组织和社会组织的联系,围绕居民需求形成了经常性互动,不仅从人员和专业服务上增强了群团组织在基层满足群众需求的针对性,而且进一步拓展了基层社会横向组织的强度,进一步增强了群团组织、社会组织、人民群众之间日常交往的频度,在日常交往、需求诉说、服务供给中,基层社会的资源整合、服务专业化配置水平不断提高,社区层面的社会信任度也不断提高。以服务的专业性为例,群团组织通过加强与社会组织的联系,对社会组织服务的专业性从了解到理解再到认可,进而形成紧密的合作关系。广东省 S 市 F 区常住人口约156 万人,实际管理人口约 220 万人,而区妇联编制只有 7 人,F 区某街道妇联主席直接表示:"需要社会组织的参与,他们创新和实践经验比我们多,专业性强。家暴和妇儿工作和上面交办的任务我们可以做。"①因此,群团组织以体制、经费优势与社会组织的人员和专业优势结合,围绕群众需求形成联动机制,已经成为群团组织服务基层群众的重要选项。上海市虹口区妇联经过调研发现,居民们在育儿方面关注亲子阅读,这与妇联加大家庭教育服务力度形

---

① 广东省 S 市 F 区妇联座谈会,地点:S 市 F 区妇联会议室,时间:2020 年 8 月 28 日下午。

成了衔接，社会组织萤火虫亲子悦读馆（简称"萤火虫"）则致力于亲子阅读推广，而嘉兴街道市民驿站的目标是解决"一老一小"问题。于是，区妇联出经费，嘉兴街道出市民驿站场地，萤火虫依托志愿者提供服务，三家合力推出了"阅读越精彩"社区共创项目，落户在市民驿站。萤火虫的负责人说："政府给硬件，我们依托志愿者来运作，60 位志愿者中 20 多位志愿者来自嘉兴街道。"①曾经在区妇联工作过的嘉兴街道副书记说："我知道群团的发力点在哪里……先让社区报服务群众的需求，报名火热。周一到周日 7 天都开放，读书会场场爆满。覆盖 2—8 岁，教会家长读绘本，孩子读绘本，大孩子给小孩子读绘本。"②这种项目制做法受到居民群众的热烈欢迎，区妇联、街道、社会组织之间的配合也非常顺畅。2019 年开始，上海市妇联通过购买服务方式推出 0—3 岁亲子阅读启蒙项目，2021 年，嘉兴路街道萤火虫亲子悦读馆每周的亲子读书会成为上海市妇联公布的 50 个"上海市亲子阅读指导示范点"之一。

　　工青妇、科协、计划生育协会等群团组织在改革中，都努力通过体制和政策工具，主动将自身嵌入到乡镇街道和城乡社区当中，群团组织的体制性优势在基层治理中日益显现。尽管在大部分乡镇街道和城乡社区中，最终承担相关群团工作的是同一个综合岗位，但群团组织要素的嵌入本身就意味着群团工作在基层的落实，在客观上也使群团在基层治理中的主体地位不至于被忽略，甚至增强了群团组织基层资源整合能力。同时，工青妇等群团组织在扩大基层组织覆盖面以夯实群众性的改革驱动下，凭借既有体制优势将群团组织要素嵌入到村（居）委会当中，又在基层政权和群众自治组织之间强化了结构性连接，通过面向群众日常需求的具体服务项目，群团组织更加紧密地配合党和政府政策，增强了回应群众需求的活性。因此，资源下沉和要素嵌入使群团组织在基层与各方力量协力创造出利于群众交往和需求满足的公共空间，形成了对地方公共生活进行再造，群团组织由此织密了与群众自治组织和社会

---

① 上海市虹口区妇联调研，地点：嘉兴街道第一市民驿站，时间：2019 年 3 月 13 日。

② 上海市虹口区妇联调研，地点：嘉兴街道第一市民驿站，时间：2019 年 3 月 13 日。

组织的联系,刺激了社会横向自组织的进一步活跃,增强了基层治理结构的韧性,群团的群众性也得到呈现和进一步增强。

二是以购买服务和志愿服务等方式延长服务手臂。如前所述,人员和资源下沉保障了群团组织在基层治理中贴近群众发挥服务功能,但要做好面向群众的日常性联系和服务,下沉的人员数量毕竟是有限的,下沉的资源也需要在供给—需求方式上进行合理配置,才能够切实有效地发挥群团组织联系群众、服务群众的功能。在调研了所联系群众的需求后,如何提供相应的服务供给,是群团组织选择以有限人员和资源优化配置满足群众需求的一个现实问题。对此,群团组织主要是运用自身力量、购买服务和组织志愿服务三种方式来解决。其中,购买服务是群团组织延长专业化服务手臂的主要选择。正如上海市虹口区妇联一位负责人所言:"购买社会组织服务,专业的人做专业的事。我们做四不像,社会组织做,有专业性系统性。我们就市妇联区妇联布置的任务都完不成。"①但是,对于购买服务,群团组织和基层乡镇(街道)也是在实践和困惑、摸索中不断探索的。如上海市虹口区在街道层面统筹群团服务项目在社区的落地,在调研居民需求基础上,对接社会组织在社区层面提供相应服务,一位曾做过妇联工作的街道负责人提出:"困惑之一就是需求有点分散,百姓百条心,如有爱好编织的,有喜欢拼布的,还有喜欢书法的。一定是个过程,一定要有前期积累,到我的任上实现。一开始是尝试,突发性巧合性遇上了,就引入社会组织。有个项目是根据需求开展了活动,花了 1000 多元,不受欢迎,我们就撤了。"②重庆市总工会在职工权益维护方面提升"法律援助"专业化水平,在依托职工(群团)服务中心(站点)设立窗口提供法律咨询服务的同时,2016 年 10 月启动开展"千名律师进企业·服务职工在基层"活动,通过购买市律师协会专业化服务等方式,首批签订服务律师 389 名,参加活动的每位律师每年可获得 1 万元工作补贴,原则上每人进驻联系 1 个乡镇

---

① 上海市虹口区妇联调研,地点:嘉兴街道第一市民驿站,时间:2019 年 3 月 13 日。
② 上海市虹口区妇联调研,地点:嘉兴街道第一市民驿站,时间:2019 年 3 月 13 日。

(街道)、10 户企业,为所联系乡镇(街道)、企业工会及职工(农民工)提供劳动法律知识普及、法律咨询、协助规范用工行为、及时调处矛盾纠纷、法律援助等 5 项服务,并确保每年服务职工人次在 1000 人以上。①

　　各地的群团组织在通过购买服务提高服务专业化水平的同时,也加强基层村(居)志愿服务队的建设,更为灵活地开展工作。例如,各地妇联基层往往都有巾帼志愿服务队,村(居)"会改联"之后,执委往往也都成为妇联基层组织的志愿者。重庆市荣昌区妇联依托"阿度姐姐心理志愿服务队"对未成年受害人开展心理讲座、团队辅导,提供"一对一"现场咨询、电话咨询、网络咨询及心理体检等服务,被誉为点亮未成年人的"心灯"。上海市浦东区某街道分管科普的负责人直言:"统筹资源发挥作用是街镇层面最重要的环节,单靠街道面上力量做不了,特别是群众科普。真正的主体是居民,达人在民间。街道层面就要整合资源,兼顾脑子、票子、面子,凝聚广大志愿者参与。街道科协做实为议事平台、资源调配平台、风险分担平台、志愿者平台,在这些平台上发布科普进校园等活动,志愿服务和供求对接,还有发散性作用。社区志愿者现在从 68 人增加到 96 人,志愿者管理也要有制度,需要资金和政策保障。很多科普活动都伸到各条线日常工作中,如妇联的关爱儿童,团的青少年心理辅导,老龄协会的防跌倒等,理念上打通了之后处处有科普,我们梳理各条线,统筹,一起来做。"②

　　购买社会组织服务和组织志愿服务,一方面使群团组织不再仅局限于人员编制和财政资金约束,将组织触角切实向社会基层延伸,撬动社会资源,以多样化服务项目拓展存在感和影响力;另一方面使群团组织与社会组织形成了群众需求导向的横向连接,甚至在一定程度上催生了社区服务类社会组织的发展,进而丰富了社会的横向自组织,在客观上增加了基层治理的社会活跃度。但需要注意的是,群团组织尽管通过购买服务和志愿服务等方式延长了

① 重庆市总工会线上调研,时间:2021 年 8 月 19 日。
② 上海市浦东区 P 街道 J 社区调研,地点:J 社区(科普示范园),时间:2019 年 3 月 12 日。

服务手臂,对基层群众起到了吸引作用,但各群团组织面向群众所提供的服务呈现对象边界模糊化、参与开放化、行动场景化体验化的特点。当然,这也与群团组织首先需要以服务来增强基层社会知晓度进而凸显在基层治理中的主体地位有关,至于群团组织面向特定群体提供差异化服务以增强在基层社会的辨析度,则是各群团在知晓度到达一定的饱和度之后再进一步通过改革和建设才会考虑的事情。从既有实践看,八年多的改革使群团组织已经嵌入到基层治理中,群团组织在工作方式上已经逐渐习惯于和社会各方协力创新和创造公共空间,并逐渐通过直接提供服务、购买服务和组织志愿服务等方式的优化组合形成了面向群众的服务供给。由此,在乡镇(街道)、城乡社区中增强了群团组织与群众之间的联系,使群团组织融入到人民群众日常生活的烟火气中,增强了群团组织的社会属性。

三是以数字群团建设打造立体化服务。《中共中央关于加强和改进党的群团工作的意见》明确指出,群团组织要提高网上群众工作水平,"打造网上网下相互促进、有机融合的群团工作新格局"。2015年中央党的群团工作会议召开时,我国网民数量已超过6.68亿[①],其中,10—60岁年龄段网民占95.7%,这意味着群团组织应覆盖人群互联网普及率相当高,也意味着群团组织必须学网、懂网,善于运用互联网开展工作。上网人群,特别是90后、00后等互联网时代"原住民"的思维方式、语言表达、社交呈现手段、服务获取渠道等,都已经发生了很大的改变。正因为"信息技术创新日新月异,数字化、网络化、智能化深入发展,在推动经济社会发展、促进国家治理体系和治理能力现代化、满足人民日益增长的美好生活需要方面发挥着越来越重要的作用"[②],无论从群团组织工作的全面信息化来看,还是从互联网时代建立健全联系群众的长效机制来看,或是从使群团组织成为群众服务产品供应主渠道

---

① 中国互联网信息中心:《第36次中国互联网络发展状况统计报告》,http://www.cnnic.net.cn/NMediaFile/old_attach/P020150723549500667087.pdf,最后检索日期:2023年1月28日。

② 《习近平致首届数字中国建设峰会的贺信》,《人民日报》2018年4月23日。

之一的角度看,数字群团都是群团组织必须加强和拓展的重点领域,自然也成为群团组织增量改革的新领域。

全国总工会、团中央、全国妇联、中国科协等群团组织均在群团改革中努力打造数字群团。全国总工会在改革中成立了网络工作部,提出"互联网+"工会建设,实现服务对象全覆盖,服务时间全天候。2017 年初,《全国工会网上工作纲要(2017—2020 年)》发布实施,提出了"一体推进、两个覆盖、三网并用、四大建设、十类应用"的建设方案。其中,"一体推进",旨在以职工群众为本,以服务会员为核心,提升职工会员的获得感。与之相应,"两个覆盖"就是网上服务对象覆盖最广大的基层职工群众,网上工作覆盖最基层的工会组织。"十类应用"均围绕工会会员和基层工会组织展开。例如,"权益维护类应用"包括建设完善困难职工帮扶管理系统、农民工服务系统、职工法律服务系统(法联网)、劳动保护应用系统、职工意见征求系统、集体协商工作服务系统、女职工服务系统和对口援疆援藏工作服务系统;"普惠服务类应用"包括建设职工网上技能培训系统、工会互助保险综合服务系统、网上职工就业服务系统、职工心理关怀服务系统。在全总的指导下,所有省级工会和大部分市级工会都已制定了具有本地区特色的网上工作规划,并通过优化资源配置,逐步形成各自的品牌特色。例如,北京市总工会"12351"App 到 2018 年 8 月已搭载服务项目 7300 多项,有 80 万工会会员注册使用。上海市总工会以"身边的工会、温馨的家园"为理念来打造网上工会,坚持问计于网、业务上网、维权到网、服务在网,形成了市总工会官方微博、微信、App 和全市工会系统的微博、微信、App 的"3+150"官微矩阵。其中,上海市总工会开发的"申工通"App 从市总工会到区、街镇、企业四级贯通,所有工会干部均可在"申工通"App 完成工会业务操作;"申工社"官方微信公众号和 App 致力于为职工提供全方位服务①,其

---

① 2014 年 9 月"申工社"官方微信公众平台上线。2015 年开始,关注人数大幅上升,截至 2016 年底已有 27 万人关注,累计发布图文 1800 多条,总阅读量近 800 万;2016 年 4 月,"申工社"App 正式上线,截至 2016 年底 App 下载量达 17 万人,栏目总点击数达 1250 万次。

中的会员卡服务"一次登录,下次活动自动比对。'申工社'微信号活跃,已经有113.6万粉丝,每天发布频率一日三次,现在总计推文3059条。个人入会个人参保个人办卡,疫情以来推送'10万+'的就有60多条,瞬间上升。在全总系统中,上海是老大地位,在上海市几百号政务,我们一直是前10位"。①2021年11月,上海市总工会发布了《上海工会电子会员证管理办法(试行)》,涵盖制发管理、应用服务等内容,起到了基础信息统计和统筹服务的作用。2022年2月,"工会服务"主题正式入驻上海一网通办移动端超级应用"随申办"首页,职工通过"随申办"App或支付宝、微信端的小程序,可以进入"工会服务"主页,领取电子会员证,便捷体验工会服务、工会头条、工会福利等几十项会员专属服务,让数据多跑路,让职工少跑腿。截至2023年初,"随申办·工会服务"各项功能累计服务近103万人次,9轮福利惠及职工62万人次。② 此外,上海市总工会还在B站、抖音上均有账号,形成立体化宣传服务。

共青团系统在数字群团方面做得更为灵活。目前,广东团省委、上海团市委、重庆团市委的微信公众号影响力比较大,如上海团市委成立了青春上海媒体中心,通过微信公众号"青春上海"打造电子团员证组织覆盖和服务覆盖,其中内嵌"青春上海Act+"O2O网络服务平台,坚持以打造"触手可及的共青团"为目标,以"全年无休服务团员青年"为宗旨,以"找活动、找福利、找组织"为核心,把共青团、青年、社会资源连接在一个彼此"触手可及"的网络里,将共青团的服务带到青年身边。"我们是上海的政务微信冠军,Act+是想实现青年活动大众点评,与服务和文化等机构、企业谈,提供服务资源互换。"到2018年8月,"青春上海Act+"注册用户已经超过93万人。③ 目前,"青春上

① 上海市总工会调研,地点:上海市总工会会议室,时间:2020年7月28日。
② 《职工"码"上入会,工会一"网"情深——上海工会扫码入会及"随申办·工会服务"工作回顾》,《劳动报》2023年4月24日。
③ 上海市团委调研座谈,地点:上海市团委会议室,时间:2018年8月14日。

海 Act+"活动类型包括体验促销、派对娱乐、旅游户外、IT 互联网、主题活动、创新创业、职业培训、青春益友、文艺手工、会议展览、公益慈善、运动健康、亲子幼教等栏目,基本覆盖青年群体的活动和服务需求。"青春上海"还通过微博和澎湃、今日头条、网易、B 站、抖音等平台账号以青年喜闻乐见、乐于接受的形式发声,整合粉丝黏性。重庆团市委成立了社会化运作的青少年新媒体中心,整合优化 400 余家团属新媒体平台,打造重庆团属新媒体矩阵,原创推出重庆共青团 IP 形象小火锅与小红梅,加强"品牌化"推广,线上线下活动相结合,在趣味活动中增强思想共享性,提升青少年思想引领吸引力。

尽管各群团组织在通过数字群团建设加强对所联系群众服务方面作出了较有成效的探索,服务更具精准化,也更能够灵活调整服务供给侧重点,服务的内容和方式也逐渐由以往粗放式的"撒胡椒面"转向精准化、个性化,但也面临着大数据分析和用户细分竞争等方面的挑战。如上海市团委在运维"青春上海"的过程中就遇到这种问题:"已经发放电子团员证 120 万,团员总量也就 170 万的样子,但数据是否准确不好说。最大的问题是缺钱,我们所面临的竞争,是跟社会上的新媒体账号竞争,希望通过大数据对青年现状做分析,通过用户细分,用精准分析去吸引团青。但不可能找商业机构去做。成本太高。"①从总体上看,数字群团建设的客观结果之一,是在无边界的互联网上开辟出一个个交往、交流、交友的数字空间和大小不一的集体行动节点,在当前各种"养成系"、商业性群体区隔交织的互联网空间中,以公益方式努力增强群团的社会属性,为人民群众在相关服务领域提供更多的选择,在一定程度上黏合了党政部门和社会各方力量,使基层治理本身在社会自有的开放性基础上汇集起基于社会交往需求的协同力量。

---

① 上海市团委调研座谈,地点:上海市团委会议室,时间:2018 年 8 月 14 日。

第三节　群团组织服务行为重塑的机制

如果说群团组织结构改革的基层导向为群团组织在资源下沉中面向基层提供服务积累了势能,那么,群团组织通过存量改革和增量改革为群众提供各种服务则是把势能转化为动能,以此不仅凸显群团组织在国家治理特别是基层治理中的主体地位,而且通过搅动社会服务的群分化供给和普惠化供给增强群团组织与群众之间的联系,而无论是以提升组织存在感为事实的主体地位的凸显,还是服务从内容、形式和供给方式方面的探索,都是群团组织不断加强与群众联系的努力,并以此为发挥群团组织的桥梁纽带作用夯实社会基础。在这个意义上,群团组织重塑服务行为的实践,目的就是增强群众性。

（一）以服务巩固和拓展连接

通过八年多来的改革探索,群团组织在功能驱动组织结构加强基层基础的同时,选取加强服务作为增强群众性的行为突破口,是对群团组织自身行为逻辑的一种重塑,也是对群团组织社会基础的维护。正如上海市妇联主席所言:"做工作要先服务。实际工作中,先凸显群众性,做好服务,让大家感受到温暖和价值,才能真的听党话跟党走。"①群团组织对社会基础的维护和服务行为重塑主要分为两步。第一步是以存量改革来调整群团组织内部行为步调,为加强与群众的联系做好调研基础、资源准备,同时也是通过调研和下基层等行为来宣示组织的存在;第二步是以增量改革进行群众的需求—供给对接,作为国家治理主体之一来开展服务行动。

一是以服务准备来确认和巩固基层连接。群团行为重塑的第一步,即存量改革,就是为群团组织面向群众特别是在基层面向群众直接提供服务做准

① 上海市妇联调研访谈,地点:上海市妇联会议室,时间:2019 年 3 月 13 日。

备。无论是调查研究，还是资源下沉和机关干部下基层，实际上，针对的都是群团组织直接联系和服务职工群众的工作制度不完善，活动方式自我循环、封闭运行，偏离群众需求以及群团组织机关干部服务意识和服务能力不足等问题。这些问题是群团组织功能发挥的制约因素，而且是显性化的制约因素。新时代以来，社会结构的深刻变化、人口的快速流动、新职业新就业形态的变化以及代际更替，使群团组织应当联系的群众/会员的构成本身发生变化，群众/会员的总体需求、分层需求、分域需求、时段需求等都处于较快的变化当中，只有对所联系群众/会员的需求有较为全面的掌握，才能够围绕群团组织的宗旨及时调整资源配置、服务内容和服务方式。因此，各群团组织在服务行为上都首先开展大调研，而大调研本身既是群团组织摸索和确定所联系群众/会员（潜在）的方式，也是群团组织为群众/会员提供服务的基本依据。有了基本依据之后，下沉了的资源才能够在总量分配和分配方式上与群众/会员的需求进行匹配。群团机关干部下基层恰恰能够使群团组织在确定资源分配方式、服务内容和服务方式上有更为直接、直观的认知，从而在服务项目的确定以及融入基层、融入社区面向所联系群众提供服务时打开既有实体空间，直接发挥群团干部队伍的主观能动性，由此使群团组织特别是群团的基层组织成为联系群众的基础节点，并把群团组织的基础节点嵌入到基层治理当中，形成群团组织与基层社会的连接，凸显群团组织在基层政权和基层社会的双重存在，从而在确认和巩固基层连接的基础上做好面向群众/会员的服务准备。

二是以多样化服务供给来巩固和拓展群众联系。群团组织在服务行为的塑造中一改过去传统自我循环的"福利"型服务方式和单一的"送温暖""送清凉"服务内容，一方面继续提供传统服务，另一方面开始更多地基于需求调研来设计服务内容，进而匹配服务方式。例如，河南省 R 市 B 区总工会一位工作人员说："工会夏季送清凉，今年花了 10 万多。慰问一下工人，包括毛巾、水杯、藿香正气水等，慰问 20 多个企业。但 2014 年工资改革后，取暖、降温和女工一个月 5 元的卫生费都取消了，环卫建筑行业还有工厂等都是按生产保护走,也都发防暑降温的东西。我们去对其工作是个督促,也受欢迎。鹊桥和心理咨询,基层很欢迎,市总工会就有心理咨询中心,6月份还讲了2场。"①各群团组织面向群众所提供的服务不尽相同,以基础性群团工会、共青团、妇联为例,在基层社区,工会和妇联都提供维权服务,工会和共青团都提供就业和技能培训,但工青妇都提供联系性的普惠服务,如心理咨询、运动健康、亲子活动等。也正因为所提供的以联系群众为目的的聚群化项目具有普惠性,工青妇三家往往在乡镇(街道)和城乡社区层面群团服务中心(站)等场所,面向居民联手推出运动健康、亲子活动等项目。这种联手推出服务的方式,节约和整合了资源,起到了吸引居民群众参与的作用。但也如前文所说,群团组织服务对象并不区分是否是会员,服务项目面向乡镇(街道)和社区所有群众开放。在服务方式上,各群团组织也不仅仅是自己直接提供服务,而是开始与社会组织、企业、驻区单位等合作。其中,与社会组织合作的主要方式就是购买服务,与企业和驻区单位合作则更多采取的是场地免费使用和志愿服务的方式。但从各地群团组织在乡镇(街道)和社区层面服务群众的内容、方式实践来看,目前更多的是形成了供需关系基础上的联系,群团组织的联系服务方式还远远不能满足群众的实际需求,离形成"以群众为中心,让群众当主角"工作新模式还有一定距离。

(二)群团组织服务行为重塑中的问题:机制反思

群团改革八年多来,各地群团组织都着重在基层以服务巩固和拓展与群众之间的连接,并借此参与到基层治理当中。从各地特别是上海和重庆两个全域群团改革试点地区来看,群团组织已经成为基层治理中的显著主体,尤其是工会、共青团、妇联和科协的存在感显著上升,在群众中的知晓度显著提升。这说明,以服务巩固和拓展连接的行为机制是卓有成效的,但还存在着以下问

---

① 河南省 R 市 B 区总工会调研,时间:2019 年 8 月 2 日。

题需要进一步克服。

一是在服务行为上还存在"机关化""行政化"路径依赖。各群团组织都有着"横向到边、纵向到底"的系统体系，群团改革的目的是通过去除"机关化、行政化、贵族化、娱乐化"，增强"政治性、先进性、群众性"来组织动员广大人民群众坚定不移跟党走。但是，群团组织的人财物是得到充分保障的，尤其是群团机关人员编制保障使得一些群团组织工作人员在以增强政治性、先进性、群众性为目的的改革意图把握上，把与党政机关相同的运转方式视为群团组织工作方式规范化的表现。长期的行为路径依赖使得一些群团组织熟练于发文、开会提要求，或者对基层群团提出硬性指标。有基层群团工作人员直言："这种按照指标开展工作的行政化跟我们服务群众的灵活性之间有张力。"①某街道总工会副主席更是叫苦："企业层面难。上面热衷于要数量，没有关心质量，活的工会不会超过30%，小的99人以下的，工会成立后基本不运转，是僵尸工会。成立就已经费尽九牛二虎之力，你能让它成立后发挥作用吗？应该更注重建了之后扶上马送一程，这是需要人去做的。我一个街道动不动上千家企业，成立工会了，我手里只有几个人，怎么去扶上马送一程？"②上海市某街道总工会专职副主席更是直白地讲："工会文件只对体制内工会有效，对非公企业工会效果非常有限。"③由此形成群团组织系统内自上而下行政指令与基层群团组织走家串户行为匮乏的"结合"，造成群团组织如某基层干部所言"俯不下身子，抬不起头"④，即行为上难以匹配群团组织作为党和政府联系人民群众的桥梁和纽带的功能要求。例如，机关干部下基层有具体要求，但有的省级群团干部到基层的调研"蜻蜓点水"，连去带回半天拿了材料即走，但也计入了调研次数。

---

① 上海市妇联调研访谈，地点：上海市妇联会议室，时间：2019年3月13日。
② 广东省S市F区走访调研，时间：2020年8月27日。
③ 上海市总工会：《工会简报》第13期，2018年7月3日。
④ 河南省R市B区总工会调研，时间：2019年8月2日。

为所联系群众/会员服务以夯实群众基础,已经成为各群团组织共识。但是,在服务对象界定方面,尤其以会员为基础和服务对象的群团组织,在服务对象的再界定上尽管是出于为会员多提供附加值的好意,但在方式方法上却往往出现既不叫好也不叫座的效果。例如,各地工会推出会员卡本意是以会员卡作为提供服务或至少优先提供服务的身份识别,但都要求与银行卡绑定,且各地绑定银行不同,这引起了企业职工的反感。深圳市 F 区某街道总工会专职副主席说:“基层工会没有转起来。办工会会员卡过程中阻力大,挨骂多。有人说‘我是工人,老板应该无偿给我发个工会会员证,为啥要绑定银行卡?’职工文化水平高,办银行卡要提供个人信息、工会主席签承诺书。工会主席不会签的,没法给卡负责。职工还问我们是不是拿了银行好处。办卡宣传摊点打折,人家说拿着手机拿到的折扣比会员卡折扣还大,没必要办卡。”①上海市总工会表示:“经过几年积累,已经形成了大数据,我们关注更精准的服务,数据分析可以做相关性分析,在努力,但目前还没有做。一个是我自己掌握的会员基本数据,银行消费数据我们可以向银行调取。”但是,非公有制企业、社会组织和新就业形态的从业人员流动性大,各地工会会员卡不仅绑定的是不同的银行,且跨地区转移在权益各方面的接续上也存在实际困难。有一些职工即便是办了绑定银行的工会会员卡,也是当作完成了任务,扔在一边不用,而大数据分析不仅需要数据规模,还需要数据流量规模,这种“死数据”使基于会员卡的大数据分析存在一定的难度和跑偏的风险。在服务方式上,群团改革后,活动经费明显增多,群团组织为了增强服务的专业化水平,更多地选择购买服务的方式来满足群众需求。购买服务确实使群团加强了与社会组织和群众自治组织的交往,但购买服务本身并不是群团组织“接地气”的首创,在一定程度上使不再缺少活动经费的群团组织更愿意作为发包方以项目形式完成工作,但购买服务不能代替群团自身紧密联系群众的服务。例如,上

---

① 深圳市 F 区走访调研,时间:2020 年 8 月 27 日。

海市妇联就有同志坦言："诉求和研究与提供的产品目前还没有完全匹配。"①
一些地方群团组织的志愿服务也还没有对接现代志愿服务的理念和方式，还
主要是靠号召。重庆市某区妇联主席就说："老是靠情怀是长久不了的，要靠
机制健全下来。巾帼志愿者这块我们是很困惑的。比如每一次什么活动来
了，妇女要发挥'半边天'作用，巾帼志愿者第一个冲上去。比如我们基层有
大妈、大学生，大妈每次跑去，团委的志愿者每一次穿着整齐的服装，每天拿十
块钱、几十块钱，我们大妈一分钱没有。看看能不能从政策层面上有一个解决
的方法，我们的工作服务对象是非常大的群体。"②换言之，从服务供给方式上
看，尽管群团组织已经作出了不少探索，但还仍然存在偏行政化的服务行为路
径依赖。这说明，群团组织还缺少对群团独特工作特点和工作规律的研究，还
尚未探索出成熟的与时代和社会发展相适应的不同于党政机关、不同于企事
业单位、不同于社会组织的群团特有工作方式。

　　二是服务行为缺少群团组织全系统分层分域各有侧重的协调配合。资源
下沉的改革尽管强调把资源下沉到基层直接服务群众，但并不意味着上级群
团组织只用做经验总结。从八年多来群团组织提升服务群众能力的实践来
看，群团组织普遍缺少系统内上中下层及基于分层分工各有侧重的协调配合，
即群团组织体系内条线上不同层级之间缺少围绕服务群众进行各有侧重的分
工协作。例如，前文提到的做过妇联工作的那位街道负责人就提出了对妇联
系统内不同层级组织的服务侧重点方面的期待："还有个困惑就是对社区购
买服务的价格到底怎么定？招投标过程我们都是外行，20 万元以下的上街道
党工委会定，如果做的过程中不受欢迎，有个项目是开展活动了花了 1000 多
元，不受欢迎，我们就撤了，钱浪费了。如果全国妇联有论证下来什么项目多
少钱，我们点单就行了。可是现在我们是一点点摸招投标的过程，浪费掉了。

---

① 　上海市妇联调研访谈，地点：上海市妇联会议室，时间：2019 年 3 月 13 日。
② 　重庆市妇联线上调研，时间：2021 年 8 月 19 日。

社区就应该集中精力了解社区的痛点需求,向上反映,现在是没有精力去摸需求。"①深圳市 F 区某街道妇联主席对于购买服务也提出了类似的困惑:"街道和社区那么多事,专职沉下来做一件事情很难。时间和人员不足。购买服务超过 10 万元要竞标,再加上审计、再上党工委会,最快起码 15 天。十几年前,我打个报告请示完了就可以开始做了,现在程序是在繁冗,变成大家的思想负担了。"②重庆市某区妇联主席说:"我们在基层,可能更多的是日常的甚至包括情感这个方面的工作。全国妇联可能更多地需要关注的是顶层设计,比如国家法律层面的发力,还有全国的甚至包括国际交往等等。应该是有功能层级的划分的。现在很多工作包括到各个方面,我们下面都讲对标对表。很多工作在全国层面上没有相应的一些政策支撑和规划,拿到我们下面之后,基本上没办法开展。情怀跟感情不能当饭吃,最终要有可持续性。比如全国妇联和市里很大程度上是要做一些顶层设计和资源的整合、品牌的考虑,我们更多的精力去做一些很小很具体的活动,这样可能社会效益大一些。"③我国社会利益多元和地区差异大是客观事实,群众的需求是分层的,经济社会发达地区和欠发达地区的总体服务需求层次和内容不同,同一个地区内不同的教育背景、年龄、职业群体的需求也各不相同。进行群众需求调研本身不是目的,以群众的需求为导向来进行有效的服务供给才是群团组织夯实群众性之道。群团组织的系统体系经过改革已经扭转了"倒金字塔"结构,资源的层层下沉实际上需要匹配不同层次群团组织服务功能的发挥方式。因此,群团组织还应当继续探索在服务群众这个时代命题中,如何在全系统不同层次的组织间聚焦不同领域需求实现各有侧重的协调配合。

三是在服务能力上还缺少专业化和常态化群众工作素养。群众工作能力是国家治理能力的重要组成部分,也是群团政治性、先进性、群众性是否能够

---

① 上海市虹口区妇联调研,地点:嘉兴街道第一市民驿站,时间:2019 年 3 月 13 日。
② 深圳市 F 区妇联座谈,地点:福田区妇联会议室,时间:2020 年 8 月 28 日。
③ 重庆市妇联线上调研,时间:2021 年 8 月 19 日。

增强以及增强程度的综合反映。"群众性是群团组织的根本特点。"①基层是群团组织立足职责定位紧密联系群众的重心所在，也是检验群团组织群众工作能力的基本场域。但群团改革八年多来，各群团组织也暴露出调查研究、专业服务、政策整合、人力资源延伸、学习创新等方面能力的不足。例如，调查研究能力不足使群团组织有的时候抓不住群众的需求匹配点，如深圳市某街道工会主席说："我们是基层，现在不缺钱了，但老百姓这里，我出钱你参与他都说没时间，所以活动搞多少，搞什么活动，比较难办。"②有的时候，群团组织购买服务的内容与群众需求之间存在较大差距，不仅导致资金"交学费"，而且难以建立群众需求动态数据库。再如，近年来，随着生活水平的提升，群众权益维护和精神慰藉需求增多，而群团组织的专业服务却力不从心，"自己是外行，说不到点子上"③。群众工作能力不足，使群团组织更加依赖以往所熟悉的工作方式，反而客观上存在强化"机关化"观念和行为的风险。从服务是否可替代这个角度来看，群团组织在面向基层群众提供的服务缺少分众化的独特的专业化服务，还缺少常态化的群众工作机制支持，尽管群团组织通过调研对城乡社区群众的需求有所了解，但对于群团组织服务群众的独特内容和方式还没有探索出具有辨识度和竞争优势的服务，这使群团组织还未能成为基层治理中无可替代的功能性主体。特别是在东部市场经济发达地区，群众的很多需求在市场上都可以满足，那么，工会、共青团、妇联、科协等群团如何才能在服务格局中凸显独特性呢？对此，深圳市 F 区总工会一位同志认为："公益性的促进人际交流、兜底性的权益服务等需求亟须工会补位，这样才能实现'有困难找工会'的目标。"④换言之，尽管群团组织通过服务已经与群众建立

---

① 《习近平谈治国理政》第二卷，外文出版社 2017 年版，第 309 页。
② 深圳市 F 区街道走访调研，时间：2020 年 8 月 27 日。
③ 福建省 L 县某街道计生协秘书长访谈，地点：该街道计生协会议室，时间：2019 年 4 月 25 日。
④ 深圳市 F 区总工会调研，地点：F 区总工会会议室，时间：2020 年 8 月 27 日。

起基本的连接,从而凸显了自己的基层治理主体地位,但总体上看,基层群团组织在服务的内容、服务的方式等方面还没能形成具有显著标识性的群团组织独特特点。从这个意义上说,群团组织还需要进一步巩固和拓展与群众的连接,更加牢固地嵌入到基层治理网络当中;还需要进一步谋划,以更为有力有效的服务提升群团组织在所联系群众中的知晓度、参与度、满意度,让群众感受到有需求找群团的温暖,不仅用力,更要用情织牢群团与群众之间的感情纽带,拓宽桥梁连接,在为党和国家工作大局服务中体现群团组织的工作价值。

第四章　群团组织价值引领：在思想引导中凝聚共识

　　如果说群团组织在资源下沉中通过重塑服务行为在基层面向群众广泛宣示了群团组织的存在，继而巩固和拓展与群众的连接以夯实群众性，那么，群团组织保持和增强政治性、先进性是在连接的基础上形成与所联系群众的连心、连动，在连心、连动中凝聚共识，在凝聚共识中进行价值引领，这样，群团组织的桥梁才畅通，纽带才灵活。群团组织价值引领的实现在一定意义上是群团行为重塑的延伸，群团组织在服务群众基础上来凝聚社会共识和价值引领，把群众所在的社会与国家发展的战略目标、发展路径联系起来，形成朝着中华民族伟大复兴宏伟目标的国家—社会合力，正是群团组织作为组织中国社会副线的当代价值之所在。

第一节　坚持党的领导

　　党的领导是做好群团工作的根本保证。党通过群团组织开展群众工作，之所以是我们党的一大创举和优势，是因为"党的群众工作对象众多、层次多样，党需要建立旨在广泛联系各方面群众的群团组织来帮助党做群众工作"①。群

---

　　①　中共中央党史和文献研究院编：《习近平关于妇女儿童和妇联工作论述摘编》，中央文献出版社 2023 年版，第 5 页。

团改革本身不是孤立进行的,而是中国特色社会主义进入新时代,党顺应时代潮流统筹中华民族伟大复兴战略全局和世界百年未有之大变局对国家治理体系进行改革的一部分。正因为中国特色社会主义最本质的特征是中国共产党领导,中国特色社会主义制度的最大优势是中国共产党领导,中国共产党是最高政治领导力量,坚持党中央集中统一领导是最高政治原则。所以,党的十八大以来,党首先狠抓自身的建设,全面从严治党,强化组织体系建设、提升党员素质,不断提高党的创造力、凝聚力、战斗力,进而以全面加强党的领导统领国家治理体系和治理能力现代化。群团组织作为党有效组织社会的副线和国家治理体系的子系统,当然需要进一步激活其作为党和政府联系人民群众的桥梁和纽带功能。群团改革中,坚持党的领导是群团组织增强政治性的首要前提和根本保证。从群团改革实践来看,群团组织坚持党的领导主要体现在自觉接受党的领导和在操作层面以党建带群建形成共建互促两个方面,由此形成群团组织沿着正确方向对所联系群众进行价值引领。

(一)自觉接受党的领导

中国特色社会主义群团发展道路是中国特色社会主义道路的重要组成部分,其基本特征是各群团自觉接受党的领导、团结服务所联系群众、依法依章程开展工作相统一。群团组织自觉接受党的领导,当然是有制度和机制保障的。《中共中央关于加强和改进党的群团工作的意见》明确群团组织实行分级管理、以同级党委领导为主的体制,工会、共青团、妇联受同级党委和各自上级组织双重领导。这就要求各级党组织必须负起政治责任,加强对群团组织的政治领导、思想领导、组织领导,把党的理论和路线方针政策贯彻落实到群团工作各方面、全过程。各级党委要明确对群团工作的领导责任,健全组织制度,完善工作机制,从上到下形成强有力的组织领导体系,地方党委要建立和完善研究决定群团工作重大事项制度,有关工作会议应请工会、共青团、妇联等群团组织主要负责人参加或列席,并把群团建设纳入党建工作总体部署。

相应地,群团组织必须坚持正确政治方向,自觉服从党的领导,贯彻党的意志和主张,严守政治纪律和政治规矩,在思想上政治上行动上始终同以习近平同志为核心的党中央保持高度一致,不断增强中国特色社会主义道路自信、理论自信、制度自信、文化自信,坚持在大局下思考、在大局下行动,明确职责定位、展现自身价值,更好促进改革发展、维护社会和谐稳定。从实践看,各级党委已经将《中共中央关于加强和改进党的群团工作的意见》的要求贯彻落实。以群团改革全域试点地区上海市为例,上海市委成立群团改革试点工作领导小组,市委主要领导多次就群团改革的目标方向、重大举措、进度节奏等作出指示,上海市政府和相关部门均以具体制度和机制予以落实。如根据《中华人民共和国工会法》《中共中央国务院关于构建和谐劳动关系的意见》《中共中央国务院关于印发〈新时期产业工人队伍建设改革方案〉的通知》《国务院办公厅关于深入贯彻工会法支持工会工作的通知》《中华全国总工会关于进一步推动完善政府和工会联席会议制度的意见》和《中共上海市委上海市人民政府关于贯彻落实〈中共中央、国务院关于构建和谐劳动关系的意见〉的实施意见》,2018 年 12 月 6 日,上海市政府发布了《上海市人民政府办公厅关于本市建立完善政府与工会联席会议制度的意见》(沪府办发〔2018〕42 号),就联席会议的组织机构、主要内容、议题的提出和确定、筹备与召开、议定事项的督促落实、建立完善各级联席会议制度的要求等作出具体规定。上海各区也不断加强工青妇等群团组织的资源和功能优化整合,全面统筹、支持、协调、推进工会改革。

一是在群团组织章程中明确规定自觉接受中国共产党的领导。各群团组织在 2015 年群团改革后召开的全国代表大会都对章程做了修改,增写自觉接受党的领导相关内容。以课题组重点调研的工青妇、科协和计生协为例,《中国工会章程》总则部分第一句话就点明了党对工会的领导关系:"中国工会是中国共产党领导的职工自愿结合的工人阶级群众组织。"2018 年 10 月 26 日,中国工会第十七次全国代表大会通过的《中国工会章程(修正案)》中,鲜明强调中国工会坚持自觉接受中国共产党的领导,章程增写了"中国工会坚持自觉接受中国共产党的领导,承担团结引导职工群众听党话、跟党走的政治责任,巩固和扩大党执政的阶级基础和群众基础"。"作这样的修改,有利于进一步突显工会的政治性,提升开展工作的政治站位,强化履行职责的政治责任,树立衡量工作的政治标准,更好地履行党中央交给工会的政治任务,更好地把党的领导贯彻落实到工会工作的各方面全过程。"①2018 年 6 月 29 日,中国共产主义青年团第十八次全国代表大会通过了修改后的《中国共产主义青年团章程》,更鲜明地体现了"坚持党的领导"这一根本政治原则。在总则第二自然段增写"中国共产党领导是中国特色社会主义最本质的特征,是中国特色社会主义制度的最大优势"的内容,与团的行动指南的内容单独列为一个自然段;在总则团的建设基本要求中强调"坚持党的领导",增写一项作为首要要求。2018 年 11 月 2 日,中国妇女第十二次全国代表大会通过了修改后的《中华全国妇女联合会章程》,增写党对妇联组织的新要求作为总则第四段,强调中华全国妇女联合会自觉坚持党中央集中统一领导,增强"四个意识",坚定"四个自信",做到"两个维护",强调保持和增强政治性、先进性、群众性等内容。"更鲜明体现党对妇联组织的领导,体现党中央对群团改革的政治要求。"②2016 年 6 月 1 日,中国科学技术协会第九次全国代表大会修改通过的《中国科学技术协会章程》,在总则第二条增写"深入贯彻落实习近平总书记系列重要讲话精神","坚定不移走中国特色社会主义群团发展道路,不断增强政治性、先进性和群众性,建设开放型、枢纽型、平台型科协组织,真正成为党领导下团结联系广大科技工作者的人民团体,提供科技类公共服务产品的社会组织,国家创新体系的重要组成部分,把广大科学技术工作者更加

---

① 《中国工会第十七次全国代表大会秘书处负责人就工会十七大通过的〈中国工会章程(修正案)〉答记者问》,《工会信息》2018 年第 21 期。

② 《关于〈中华全国妇女联合会章程修正案(草案)〉的说明》,《中国妇运》2018 年第 11 期。

紧密地团结凝聚在党的周围，为实现中华民族伟大复兴的中国梦而努力奋斗"。2016 年 5 月 20 日，中国计划生育协会第八次全国会员代表大会修改通过的《中国计划生育协会章程》在总则第一条明确"中国计划生育协会是中国共产党领导的全国性群团组织"后，增写第三条"中国计划生育协会高举中国特色社会主义伟大旗帜，以马克思列宁主义、毛泽东思想、邓小平理论、'三个代表'重要思想、科学发展观为指导，深入贯彻习近平总书记系列重要讲话精神，坚持创新、协调、绿色、开放、共享的新发展理念，按照中央关于加强和改进党的群团工作的战略部署，保持和增强政治性、先进性、群众性，发挥带头、宣传、服务、监督、交流的作用，团结动员广大会员和群众自觉践行社会主义核心价值观，宣传教育引导育龄群众负责任、有计划地生育，关心服务计划生育家庭，增强家庭发展能力和幸福感，促进人口与经济社会和资源环境协调可持续发展，为实现中华民族伟大复兴的中国梦而奋斗"。

章程是群团组织的基本行为规范，在章程中将自觉接受党的领导进行系统表述，是群团组织坚持政治性的体现，也是中国特色社会主义群团发展道路的基本特征即群团自觉接受党的领导、团结服务所联系群众、依法依章程开展工作相统一的体现。

二是群团组织中的党组充分发挥领导作用。如前文所述，群团改革是党以全面从严治党加强自身改革以带动国家治理体系和治理能力现代化过程的重要组成部分。2015 年群团改革启动，同年 6 月 11 日，为加强和改善党的领导，提高党的执政能力，更好发挥党总揽全局、协调各方的领导核心作用，《中国共产党党组工作条例（试行）》施行。同年 10 月，修订后的《中国共产党纪律处分条例》印发。2016 年，《关于新形势下党内政治生活的若干准则》《中国共产党党内监督条例》颁布，党领导群团组织的工作制度也不断完善。在全面从严治党以维护党的团结统一、保持党的先进性的制度化环境下，各群团组织在改革中进一步发挥党组的领导作用，牢牢把握群团组织改革和建设的正确方向。习近平总书记 2018 年曾分别与全国总工会、共青团中央、全国妇联领导班子成员进行集体谈话，多次审阅群团全国组织党组报告并作重要批示。例如，2018年11月2日，习近平总书记在同全国妇联新一届领导班子成员集体谈话时就指出："毫不动摇坚持党的领导，以新时代中国特色社会主义思想团结引领妇女。坚持党的领导，是做好党的妇女工作的根本保证。坚持党的领导，首先是要高举旗帜、把正方向。……要把党的政治建设摆在首位。"①全国妇联党组发挥领导作用，制定落实习近平总书记重要指示批示精神和党中央重大决策部署工作制度，中国妇女十二大一结束，新一届党组立即制定修订了《全国妇联第十二届党组工作规则》《全国妇联党组贯彻落实中央八项规定精神实施办法》等。2018年12月，全国妇联印发《关于深入学习贯彻习近平总书记重要讲话精神，落实中国妇女十二大目标任务的通知》，聚焦解决突出问题，提出深化全国和地方妇联组织改革、基层妇联组织改革、妇联干部队伍建设改革、妇联工作方式方法改革等方面的具体举措。2019年4月，《中国共产党党组工作条例》施行后，全国妇联党组于同年6月修订了《党组工作规则》，进一步明确了全国妇联党组在履行政治领导责任、讨论决定重大问题和加强党的建设等方面的主要职责。2018年到2021年，全国妇联党组制定修订《全国妇联党组关于落实全面从严治党主体责任的实施意见》《全国妇联党组巡视工作方案》《关于加强和改进全国妇联机关党的建设的实施措施》《全国妇联党组贯彻落实习近平总书记重要指示批示精神工作制度》等一系列制度，充分发挥党组领导作用，自觉在思想上政治上行动上与以习近平同志为核心的党中央保持高度一致，确保将党的领导体现和落实到妇联工作全过程各方面。

上海和重庆各群团组织党组也都注重发挥领导作用，特别是狠抓政治建设和组织建设。如上海市总工会党组发挥战斗堡垒作用，成立改革工作领导小组，坚决实施并推进改革，着力破解瓶颈难题和制度性障碍。上海市妇联党

① 中共中央党史和文献研究院编：《习近平关于妇女儿童和妇联工作论述摘编》，中央文献出版社2023年版，第12页。

组狠抓政治建设、队伍建设，每年定期给居民区妇联主席培训，提升了妇联干部做好群众工作的能力，加强了作风建设和教育培训，民主协商、履职能力。"今年还会建立一些街区项目，把街区妇女骨干调动起来参与居民自治。保障有力，加强和改进党对妇联活动的领导。"①重庆市妇联党组政治建设、队伍建设、作风建设相结合，广泛开展"请进来、走出去、沉下去"三类培训，提升妇联执委履职能力，连续举办5期妇联系统干部改革创新能力提升轮训班，对区县妇联主席、副主席全覆盖培训，对200名镇街、村社区妇联主席开展示范培训，提升工作能力。上海和重庆的探索为全国总工会和全国妇联提供了经验，2018年起，全国总工会陆续推出了14本"全国工会干部培训基础教材"涉及工会工作方方面面；2019年起，全国妇联陆续出版系列"新时代妇联干部教育培训参考教材"。可见，群团组织中的党组从政治建设、队伍建设、作风建设、能力建设等各方面加强了对群团组织的领导，既在党的自身建设上加强了党的集中统一领导，又为群团组织保持和增强政治性提供了组织支持。

（二）党建带群建形成党建与群建共建互促

党的十八大提出了加强基层服务型党组织建设的重大任务，以党的基层组织建设带动其他各类基层组织建设。针对一些基层党组织战斗堡垒作用不强、有的甚至软弱涣散的问题，习近平总书记在2013年全国组织工作会议上讲话指出："要建立严密的基层党组织工作制度，推动服务群众、做群众工作制度化、常态化、长效化，把基层党组织的工作重心转到服务发展、服务民生、服务群众、服务党员上来，使基层党组织领导方式、工作方式、活动方式更加符合服务群众的需要。""各级都要重视基层、关心基层、支持基层，加大投入力度，加强带头人队伍建设，确保基层党组织有资源、有能力为群众服务。"②群

---

① 上海市妇联调研，黄浦区五里桥街道党建服务中心，时间：2019年3月15日。

② 中共中央文献研究室编：《十八大以来重要文献选编》（上），中央文献出版社2014年版，第352页。

团事业是党的事业的重要组成部分。因此,《中共中央关于加强和改进党的群团工作的意见》要求把群团建设纳入党建工作总体部署。各地都积极探索完善党建带群建制度机制,统筹基层党群组织工作资源配置和使用,经过八年多群团改革实践探索,群团服务中心(站)已经成为各地党建带群建的阵地和基层党和政府与人民群众加强日常联系的公共空间。

一是以党组织作为资源支撑促进群团基层组织建设。如前文所述,党建是党有效组织中国社会的核心机制和主线,群建是党有效组织中国社会的副线,党建带群建,尤其在基层具有资源共享、项目整合、同向协同的作用。上海和重庆作为群团改革全域试点地区,都把党建带群建制度机制予以完善。正如上海市定海路街道党工委副书记、总工会主席所言:"从党工委角度看,关键是舍得,舍得把资源放在总工会,把最好的地方给工会,舍得把最好的年轻干部放在工会这个条线上。工会是党建工作的延伸,这是以前就有的,有必要继续创新推广。"①因此,上海的具体做法就是依托党群服务中心,在街道和社区层面均实行党建资源和群团资源的整合和优化配置,重在党组织和群团组织一道,主动贴近群众,做好需求调研,积极作为、敢于作为,通过面向居民群众的一个个具体的服务项目同向发力,创造性地解决问题,把居民群众团结到党组织周围。

在群团改革中,各地基本上都把群团组织建设与党建工作目标同部署、同检查、同落实、同考核,把党建带群建纳入各级党委(党组)书记党建述职内容,由此形成各级党委(党组)对群团组织建设的资源和机制支持。尤其是在群团组织拓展基层组织覆盖面的探索中,区县和乡镇(街道)层面的党委(党工委)起到重要的资源支持作用。例如,成立于 2017 年 6 月 29 日的上海聚科生物园区妇联,是上海市徐汇区成立的第三家"四新"(新领域新业态新阶层新群体)组织妇联,也是全市首家高科技园区妇联。在徐汇区委支持和区妇

---

① 上海市杨浦区 D 街道总工会调研,地点:该街道总工会会议室,时间:2020 年 7 月 28 日。

联指导下,园区分布于 40 多家生物研发企业的 400 多名女性产生了 49 名女性代表,通过选举,产生了园区妇联第一届执委 12 人,其中主席 1 人、副主席 3 人。针对园区就业女性受教育程度高、工作于高新科技领域、平均年龄 35 岁、关注点和需求广泛的特点,园区妇联贴合园区女性需求设计和开展特色活动,与上海市徐汇区律师界妇联、铭言菜市场妇联搭建"共建平台",资源互补,服务共享,填补盲区,依靠园区女性的生物技术领域专长,帮助其他领域的妇女同胞了解与生活相关的科学知识。依托所在的康健街道党群服务资源,为园区女性提供社区托班服务,解决实际困难。这些实践探索满足了园区就业女性的家庭教育、权益保障需求,也满足了女性职业发展需要。同时,在徐汇区委、区妇联的引导下,积极学习、提高思想认识。2018 年,妇联主席作为妇联代表参加了上海市第十五次妇女代表大会,并于会后与妇联执委及"妇女之家"微信所联系的女性姐妹做了会议分享,传达会议精神,组织代表参加了"徐汇区传达贯彻上海市第十五次妇女代表大会精神会议暨纪念汶川地震十周年专题讲座",学习市妇代会精神,组织代表参加"徐汇区纪念三八妇女节 108、109 周年大会"、聆听"拥抱新时代、巾帼展风采"徐汇巾帼故事汇,并在微信群进行故事分享。在此基础上,园区妇联开展了"午间一小时"系列特色沙龙,努力做好政策宣传。园区妇联副主席说:"一开始觉得是个党群服务站,是个任务。这一年多的体会是,这是一件实事,做成了面向不同需求的服务整合平台,家庭教育、权益保障,职业成长都有切实帮助,也有情感,真正成了女同胞的娘家人。"①在基层党组织的领导和上级妇联的指导下,园区妇联在不断学习中以"自转"把园区就业女性紧密联系起来,把政治职责的履行贯穿到这种日常的分享式"服务+宣传"中,自然而然地团结带领园区就业女性围绕中心工作听党话跟党走。

重庆市科协则通过建章立制,主动把科协工作嵌入到社区党建格局中。

---

① 上海聚科生物园区妇联调研,地点:园区妇联活动室,时间:2019 年 3 月 15 日。

2018年12月14日,重庆市科协印发了《关于进一步加强和改进社区科协工作的实施方案》(渝科协发〔2018〕121号),把发展目标定为"力争到2020年,科协工作在社区党建工作格局中的地位和作用更加突出,社区科协工作取得明显进步,社区科协服务能力得到明显增强。全市3055个城镇社区在党建工作安排中有科协、党建阵地建设中有科协、党建内容建设中有科协、党建活动开展中有科协、党建形象展示中有科协、党建网络平台中有科协,全部建有科普大学、科普活动室,普遍开展多样性、经常性的科普活动和创业活动"。相应地,主要任务的第一条就是"把党建带群建贯穿社区科协建设全过程。健全群团工作联席会议、党建带群建考核等制度,建立市级统领、区县统筹、镇街统管、节点自治的组织架构,完善党委领导、政府支持、群团参与、社区自治、志愿服务、市民共享的管理体系,形成市上负总责、区县作部署、镇街抓落实、社区重自治的工作格局"。经过近年来的努力,重庆市科协把科普等活动扎实嵌入到了城乡社区工作当中。

二是基层党建与群建、社会组织发展共建互促。无论是在上海、重庆,还是在非群团改革试点区域,党建带群建的做法在基层都是较为常见的。例如,深圳市福田区团委一位同志对党建带群建的做法肯定地说:"团的工作紧跟党建步伐,这样更受重视,拿到更多资源,党建号召,团的活动做具体。"[1]福田区不仅落实了党委政府与群团的联席会议制度,并加强群团组织之间的横向交流合作。2015年1月,福田区起草了《关于加强党的群团组织建设 建立"4+N"工作机制的行动计划》,形成群团组织"4+N"工作联席会议机制[2],实行"群团内联、政群互联和社群外联"的"三联",推进群团组织、阵地和活动"三建",推动组织体系创新、工作机制创新和服务模式创新"三创",全面扩大

---

① 深圳市福田区团委座谈,地点:某保税区粤港澳青年创新创业工场,时间:2020年8月28日。

② "4"即福田区总工会、团区委、区妇联、区残联,N即"群团+",可以加其他群团,也可以加社会组织等。

群团工作组织、人群和服务"三覆盖"，把分散在工、青、妇、残组织的工作资源和工作载体归并，实现整合资源、聚合力量、优化服务、打造品牌。例如，福田区总工会、团区委和区妇联等群团组织把各自有关职工、青年和妇女培训的活动整合为"新市民课堂"，与专业性强的社会组织进行合作，既扩大了培训受众范围，推动了新市民更好融入深圳工作、生活，又在党的领导下形成了群团组织、社会组织协同推动社会变化的合力。这种变各群团组织"分蛋糕"为共同集中精力"做大蛋糕"的做法，使群团组织在福田区委领导下，有力整合群团资源、拓展社会资源，共同为辖区群众提供服务，形成"群团＋"的参与社会治理大格局，不仅不断激发出群团组织新活力，而且使群团组织更好地在服务群众中知群众、懂群众、爱群众、为群众，不断把包括社会组织在内的各类社会力量调动起来，凝聚强大的群众力量，夯实党密切联系群众的社会基础。

在现实工作和生活中，特别是在具体情况各不相同的基层，尽管大多数时候是党建带群建，群建接社会组织建设，但在具体实践中，也会出现"群建带党建"的情况，这在上海、浙江、广东等非公有制经济组织和社会组织发展快、数量多的地方表现更为突出。在非公有制经济组织和社会组织中，往往会有先建群团、再建党组织的情况。例如，上海市宝山区某街道工会专业副主席说："工会服务党建。不要太本位主义。有几个组织口的能讲清楚在非公企业中党建与工建的关系？他们讲不清楚，因为现在的党建简单理解为建党支部。应该是广泛联系广大职工把声音传下去，应该在领导的工会组织中，工会组织是依托。这是个理念的问题。不能各忙各的。"①深圳市福田区某街道工会副主席说："一些非公企业，党组织进不去，但工会能进去啊！依据工会法，工会进去了，有党员就能把党组织的意图放进去。"②可见，党建带群建的做法是主流，但各地根据实际情况实事求是，在非公有制企业和社会组织等领域以群建带党建也成为基层社会实现组织化连接的有效做法，由此形成基层党建

---

①　上海市宝山区总工会调研，地点：宝山区总工会会议室，时间：2020年7月29日。
②　深圳市福田区街道走访调研，时间：2020年8月27日。

与群建、社会组织发展共建互促,最终指向基层的有效组织,为群团组织政治引领和价值引导功能的发挥搭起沟通互动的基础网络。

第二节　在基层导向和联合行动中引领群众

群团组织要保持和增强先进性,不仅需要提供扎根基层满足群众需求的各种服务,而且需要把党和国家工作大局与基层居民群众对美好生活特别是价值层面的生活需求完美连接起来,但这种连接又不能仅仅是只在纯服务、纯业务的角度去满足居民群众的特定需求。换言之,群团组织向人民群众提供的服务与人民群众能够在市场上获得的服务相比,要有更多更高的"附加值",这个"附加值"是同群团组织履行政治职责紧密联系在一起的。这就需要群团组织创造性地开展基层导向的服务和宣传教育,以"上接天线、下接地线"的"高附加值"服务深受群众欢迎。在八年多群团改革实践中,各地群团组织站在党和人民立场上,在化解矛盾、增进感情、凝聚人心、激发动力方面做了大量有益有效的探索,以切实面向基层的激励和联合行动,特别是各种实体和精神服务的联合生产,为党分忧、为民谋利,既巩固了群团组织基层阵地,又不断凝聚人心,把基层社会有效组织和团结起来。

(一)在突出基层中引导人民群众围绕中心任务建功立业

群团组织资源下沉的基层导向不仅体现在服务方面,还体现在群团组织动员广大人民群众走在时代前列,积极投身中国式现代化建设,在改革发展稳定第一线建功立业,把工人阶级主力军、青年生力军、妇女半边天作用和人才第一资源等作用,转化为促进经济社会发展的强大力量。群团改革八年多来,各群团组织紧密结合自身职责,深入开展群众性劳动竞赛、技能比武、科技创新、科学普及等活动,动员群众立足岗位创新创业创优,促进全社会形成社会主义现代化强国建设最广泛的合力。

一是在奖励激励和创业、技能竞赛中突出基层和一线导向。与群团组织体系充实和扩充基层、资源向基层下沉相适应,群团组织运用创业、技能竞赛等形式引导广大群众投身于创新创业创优,所设立的表彰先进的各种奖励激励也都突出基层和一线导向,不断提高基层和一线比重,使奖励激励切实起到组织、团结和动员群众走在时代前列,在各领域中建功立业,凝聚起奋勇向前的战斗力。以工会系统为例,据全国总工会统计,2012 年至 2020 年,我国涌现出 3753 名全国劳模、1708 名先进工作者和 71 名"最美职工"代表。党的十八大以来,劳模精神、劳动精神、工匠精神越来越得到广大职工群众认同,第八次全国职工队伍状况调查表明,52.7%的职工认为"劳模是工人学习的榜样"。[①] 从全国五一劳动奖章的评选[②]来看,2015 年群团改革前,中华全国总工会就重视从基层一线推选五一劳动奖章获得者,但是将技术工人并入一线职工和专业技术人员当中做结构要求。群团改革后,全国总工会在推选五一劳动奖章中越来越强调一线职工、技术工人、农民工的结构比例。2022 年,全国总工会首次在评选通知中专门提出要注意推荐新就业形态劳动者。以2023 年全国五一劳动奖章评选为例,我们就可以看出鲜明的基层导向。2023 年 2 月,中华全国总工会印发《关于推荐评选 2023 年全国五一劳动奖和全国工人先锋号的通知》,要求推荐评选要坚持面向基层、面向一线、面向普通劳动者,并规定了全国五一劳动奖章推荐人选的结构比例和侧重推荐领域。同年 4 月 27 日,2023 年全国五一劳动奖评选结果揭晓。其中,表彰全国五一劳动奖章 1035 个,表彰对象覆盖了除国际组织以外的所有 19 个行业大类,以制造业、交通运输业、仓储和邮政业、建筑业等相关行业为多。评选表彰高度重视选树非公有制经济中的先进典型,奖状、奖章和先锋号中非公有制比例分别

---

① 　全国总工会课题组编:《深入学习贯彻习近平总书记关于工人阶级和工会工作的重要论述》,中国工人出版社 2021 年版,第 113 页。

② 　全国五一劳动奖章和全国五一劳动奖状是中华全国总工会授予在中国特色社会主义建设中作出突出贡献的劳动者和企事业单位、机关团体的光荣称号,是中国工人阶级最高奖项之一。

占 41.5%、37.8%、39%,分别高出规定比例 6.5、2.8 和 4 个百分点;40.3% 的奖章个人属于党的二十大报告明确提出重点发展的产业。在各地推荐的奖章人选中,产业工人占 41.6%,高出规定 6.6 个百分点;其他一线职工和专业技术人员占 23.7%;科教人员占 21.7%;农民工占 16.9%。其中,单列了 44 个奖章名额,用于表彰全国职工职业技能大赛优胜者和国家重大项目的建设者。① 值得注意的是,44 个单列五一劳动奖章名额含两类,一类是全国职工职业技能大赛优胜者。根据全国总工会于 2021 年制定印发的《职工职业技能比赛授予全国五一劳动奖章管理办法》,2022 年全国总工会联合有关部委共同举办的全国工业和信息化技术技能大赛、全国公安基层技术革新专项活动暨比武大赛、全国刑事技术技能大赛、全国体育行业职业技能大赛、全国交通运输行业职业技能大赛、全国工业设计职业技能大赛等 6 项技能大赛,表彰单列了 23 个奖章名额,用以表彰这些大赛的第一名,激励引导广大职工参与竞赛、提升素质。另一类是在重大专项和重点工作中作出突出贡献的先进个人。单列表彰 21 个奖章名额,用以激励引导广大职工在重大战略、重大工程中建功立业。② 上海市总工会根据全总关于围绕长江经济带发展等国家重大战略开展全国引领性劳动和技能竞赛的要求,结合上海发展重点与产业发展趋势,分级分类推进实施,2018 年与有关部门合作开展了上海市重点工程实事立功竞赛、上海浦东新区围绕国家战略创新示范引领竞赛、上海崇明生态岛建设立功竞赛、上海城乡水环境治理竞赛和“凝心聚力进博会、建功立业创一流”首届中国国际进口博览会立功竞赛等 5 项全国引领性劳动和技能竞赛。同时,上海市总工会还围绕上海重大工程建设、重大项目研发、重点区域发展等,先后与多个党委、政府部门合作,联合举办了 8 项市级示范性劳动和技能;通过制定《推进本市非公企业职工创新工作实施计划》《推进“三区”非公企业职工岗位创新工作实施计划》等方式,着力提高园区和非公企业的参赛积极性,实现

---

① 《1035 人将获 2023 年全国五一劳动奖章》,《人民日报》2023 年 4 月 27 日。
② 《全国五一劳动奖突出产业工人比重》,《工人日报》2023 年 4 月 27 日。

劳动竞赛领域从国有企业向非公企业延伸。上海市总工会还注重竞赛组织工作向社会开放,通过购买社会组织专业服务的方法,鼓励有条件的社会团体、行业协会开展劳动和技能竞赛,发挥社团、行业协会优势和作用,推动全市劳动和技能竞赛向纵深发展,探索建立绩效评估机制,开展第三方社会评估,强化竞赛过程监督和管理,把职工满意不满意、党政支持不支持、社会认同不认同作为竞赛评估的重要内容。这些基层和一线导向的奖励树立了鲜明的价值导向,有力且有效地引导着争当社会主义现代化建设者的社会风尚。

二是大力弘扬时代精神,夯实人民群众共同奋斗的思想基础。时代精神是全社会就业、生活、交往等现实的风向标,反映现实变化,引领未来发展。群团组织在弘扬时代精神方面有着强大的组织优势,更需要在因势利导中发挥价值引领作用。上海市总工会运用劳模风采主题展、劳模年度人物选树、五一特别节目、劳模(工匠)精神进校园、《上海工匠》(第四季)电视纪录片、《上海工匠》画册、编撰劳模精神导论教材等活动、形式和载体,借助主流媒体及新兴媒体等渠道、平台,广泛宣传各行各业的劳模先进人物,大力弘扬劳模精神、劳动精神和工匠精神。上海市科协把科普与科创作为"天赋职能",在改革中朝着《上海市公民科学素质行动计划纲要实施方案(2016—2020)》所定的"到2020年,上海公民具备科学素质比例达到25%"目标任务,整合全市科研院所、高校、科技场馆、科技企业,发挥科技社团和广大科技工作者的作用,形成联合协作的大科普工作格局,注重全城参与、注重跨界融合、注重弘扬科学精神、注重提升科普智慧生活。仅2018年,上海市区两级、街镇村居、学会、学校、企业、科研院所、科普教育基地积极组织策划科普活动近3000项,其中97%以上的活动在基层展开,贴近市民生活,惠及普通百姓,形成联动态势,不仅大力推进"基层科普行动计划",培育区域科普特色品牌,如闵行区的《赛先生说》系列科普剧品牌,而且举办"上海科协大讲坛""对话诺奖大师"活动,邀请诺贝尔奖获得者、院士及海内外著名科学家到科学会堂,举办高端前沿热点论坛和讲座,不断提高科技服务的品质和功能。2018年以来,上海市科协还依托市区传播矩阵在线举办直播活动 2649 场、受众 1.18 亿人次,在全社会推动形成讲科学、爱科学、学科学、用科学的良好氛围,引领广大市民,厚植科技创新和提升全民科学素质的社会土壤,上海公民具备科学素质比例持续提升,2022 年底达到 26.18%。[1]

综上,八年多群团改革,使各群团组织更多地在基层贴近群众开展活动,吸引群众参与,引导人民群众响应时代主题,不断凝聚建设社会主义现代化强国共识,围绕党和国家中心任务来设定奖励激励,引领群众聚焦党和国家中心任务建功立业。

(二) 在联合行动中加强对群众的思想引导

群团改革后,各群团组织加强对所联系群众的组织动员,不仅在"横向到边、纵向到底"的组织体系内上下联动聚焦基层基础来凝聚人心,而且还加强了群团组织之间的联合行动以及群团组织与社会组织、企业等社会主体的联合行动,化解矛盾、增进感情、凝聚合力,教育引导所联系群众/会员不断提高思想觉悟和道德水平,组织动员广大人民群众坚定走中国特色社会主义道路,进一步夯实党执政的坚实依靠力量、强大支持力量和深厚社会基础。

一是群团组织体系内面向基层群众上下联动。群团组织体系内人员和资源下沉:一方面,使群团组织的地方和基层组织特别是乡镇(街道)和社区层面的基层组织资源更多,由此形成更多贴近群众的服务和加强引领的宣传教育形式;另一方面,也使群团的全国组织和各级地方组织之间形成更为紧密的联动,尤其是乡镇(街道)和社区层面的群团组织之间逐渐形成资源、沟通等各方面的上下联动,由此在夯实基层社会基础的前提下加强对群众的思想引领。例如,上海市杨浦区定海路街道总工会针对街道规模大小不一、经营状况不一的 751 家非公小企业改革发展中"建会意愿低""工作能力差""服务资源弱"等瓶颈,紧扣工会服务,抓牢工会干部"关键支点",创新机制,把街道总工

---

① 《上海市科协五年工作回眸:打造国际科技会客厅,夯实科创软实力》,《文汇报》2023 年 10 月 10 日。

会、基层工会组织的工会干部进行资源整合，联合行动。在杨浦区总工会指导下，在街道党工委重视支持下，定海路街道总工会2018年首创"基层工会主席实践指导站"（以下简称"实践指导站"）来解决非公企业工会干部不愿干、不会干、不敢干的工作瓶颈问题。具体来说，实践指导站实行"双站长制"，由街道总工会专职副主席担任第一站长，负责跨部门协调党政资源，保障基层工会主席实践指导站运作。同时，通过购买服务，聘请资深工会工作干部方玉平（退休的定海街道专职副主席、全国工会系统先进工作者、上海市劳模）担任第二站长，确保站点持续运行。经过周密调研走访，实践指导站编制了《基层工会主席实践指导手册》，开展"大锅小灶"式业务培训，时间和方式灵活，共同问题集中培训和个性问题分散培训相结合，加强对基层工会主席的针对性培训。方玉平工会经验丰富，他回忆道："我提出'小三性'，从实际出发，看针对性、适应性、可能性，否则是空话套话只能走形式；还有'小四化'：区域化组建，压实责任，每个人划片分工包干；行业化维权，6个行业工会主席不拿企业钱，腰杆硬；职业化指导；多元化服务，服务方式全方位。不仅厚植群团基础，还增强了职工获得感。"①同时，实践指导站还探索了"双挂职"交叉任职制度，即街道工会干部、工会社工、企业工会主席短期轮流轮换交叉任职——街道专职工会干部（包括专职副主席在内）每月一次到企业担任企业工会副主席，每次挂职1周，同吃、同住（办公）、同劳动，指导企业工会规范开展工会活动的同时，倾听职工呼声，并与企业经营者沟通交流，打通了上级工会与基层工会、企业经营者、职工之间的工作和感情上的隔阂；企业工会主席到街道弹性方式挂职3天时间，了解街道总工会工作目标、运作模式和资源配置，街道总工会向企业工会主席传授工会工作技巧，疏导工作畏难情绪，腰杆硬起来。方玉平说："我们6个工作者都要往下挂职，越挂越小，挂企业工会副主席，带着6项任务去挂职，那里是神经末梢，这是去机关化的有效举措。沉下去，用

---

① 上海市杨浦区定海路街道总工会调研，地点：街道总工会会议室，时间：2020年7月28日。

脚尖去做工会工作。"①用当时的街道总工会专职副主席肖敏的话说："做好基层工会工作,首先就是要和基层工会主席建立感情。不然,好多工作都是白搭,即使是为职工办好事也办不下去……我们推出双向挂职制度,就是想通过挂职和基层工会主席套近乎、交朋友。"②这种角色互换在建立"感情纽带"的基础之上,增强了街道工会系统工作的主动性和协同性,而更为主动和协同的工作又进一步增强了"感情纽带",由此形成了工会干部与经营者和职工之间的血肉联系。2019 年,定海路街道总工会还提出了"迈步走访,奔步组建"行动,对工会组建难的企业试行工会工作特派员进驻企业工作机制,与企业经营者和职工打成一片,有效组建非公企业工会,而且拉近了企业和职工距离。定海路街道党建办副主任、总工会专职副主席说："特派员进驻 2 周,服务企业服务职工,催化建立企业工会。如洛朗照明公司,一开始是应付,安排 2 名特派员进驻后,真情实感,没两天经营者就来见面,说出了之前暂缓建会的原因,很快就建了工会,还帮我们做另一家公司的建会(工作)。"③定海路街道的做法实际上是嵌入到街道领导班子中的街道总工会居中协调区总工会和街道本级党政资源,创造性地建立实践指导站和双向挂职机制,推动街道总工会和基层企业工会整体发展、联合行动,同向发力,将力量最终都沉淀到了企业当中。"脱掉时装穿上工装,脱掉皮鞋穿上旅游鞋去跑"④,与企业经营者和职工都拉近了距离。因此,定海路街道总工会的"三个首创"探索实际上是以街道总工会为平台,在既有的组织连接基础上建立起感情纽带,心的距离拉近,就有了常态化的联系和顺畅的工作合作。当然,定海路总工会这种实践探索事实上

---

① 上海市杨浦区定海路街道总工会调研,地点:街道总工会会议室,时间:2020 年 7 月 28 日。

② 上海市总工会:《工会简报》第 13 期,2018 年 7 月 3 日。

③ 上海市杨浦区定海路街道总工会调研,地点:街道总工会会议室,时间:2020 年 7 月 28 日。

④ 上海市杨浦区定海路街道总工会调研,地点:街道总工会会议室,时间:2020 年 7 月 28 日。

也说明，群团组织机关专职干部以及群团组织的社工作为群团工作者，做群众工作实际上是需要成为相关领域的"全科能手"，才能把群团组织的功能真正在群众的日常生活烟火气中落到实处。因此，群团组织体系内面向基层上下联动的着力点有两个，一个是具体地了解需求—服务供给行为，另一个就是加强群团组织人力资源的能力建设。

二是群团与党政部门以及群团之间的联合行动显著增多。群团改革前，群团组织之间有一定的联合行动，但相对较少。2015年群团改革后，各群团组织之间的合作从全国组织到基层组织，都显著增多。不仅如此，各群团组织作为国家治理体系子系统的构成部分，与党政部门以联合发文形式联手行动也显著增多。以群团全国组织为例，群团的全国组织与党政部门之间的联合行动表现在围绕中国特色社会主义经济建设、政治建设、文化建设、社会建设、生态文明建设的"五位一体"总体布局，找准工作的结合点和着力点，优势互补，从制度层面团结动员人民群众为完成党和国家中心任务贡献力量。例如，在2018年世界环境日当天，生态环境部、中央精神文明建设指导委员会办公室、教育部、中国共产主义青年团中央委员会、中华全国妇女联合会联合发布了《公民生态环境行为规范（试行）》，简称"公民十条"，从关注生态环境、节约能源资源、践行绿色消费、选择低碳出行、分类投放垃圾、减少污染产生、呵护自然生态、参加环保实践、参与监督举报、共建美丽中国10个方面对全体公民发出了践行生态环境责任的行为倡议，强化公民生态环境意识，引导公民成为生态文明的践行者和美丽中国的建设者。此后，2020年，全国妇联联合国家发展改革委、生态环境部等7部门，印发《绿色家庭创建行动方案》（妇字〔2020〕3号），组织开展绿色家庭宣传实践活动，引导广大家庭自觉践行绿色生活方式。在省（自治区、直辖市）层面，群团之间合作整合资源满足群众需求的联合行动也越来越多，渐成常态。例如，2021年6月9日，重庆市妇联、市科技局、市国资委、市总工会、市科协印发了《助力科技创新巴渝巾帼行动实施方案》（渝妇发〔2021〕19号），联合开展"助力科技创新巴渝巾帼行动"。

该方案列了 3 项主要任务,即实施巾帼思想引领行动、实施科技创新建功行动、实施巾帼平台搭建行动。随后,作为思想引领、榜样带动的成果,2021 年 6 月 23 日,重庆市妇联、市科技局、市国资委、市总工会、市科协在区县和有关市级部门联合推荐、审议的基础上,经研究决定,授予 50 名同志"重庆市科技创新巾帼建功标兵"荣誉称号,并号召全市广大妇女学习她们岗位建功、争创一流的职业精神,脚踏实地、无私奉献的优秀品质,自强不息、追求卓越的高尚情操,大力弘扬新时代科学家精神,为加快建设科技强国、实现高水平科技自立自强贡献巾帼力量。在抗击新冠疫情期间,天津市妇联提出强化大局意识,全市一盘棋,全市群团组织一盘棋意识,与其他群团组织加强对接,与工会、共青团、卫健委密切配合、团结合作、不分彼此,既注重优势互补、又注重资源共享,纵向联动、横向协同,确保一线医护人员及家庭遇到问题找得到人、获得到帮助,把中央、市委市政府和社会的关心关爱落小落细落实落暖。

在基层乡镇(街道)和社区层面,党群服务中心或党群服务站使各群团组织以联系群众为目的的普惠性项目有了落地空间,各群团组织,特别是工青妇组织,往往依托于群团服务中心(站)面向居民联手推出对接居民日常需求的服务,既节约和整合资源,又提高服务的针对性普惠性。例如,上海市嘉定区南翔智地群团服务站经过一年试运行后,2017 年 3 月 8 日揭牌,整合了区级群团组织的下沉项目,镇级群团组织、政府职能部门、各类社会组织的条线项目,包括运营团队的开发项目在内的 160 多个服务项目,形成了群团服务的集聚效应。南翔镇副镇长、镇计生协副会长说:"群团合力作用更明显,以前计生协同志也做了其他条线的工作。现在跟妇联、红十字会资源整合,资源叠加发挥更大作用,更加富有成效。"①经过八年多群团改革,群团组织紧紧结合自身职责,与党政部门之间的沟通协调更为顺畅,群团之间合作联手发出引领倡议和推出服务,已经成为常态化的做法。

---

① 上海市嘉定区南翔智地群团服务站调研,时间:2018 年 8 月 16 日。

　　三是群团与社会组织在基层联合行动已成常态。群团组织与社会组织之间的联合行动,不仅体现在前文提到的服务供给,还有志愿活动、联合宣传倡导特定领域价值等联合行动。如果说这些联合行动是互相没有利益冲突的增值性合作的话,那么,近年来群团组织与社会组织之间的合作还包括群团组织与社会组织围绕共同面临的挑战采取联合行动。例如,针对突如其来的新冠疫情,2020年2月17日,也就是春节后不久,为进一步做好疫情防控期间企业集体协商工作,保障企业和职工合法权益,减轻企业疫情影响,促进企业尽快有序复工,切实维护好社会稳定和经济发展大局,上海市总工会、上海市企业联合会/上海市企业家协会、上海市工商业联合会就联合发布了《关于在疫情防控期间做好企业集体协商工作的相关提示》,从特殊时期做好集体协商工作的重要意义、集体协商的原则、集体协商的方式、集体协商的主要内容、集体协商的程序和协议履行、集体协商的协议期限、集体合同的变更和终止、集体协商的争议处理、未建立工会的企业开展集体协商、上级工会在集体协商中发挥的作用、企业代表组织在集体协商中发挥的作用等11个方面作出工作提示,供企业和企业工会实践运用。这个工作提示对于疫情期间的企业生存发展和职工的工作生活起到了协商沟通和稳定作用。在一定意义上,2015年群团改革后,各地群团组织探索的群团组织—志愿组织—社会组织联合行动已经成为一种维护社会稳定、优化基层治理的新机制,这种机制在新冠疫情期间为群团组织协助党和政府抗击疫情发挥了有效组织、动员全社会力量的作用。例如,2020年2月14日,由上海市妇联、市体育局指导,上海市青少年体育协会、上海市家庭教育研究会共同推出"居家总动员,一起来战疫"2020年上海市少儿线上运动亲子赛,发动广大家庭管住腿、少出门、宅在家里不添乱,共同为打赢抗疫战作出积极贡献。天津市妇联不仅选派机关干部下沉到基层一线、靠前服务,而且发挥其组织体系撬动多层面、多样化、多类别妇女组织的力量,实现群众力量的再动员、再组织,以渗入式、柔性化的联合行动有效助力了全民抗疫。一是发挥40万注册巾帼志愿者作用,为家庭与社区提供软服务、暖服务。在基层一线、村居卡口,巾帼志愿者的"粉马甲""红马甲"积极参与宣传、电访、值勤;更多的"天津姐姐"则为值勤值守的工作人员包饺子、煮元宵、送姜糖水、煎饼小吃,传递支持与温暖。二是发挥女性社会组织作用,积极提供各类社会服务,特别是组织专业见长的社会组织在家庭教育、心理危机干预等方面一显身手。2020 年 1 月 29 日,天津市妇联 24 小时市区两级热线电话开通。到 2 月底,已经为 120 余人次进行了电话咨询与疏导,而"知心工作室""唠嗑服务队""婚姻服务群"等草根组织则是了解群众需求的小喇叭,传送生活服务的毛细管,给封村的家庭"代购"奶粉尿片、日用产品等,以"微服务"实现"大帮忙"。三是发挥女企业家协会作用,组织动员女企业家为疫情防控捐款捐物,经统计女企业家通过各种渠道捐助款物达 1.17 亿余元。①

可见,群团组织与社会组织在基层联合行动已成常态。这些联合行动一方面整合和节约资源,使群团基层组织之间增进了解互相补台,另一方面也使联合行动覆盖的群众之间增强了交往频率。由此,群团组织和居民群众之间就形成了稳定的情感联系和信任关系,也为居民积极参与社区活动和基层治理提供群团搭建的社会网络支持,居民群众主体作用显现,进而为群团组织组织群众、宣传群众、教育群众、引导群众提供了社会情感基础和行动基础。

第三节 以新型宣传沟通引领践行
社会主义核心价值观

信息技术带来了社会交往方式的深刻变化,如今的宣传沟通已经不再局限于面对面的交往交流和诸如报纸、电台、电视等一对多的单向传播。在我们所处的时代,面对面的交往交流和键对键的交往交流都成为人们日常生活的组成部分,在特殊情况下,键对键基础上的音频、视频连线甚至成为人们交往

---

① 与天津市妇联的线上访谈,时间:2020 年 2 月 27 日。

交流的主要方式。这意味着我们正处于新型的立体化沟通时代，只有适应这一时代特点，才能够进行有价值的交流，才能形成有意义的宣传和沟通。1995年，尼葛洛庞帝在《数字化生存》一书中指出："信息技术的革命……将改变我们的学习方式、工作方式、娱乐方式——一句话，我们的生活方式。"①事实上，数字化生存不仅包括人们日常生活和工作中物理世界的生存，也包括精神层面的生存。随着我国互联网渗透率不断提高，互联网的扁平化、交互式、即时性、便捷性等特点在一定意义上使社会结构更趋扁平化，人与人的连接更加任意。可以说，互联网在一定程度上已经超越了其工具意义，因人们对认同、共识的追逐和交流而赋予连接以价值意义。互联网的多中心化和共享化使人人得以参与其中，既有"信息茧房"区隔社会并使社会碎片化的风险，更有强化基于信息认同的显著社会动员功能特点，换言之，互联网把人"在其现实性上""是一切社会关系的总和"②这个本质显性化，形态各异的群体和组织也如"拟制的人"一样成为显性化了的社会关系网络上大小不一的节点，流过节点的是权力、信息和资源，而每个节点也输出权力、信息和资源，节点的大小和连接密度决定着也取决于留存、输出和处理权力、信息和资源的情况。在这个意义上，互联网形成了对现实世界权力、信息和资源情况的映射。因此，与现实世界中的宣传沟通相并行，互联网不仅成为人与人交往的关系网络本身，也成为党和政府与人民群众近距离交流沟通的新平台和组织动员群众的新渠道，互联网连接力也由此成为当今社会能否有效组织起来的重要影响因素。

党的十八大以来，党着力畅通线上线下互动沟通渠道，用信息化手段更好感知社会态势，构建清朗网络社会秩序，使公共服务资源优化配置和社会运行效率效益更加契合人民群众需要。2015年群团改革以来，各群团组织都加大了建设数字群团的力度，探索线上线下相结合来加强与所联系群众/会员之间的联系，提供更契合群众需要的服务。尤其需要注意的是，党的十九大报告指

① ［美］尼葛洛庞帝：《数字化生存》，胡泳、范海燕译，海南出版社1997年版，第4页。
② 《马克思恩格斯选集》第一卷，人民出版社2012年版，第135页。

出："中国特色社会主义进入新时代,我国社会主要矛盾已经转化为人民日益增长的美好生活需要和不平衡不充分的发展之间的矛盾","人民美好生活需要日益广泛,不仅对物质文化生活提出了更高要求,而且在民主、法治、公平、正义、安全、环境等方面的要求日益增长"。① 这说明,随着生活水平的普遍提高,人民对美好生活的需要已经越来越多地转向对生活品质和社会价值的关注,互联网在使人们的表达方式和精神需求满足渠道更加多元多彩,但更为重要的是,互联网使人们的观点和声音传输不再有时空距离,人们听自己想听的,说自己想说的,形成了"众说纷纭"和"各取所需"的巨型复杂舆论场。由此,互联网成了思想交锋和意识形态斗争的主战场,群团组织作为党有效组织中国社会而延伸出的副线组织,就必然也必须要提高网上群众工作水平,"站在网上舆论斗争最前沿,主动发声、及时发声,弘扬网上主旋律"②,运用互联网组织、引导和动员群众紧密围绕党和国家工作大局,为实现中华民族伟大复兴的中国梦而奋斗。因此,群团组织以"面对面"和"键对键"相结合的方式,在为群众提供服务的同时,也逐渐构建起与所联系群众/会员之间的新型立体化宣传沟通平台和通道,引领广大人民群众跟党走。

(一)融入时代主题拓展立体化宣传沟通网络

群团组织增强先进性,就在于把握好时代主题,以群众/会员能接受、愿接受的方式进行沟通,并把时代主题与群团组织的宗旨紧密结合起来,教育引导广大人民群众坚定走中国特色社会主义道路,自觉践行社会主义核心价值观。八年多的群团改革,使各群团组织不仅延续传统的宣传沟通方式,更加着力在基层调研和面对面向群众提供服务,而且借助数字群团建设,运用网民沟通"话术"进行线上调研和交流,逐渐形成群团组织与所联系群众/会员之间线

---

① 习近平:《决胜全面建成小康社会 夺取新时代中国特色社会主义伟大胜利——在中国共产党第十九次全国代表大会上的报告》,人民出版社 2017 年版,第 11 页。

② 《中共中央关于加强和改进党的群团工作的意见》,人民出版社 2015 年版,第 21 页。

上线下立体化日常化宣传与沟通方式。

一是继续用好传统的宣传沟通方式。传统的宣传沟通方式主要包括在公共场所放置展板、发放宣传材料、宣讲展示、知识竞赛,以及有一定参与度的活动,如健步走等,尤其是在特定的重大活动节点、节日和纪念日等时点推出相关的宣传教育活动,是群团组织每年必做的常规活动。传统的宣传沟通方式之所以一直存在,一方面是群团组织长期基层工作传统的延续,另一方面是传统的宣传沟通方式有一定的面对面交流交往作用,符合人们的日常社交沟通需要和习惯,特别是在基层城乡社区中,一些有参与度传统的宣传沟通方式起到了聚集人群、增强联系的作用。

群团组织传统的宣传沟通往往是泛在的。例如,全国妇联持续开展"巾帼心向党"系列活动,每年确定一个主题,以多种形式对妇女群众开展宣传引导。2017 年的"百千万巾帼大宣讲",全国妇联党组、书记处领导带头,省(区、市)妇联领导干部跟进,组建了由党的十九大女代表、三八红旗手、巾帼建功标兵、"最美家庭"典型、专家学者、巾帼志愿者等组成的宣讲团(队),以入户宣讲、专题讲座、文艺演出等形式,宣传宣讲习近平新时代中国特色社会主义思想和十九大精神。2018 年,全国妇联推动建立全国巾帼志愿示范宣讲队,引导各地以丰富多彩、群众喜闻乐见的形式开展线上线下宣讲,各地涌现出赣鄱红色娘子军宣讲团、桂姐姐宣讲团、大辽姐姐宣讲团等宣讲品牌,推动党的创新理论飞入寻常百姓家①,加强政治引领和思想引领。各地妇联也纷纷推出相应活动,如重庆市妇联印发《关于进一步深入开展"百千万巾帼大宣讲"活动的通知》《关于抓好"思想政治引领第一课"相关工作的通知》,开展"巾帼心向党、建功十四五"等主题活动,用院坝宣讲、文艺创演、直播互动等妇女群众喜闻乐见的形式,开展宣传教育活动 1.12 万余场次,覆盖妇女群众 185

---

① 中华全国妇女联合会编:《中国共产党领导妇女运动百年》,中国妇女出版社 2023 年版,第 499—500 页。

万余人次,激发妇女爱党爱国热情。① 2018 年,上海市妇联与市高级人民法院共同制定了《关于进一步加强合作建立健全妇女、儿童权益保护工作机制的意见》(沪高法〔2018〕336 号),进一步深化协调联动机制,充分发挥法院和妇联维护妇女儿童的合法权益的工作优势,结合"七五普法"、宪法宣传周等活动与节点,持续开展"建设法治中国,巾帼在行动"主题法治宣传行动。上海市宝山区总工会把对群众的宣传教育作为职工文化品牌建设来做,2019 年开放上海市首个区级综合性劳模工匠展示馆——宝山劳模工匠风采馆,当年就接待来自各地各单位的团队 197 批 5000 余人次。此外,宝山区总工会还编印了《致敬时代楷模——宝山劳模风采录》,开展"劳模工匠展示日"等活动,加强工会宣讲队伍、劳模宣讲队伍建设,开展"红色党课进基层"系列宣讲活动。同时,强化职工文化品牌,推动形成了"宝连登—乐学在宝山""幸福宝山路、文明修身行"主题健步走、"十大职工文体赛事"等一批具有时代气息、职工群众欢迎的职工文体活动品牌。2019 年,"宝连登—乐学在宝山"向基层配送课程 36 场,覆盖职工群众 4 万人次。② 成立于 2018 年 4 月 9 日的宝山区物流货运行业工会联合会以职工需求为导向确定的八大实事项目中,培训服务、健康体检、文体活动、帮扶救助等都含有宣传教育内容,例如在培训服务中,2019年就以"创和谐交通·建文明城区"货车司机交通安全宣传系列活动为主线贯穿始终,以 5·25"无违法·无事故"交通安全宣传为启动仪式,举办危险品运输应急演练,发起"百日安全零事故"倡议活动,组织交通安全知识竞赛,辅之以集卡司机驾驶技能比武、道路交通安全工作评优推先、健康体检、配备随车药箱,赠送团体意外伤害保险等,推动了宝山区物流货运行业企业和职工的和谐稳定发展③。河北省计生协系统组建了 2 万余支计生协宣传队,坚持"三个贴近"(贴近实际、贴近生活、贴近群众),鼓励引导各村建立计生宣传队

---

① 重庆市妇联线上调研,时间:2021 年 8 月 19 日。

② 上海市宝山区总工会调研,时间:2020 年 7 月 29 日。

③ 上海市宝山区总工会调研,时间:2020 年 7 月 29 日。

伍,广泛开展宣传教育活动,通过集中宣讲、文艺演出、发放宣传手册、大喇叭广播、村务公开栏、面对面讲解等方式宣传计划生育家庭奖励扶助政策,并在元旦、春节等国家重大节日和5·29会员纪念日、7·11世界人口日、七夕等时间节点发放《婚育新风遍燕赵》等生殖保健、计生政策法规、奖励扶助等宣传材料,同时开展免费健康查体和义诊等活动,受到基层群众欢迎和好评。

但是,传统的宣传教育如果仅停留在知识传播上而不与相应的服务结合,往往很难受到群众欢迎。因为借助于互联网,知识的获取已经非常容易,人民群众需要更多的是服务的获得。在实践中,基层政府和群团组织也谈到传统宣传教育的实际问题,如河北省沧州市D县Z镇副主任科员、镇计生协会会长说:"现在村里面宣传多、服务少。"①为宣传而宣传是单向的,既不界定信息传播主体,又没有相关的服务信息和服务供给,宣传教育往往就成为无效沟通,也浪费资源。"村里秧歌队、腰鼓队宣传相应节目、舞蹈队宣传",X村计生专干说,"组织好组织,活动也参加,热闹一阵子,以前还是给点礼品,如背心。也没有用,就是不生。好多事得硬着头皮去干。"②对于传统的宣传教育一定要有与群众需求导向的服务相结合的必要性,上海市科协科普部的负责人说:"现代群团要聚人气、造氛围、凝资源。科普天然公益属性,传播者不是做科学知识点的传播,而是科学思想一定要有吸引人的活动。有用是第一的,要带来实际体会。"③因此,传统的宣传沟通要起到思想引领作用,还需要结合时代特点、群众需求,与服务紧密结合起来,在服务中宣传,在宣传中沟通,在沟通中服务,宣传沟通与服务互相促进,更好地引导和团结群众。互联网使宣传沟通和服务在同一空间中更为便捷地实现互相促进,成为群团改革中各群团着力探索的思想引领拓展领域。

---

① 河北省沧州市D县Z镇调研,地点:Z镇Z村村委会,时间:2019年4月15日。
② 河北省沧州市S县F乡X村调研,地点:X村村委会,时间:2019年4月16日。
③ 上海市科协走访调研,时间:2019年3月11日。

二是以互联网宣传沟通方式加强思想引领。与传统的宣传沟通相比，互联网使信息的传播具有即时性、互动性、便捷性。群团改革八年多以来，我国互联网普及率从 2015 年 6 月的 48.8%增长到 2023 年 12 月的 77.5%，网民规模从 6.68 亿增长到 10.92 亿，网民中使用手机上网的比例为 99.9%①，我们已经进入互联网时代。人们的新闻信息获取渠道更加多元，短视频、生活平台已成为网民在"两微一端"（即微博、微信和新闻客户端）之外获取新闻信息的重要渠道，微信群、QQ 群等各种即时通信工具不仅成为人们生活和工作联系的重要工具，而且成为人们根据"趣缘"进行任意连接或过滤信息营造"信息茧房"的社交方式。在这种情况下，人们已经不再是被动接受的受众，而是掌握主动选择权的用户，特别是 90 后、00 后等互联网时代"原住民"，他们的信息获取方式、思维方式、语言表达方式、交友方式等，都已经发生了很大的改变。群团组织要用好互联网宣传沟通来密切联系群众，不仅需要内容为王，而且还需要从"内容宣传"转向"产品供应"，运用文字、声音、图片、视频等立体化方式，掌握和熟练运用互联网宣传沟通的说服"话术"。

群团改革以来，各群团组织都认真贯彻习近平总书记关于群团改革的重要指示精神和网络强国的战略思想，大力推进网络和新媒体工作改革，打造"融媒体"宣传矩阵，加强网上互动沟通，不断提高运用互联网开展群团工作的能力和水平。例如，全国妇联带动和指导各地妇联积极建网、用网。截至 2017 年 8 月，妇联系统建立网站及新媒体平台 6700 多个，基层姐妹各种微信群 90 多万个，联系覆盖妇女群众 1.1 亿多人次。② 全国妇联还常年在"女性之声"移动端发布图文、条漫、公益广告、视频作品等，推广红色家庭、最美家庭、五好家庭等优秀家庭典型；制作《三分钟说说职场性骚扰》《说说招聘性别

---

① 见中国互联网信息中心网站：《第 36 次中国互联网络发展状况统计报告》《第 53 次中国互联网络发展状况统计报告》。

② 中华全国妇女联合会编：《中国共产党领导妇女运动百年》，中国妇女出版社 2023 年版，第 413 页。

歧视那些事儿》微视频，宣传有关就业性别歧视和职场性骚扰相关法律知识，提升职场女性维权意识。[①] 上海市妇联以"键对键＋面对面"方式扩大妇联工作的覆盖面，加强对广大妇女群众的思想引领。"上海女性"微信公众号在上海政务新媒体和全国妇联系统的排名均名列前茅，2018年，共推送文章631篇，阅读量超974万次，上海市妇联宣传网络部负责人说："复旦大学每月有个测评，说我们的公号是比上海女人还懂女人，硬性宣传转化为潜移默化的，粉丝从改革前的1万涨到现在的37.7万多。"[②]上海市妇联和新民周刊社每年8月联合主办上海智慧女性读书论坛，分享阅读体验和自我提升感悟，引导广大女性关注时代、关注社会，汲取养分、丰富思想，从2016年开始采用网上报名方式，非常受欢迎。"网上报名秒没，如果传统做法分配到各区还要组织车辆发矿泉水，现在改了之后，就没有组织车辆发水的问题。我要给你的服务从我要你参加变成了你要参加，用互联网方式用得比较好。网上投票、网上建言等等，互动、分享越多，越增加妇女黏度。"[③]重庆市妇联以"妇联工作＋互联网"思维，强化"一网两微八号一频道"建设。"重庆女性"微信公众号传播指数位于全国省级妇联前列，依托"重庆妇女网"PC端和移动端，全方位打造"网上妇女之家"，形成全市62个妇联系统网站和微信公众号，380余个微信群、QQ群，联系服务妇女群众近200万人。同时，重庆市妇联完善"网上妇女之家"与基层妇女之家紧密衔接、协同联动的工作机制，实现线下线上两条战线、虚拟实体两个空间共同开展妇女群众工作，加强了与妇女群众的沟通。

群团组织运用互联网宣传沟通，其目的是加强对所联系群众的思想引领。因此，还需要把握住宣传沟通的"变"与"不变"。"变"的是宣传沟通的方式、渠道，从细节内容、表现形式、叙事风格和语言体系上进行变革，以用户思维进

---

① 中华全国妇女联合会编：《中国共产党领导妇女运动百年》，中国妇女出版社2023年版，第534—543页。

② 上海市妇联调研，地点：上海市妇联会议室，时间：2019年3月13日。

③ 上海市妇联调研，地点：上海市妇联会议室，时间：2019年3月13日。

行思考和创新,做好"供给侧改革",努力提升宣传沟通的亲和力、吸引力和感染力,使所联系的群众能够更好地接受群团组织要宣传的内容产品。但也不能为了吸引群众而顾此失彼,不能为了形式新颖而忘记初心。运用互联网加强宣传沟通,必须同群团组织履行政治职责紧密联系起来。因此,"不变"的是引领宣传产品的"魂"——宣传习近平新时代中国特色社会主义思想根本立场不变,宣传社会主义核心价值观的宗旨不变,传播传承中华优秀传统文化不变。因此,群团组织还需要坚持以群众视角为宣传沟通出发点,灵活、准确、全面地把党的理论、政策转化为群众所熟悉的语言,进行互动沟通,更好地服务和引导群众,把群众力量动员到中华民族伟大复兴的中国梦时代主题上,由此形成政治性、先进性、群众性的融通。

(二)亮出旗帜引领网上舆论

如果说立体化宣传沟通是群团组织着重于在与所联系群众/会员立体化互动交往中进行思想引导,那么,在网上亮出旗帜则是群团组织发挥网络社会组织化节点作用来直接加强面向不特定社会公众的信息传播,弘扬主旋律,引导网上舆论朝向积极作为的公共精神塑造。习近平总书记在中央党的群团工作会议上指出,网络已是意识形态斗争的主战场,他要求"工会、共青团、妇联等群团组织要下大气力开展网上工作,亮出群团组织的旗帜,发出我们的声音,对模糊认识进行引导,对错误言论进行驳斥"[①]。

一是亮出旗帜以站稳网上舆论场。当拥有了信息传播价值之后,互联网实际上已经成为一种权力资源。但不同于既有的自然资源、物质财富、组织与规则、合法暴力等客观要素,也不同于文化传统、意识形态、专业知识和道德伦理等主观要素,互联网是将既有的权力主客观要素整合在一个平台上予以展现的新型权力资源,其特性在于非中心化的不受约束的信息流转以及由此带

---

① 《习近平著作选读》第一卷,人民出版社 2023 年版,第 365 页。

来的主体不确定性。因此,谁能够把握和运用互联网信息聚合、传播和流转规律来发声,提供"内容为王"的信息产品,谁就能够引导由互联网信息引发的公众讨论和公众意见;谁能够掌握和创造互联网信息互动的渠道,谁就能够创造和引导公共舆论。对于群团组织来说,在互联网上亮出旗帜的基础性意义就是在互联网上占据信息节点,即信息阵地。只有占据了信息节点,才有介入网上舆论场进行传播的可能。但是,仅仅有了信息阵地,如果没有体现互联网信息传播规律的产品,信息阵地就体现不出旗帜及其引领价值的意义。如前文所述,各群团的全国组织对本系统的数字群团建设都做了规划,各地群团组织也都建起了新媒体矩阵。主要的做法是成立相关机构来负责互联网阵地建设。例如,上海市团委媒体中心团队运营"青春上海",上海市总工会的"申工社"全媒体中心(内容由机关的精兵强将和劳动报组成团队一起策划,七八个人都是 80 后,管了市总工会对外宣传、媒体推进、网络监控、网评员等,日常运维由劳动报负责);重庆市总工会新设立宣传网络中心,建设"网站+三微一端(微信、微博、微视、客户端)+手机报"的工会新媒体传播体系,以文字、音频、视频和动画的形式向社会各界传递工会声音,同时借力纸媒和网络媒体创建音视频平台,全方位生动形象地宣传工会工作。重庆市团委 2015 年成立重庆市青少年新媒体中心,每年安排专项经费 200 万元用于支付中心小编工资、设备采购等。在自建阵地形成新媒体集群的同时,各群团组织还借力外部平台以整合资源,共赢发展,如在 B 站、小红书、快手、今日头条、网易等主流新媒体平台开设账号,以此来扩大传播半径,站稳网上舆论场。

在这里,我们以上海市团委的举措为例来看群团组织是如何来亮旗帜建阵地,站稳舆论场的。截至 2015 年 12 月,我国网民以 10—39 岁群体为主,占整体的 75.1%。上海共有网民 1773 万人,互联网普及率高达 73.1%,居全国第二。① 而同一年度,在上海的户籍人口中,18—34 岁人口有 291.4 万人,17 岁以下人

①　中国互联网信息中心:《第 37 次中国互联网络发展状况统计报告》,https://www.cnnic.cn/NMediaFile/old_attach/P020160122444930951954.pdf,最后检索日期:2023 年 8 月 20 日。

口有 162.05 万人,分别占全市户籍人口的 20.2% 和 11.2%。① 尽管团员的年龄上限是 28 周岁,但青联对青年的年龄上限往往掌握在 45 周岁。因此,各地共青团在服务团员青年的时候,往往把少先队、学联、共青团和青联一并考虑。上海市团委较早利用互联网手段推进共青团工作,强化网上阵地建设。2013年,上海市团委就开设了微博,2014 年与青年报社成立了"青春上海"媒体中心,打造以"青春上海"媒体中心为核心的团属媒体矩阵,开了微信公众号、还在澎湃、今日头条、网易、B 站、抖音等平台开设了账号。"青春上海""萌动上海""上海学联""上海青联"微信公众号的总粉丝数从 2015 年的 32 万人增长到 2017 年底的 184 万人。特别是群团改革后,"青春上海"粉丝数从 17 万人大幅提升至 2017 年底的近 130 万人,在上海政务微信公众号、全国省级团委微信公众号中均名列前茅,2017 年共发布近 1200 篇,总阅读量 3700 余万人次,其中"10 万+"微信文章 38 篇。上海市团委还整合团属 168 个微信公众号、465 个重点微博账号,成立"上海共青团新媒体联盟",直接覆盖受众 600余万人;成立自媒体联盟,涵盖 92 家自媒体大号,粉丝达 3300 万。这些组合拳使上海市团委实现了全时空全流程全媒体,新媒体影响量级显著提升,到 2023年 7 月底,上海市共青团新媒体联盟账号总数 287 家,粉丝总数达 1281 万人,"青春上海"浏览次数超过 3.2 亿次。正如上海市某国有企业团委书记所说:"互联网把声音放大。大部分人就是刷屏,团口需要在互联网新媒体上大发展,把团自身变成一个大号,用 10% 体制内团建撬动 90% 体制外的青年人。"②亮出旗帜,有了网上阵地,上海市团委在探索中把握新时代传媒产品打造的规律和特点,把握住了新时代青少年对于传媒产品话语、形式、功能、平台等的要求,完成了从"内容宣传"向"产品供应"的转变,在满足青年感官体验的同时传递正能

---

① 上海市统计局:《2016 年上海统计年鉴》,https://tjj. sh. gov. cn/tjnj/nj16. htm? d1 =2016tjnj/C0206. htm,最后检索日期:2023 年 8 月 1 日。

② 上海市国资委团工委、市属某国企团组织的座谈,地点:某集团公司会议室,时间:2018年 8 月 14 日。

量，打造出青年喜闻乐见的传媒产品，实现了青春正能量传播的"供给侧改革"，站稳了网上舆论场，而站稳了网上舆论场，就有了引领网上舆论的本钱。

二是亮出旗帜引领网上相关舆论。经过八年多群团改革，各群团组织基本上都形成了自己的新媒体矩阵。阵地有了，是否能够引领网上舆论，就要看产品，而产品不仅是能力的综合体现，而且反映着群团组织宣传沟通理念的转变情况。从既有的实践看，各群团组织经过探索，已经逐渐摸清网络传播的一些规律，以符合网民碎片化阅读的习惯，用网民熟悉的更接地气的语言来传播，用更精致、震撼的图片和更能产生共鸣的短视频表达，成为引领网上舆论、弘扬时代主题和宣扬社会主义核心价值观的动力节点。例如，上海市团委亮出旗帜后就围绕中心工作发声，从青年视角勇担社会责任，使用具有创造性的网络流行语言，拉近与青年人特别是 90 后、00 后的距离。在语言上如把"外国人"称为"歪果仁"，把年轻帅气男生称为"小鲜肉"，用 yyds（"永远的神"拼音首字母）夸赞某件事、某一物或某个人，等等。2017 年 5 月，"青春上海"发了一篇《C919 首飞成功遭中国键盘侠嘲笑，歪果网友却@空客和波音：你们还好吗？》，整篇文章用聊天的口吻，主动回应"不就是造了个壳子嘛"的质疑，拉近了与青年的距离，并且接地气地突出了 C919 是国家科技进步的体现，最终的结尾："连歪果仁都对'中国智造'如此有信心。我们有什么理由不自信呢？所以，继续加油吧，我的国！"水到渠成，弘扬了正能量，增强了青年人对国家的自信心，全文一共获得 46317 次点击和 439 个赞。"青春上海"的运营负责人说："我们就是灵活准确地把党的政策转化为青年所熟悉的语言，把青年力量动员到中国梦的时代主题上。今年'五四'推出的虚拟偶像歌手洛天依原创歌曲，一周就上到了 B 站的前十。'五四'之后中考高考，变成了加油曲。"①上海市团委

---

　　①　上海市团委调研，地点：上海市团委会议室，时间：2018 年 8 月 14 日。洛天依是国内首位也是世界上首位虚拟歌手，于 2012 年 7 月 12 日在 B 站正式出道，人设为 15 岁少女，情感丰富，天然呆萌。洛天依拥有大量粉丝和超高人气，尤其受"90 后""00 后"喜爱，据说全球粉丝量已有 3 亿多人。受访人所说的"虚拟偶像歌手洛天依原创歌曲"是上海市团委"青春上海"携手洛天依于 2018 年五四青年节推出的青春励志原创歌曲《青春纪》。

还探索让青年群体参与内容生产,即开拓 UGC(User Generated Content,用户生成内容)模式,"青春上海"后台作为把关人,赋予青年参与感,满足青年互动的需求。同时,不断加强青年网军队伍建设,进一步加强市、区、街道三级 22.5 万人青年网络文明志愿者队伍、5.2 万人青年网络宣传员队伍和 500 人青年网络评论员核心队伍的培训提升工作,形成分层分类管理机制,青年舆情监测和数据分析机制日趋完善,启用专业化舆情监测软件,实时跟踪、及时掌握青年网上舆情动态。[①]

重庆市妇联针对不同妇女群体的需求,通过策划创作动漫、短视频、长图等群众喜闻乐见的新媒体场景,开展网络接力、网上直播等丰富多彩的网络活动,让大道理转化为妇女群众易于接受的小理念,进一步增强对广大妇女群众的吸引力和凝聚力。2016 年,重庆市妇联官方微博开设了"早安心语"栏目,从开通到 2021 年 6 月底,发布了 910 多条温馨励志的心语,阅读量达到了 5000 多万人次。重庆市妇联在开拓 UGC 模式方面也取得良好效果,通过探索在拥有 600 万粉丝的重庆最大女性网络社区——"重庆购物狂"平台建立"网上妇联",将网上有影响力、号召力的意见领袖吸纳为执委,这些执委加入到重庆市妇联宣传内容生成当中,扩大了妇联的宣传辐射半径,加大了舆论引导的力度,妇女群众能够在网上听得到妇联声音、找得到妇联组织、感受到妇联服务,显著增强了对妇联组织的认同感和归属感。重庆市妇联与人民网、重庆电视台、"重庆购物狂"网站建立妇女儿童诉求的信息共享机制,与新华网合作,开展妇女儿童舆情 24 小时监测:"发现涉妇女儿童侵害舆情,我们就迅速反应,线上线下同步同效处置。同时,我们还组建了一支 4000 余人的网络评论员、宣传员队伍和一支 50 余人的核心网评员队伍,面对社会热点事件,积极开展网络引导和舆论斗争。"[②]

从实践来看,群团组织亮出旗帜引领网上相关舆论已经取得阶段性成效。

---

① 上海市团委调研座谈,地点:上海市团委会议室,时间:2018 年 8 月 14 日。
② 重庆市妇联线上调研,时间:2021 年 8 月 19 日。

一方面,群团组织亮出旗帜,坚守互联网阵地,始终坚持传递正能量,逐渐形成了网络"人格",用有态度、有温度、有意思的内容和方式吸引所联系的群众,显示了群团组织鲜明的政治属性,弘扬社会主义核心价值观和真善美的社会正气,体现了群团的先进性。另一方面,群团组织在网上舆论场中的引导,越来越着力于服务群众需求,以联合生产、后台把关的方式增强精神食粮的有效供给,努力实现"走心",广泛吸引所联系群众的注意力,以温情增强工作黏性,正在形成贴心服务与舆论引领相结合的新时代网上群众工作潮流。但是,需要注意的是,网上舆论场是互联网海量信息流的外显部分,互联网上各个主体依据信息流大小而成为大小不等的信息节点。无论是商业性的还是非营利公益性的信息传播,对客户人群的竞争都非常激烈。正如一位上海市妇联负责网上群团建设的同志所言:"网上妇联专业性非常强,技术性也强,但在观念上和用户思维大数据思维等方面,干部素质还有待提高,经常是网下工作往网上搬,真正打造网上妇联还是任重道远。"①群团组织在站稳舆论场对所联系群众/会员进行引导的基础之上,在信息加工、传播、引导方面要进一步发挥思想引领的竞争优势,还需要在群团组织自身所在政治领域和政策领域优势基础上,加强信息传播和互联网沟通的专业性和技术性,在信息产品内容方面UGC 与 PGC/PPC (Professional Generated Content/Professionally—Produced Content,指专业生产内容)相结合,掌握、运用和引领互联网"话术",在信息传播和沟通渠道上进行分层、分众化探索,增强互联网社交网络强连接黏性改变行为与扩大互联网社交网络弱连接改变观念相结合,在引领舆论基础上提高信息创制、信息传播议程设置能力。

第四节　群团组织价值引领的实现机制与反思

群团组织价值引领的实现,在一定意义上,也是群团行为改革的一部分,

---

① 　上海市妇联调研,地点:上海市妇联会议室,时间:2019 年 3 月 13 日。

着重在于一定的服务、宣传、沟通基础上发现、引导和凝聚所联系群众的共识，在凝聚共识中进行价值引领，并以此体现、保持和增强群团组织的政治性和先进性。从实践看，群团组织实现价值引领的策略与党对社会的价值引领是分不开的。从机制看，群团组织在党的领导下，在不断夯实基层社会基础和拓宽基层组织覆盖面加强与群众连接的同时，在从内到外进行不同层次不同领域合作的基础上形成与群众的连心、连动，进而把党和政府的中心任务、社会运行的核心价值观支撑以群众语言和群众需求实现的方式说做并举，融入到宣传沟通当中，由此实现价值引领，群团组织的政治性和先进性不仅顺势得到体现，而且得到增强。

（一）以多维合作形成价值引领连动

群团组织进行价值引领，一是需要坚持正确的政治方向，二是需要依托于时代特点和群众需求。自觉接受党的领导是群团组织坚持正确政治方向的前提，顺应时代特点和回应群众需求，是群团组织在思想上引领群众的基础。群团改革后，群团组织不仅激活、整合自身系统资源和力量来引导所联系的群众/会员听党话跟党走，而且还拓宽了与国家治理各主体之间的合作，以多样化的合作探索形成组织动员群众践行社会主义核心价值观、为实现中华民族伟大复兴中国梦而共同奋斗的思想和行动连动合力。

一是坚持在党的全面领导下把正价值引领方向。群团事业是党的事业的重要组成部分。党的十八大以来，以习近平同志为核心的党中央从夯实党的群众基础、巩固党的执政地位的战略高度，充分认识发展群团事业、做好群团工作的重大意义，加强对群团工作的政治领导、思想领导、组织领导，从顶层设计、保障措施和实施机制等方面把群团事业融入党的事业大局中统筹规划，鼓励和引导群团组织积极作为，为群团组织"强三性"、发挥政治引领和思想引领提供了全方位的支持。尤其是和党建抓基层形成同频共振，群团组织在价值引领方面立足基层，经过八年多改革，一方面，各群团组织在党的领导下以不断强化自身的功能来激发人民群众共同奋斗的使命感。与党始终牢记的为中国人民谋幸福、为中华民族谋复兴的初心使命相呼应,各群团组织都在章程中强调自身的使命和群众组织属性,强调作为党和政府联系人民群众的桥梁、纽带的功能,始终坚持中国特色社会主义群团发展道路。各群团组织自觉接受党的领导,按照中央要求,紧密围绕党和国家中心工作,通过党建带群建,特别是在非公有制经济组织、社会组织和新就业群体中整体推进党建和群建工作。在宣传沟通中,面对面的交流与键对键的互动相结合,扎实服务与情理说服相结合,实现党建与群建共建互促,把群团组织所承担的组织动员人民群众跟党走的使命感落实到一次次走访、一次次沟通、一篇篇活泼有力的网文、一个个给力的权益维护案例中,用实际行动诠释"你离群众有多近,群众跟你有多亲"的服务,使群众不断增强获得感、幸福感,不断引领群众对群团组织、对党、对国家发展战略目标的认同感,塑造新时代人民群众为实现中华民族伟大复兴而共同奋斗的使命感。另一方面,各群团组织俯下身子,以自身组织的先进性和实际行动塑造新时代人民群众的荣誉感。例如,共青团作为先进青年的群众组织,是党的助手和后备军,为增强团员意识和荣誉感,一改之前初中学生毕业前几乎全部能入团的做法,而是严把入团关,对学校团学比①和发展团员工作的步骤作出严格规定。2016年11月,共青团中央和教育部联合印发了《中学共青团改革实施方案》,要求用3年左右时间将初中、高中阶段毕业班团学比例分别控制在30%和60%以内,严格发展标准,规范入团程序,提升学生团员发展的质量,加强团的先进性建设,以进一步巩固中学共青团在全团的基础性、战略性、源头性地位和作用,进一步彰显中学共青团协同国民教育促进中学生成长成才的价值和功能,进一步增强广大中学生对党的向心力。在实践中,上海市团委在区级层面,推动建立团教协作机制,实行团区委学生工作部负责人和教育团工委负责人互兼互任制度。将"把好团员入口关"作

---

　　①　即全校所有团员/全体学生的比例。

为团的先进性建设的重中之重,下发《关于加强新形势下本市发展团员工作的实施意见》,建立发展团员编号、入团"十步曲"、入团积极分子培养考察等制度,开展"中学团员发展专项检查",加强对团员发展工作的全流程管理。"2017年,全市全年实际发展团员34492名,初中毕业班团学比28.1%,高中毕业班团学比66.3%,均完成团中央调控目标。"①这种做法无疑激发了共青团员模范带头的荣誉感。在精神激励上,各群团组织也都把奖项和荣誉大比例向基层一线倾斜,无论是"五一劳动奖""优秀团员""三八红旗手",还是"最美科技工作者""计划生育先进个人"等奖项,都大幅度提高基层一线劳动者比例,在社会上形成先进就在身边,一个先进带动一片的社会效应。例如,重庆市南川区总工会2022年8月发动9家劳模创新工作室组建联盟,不仅使劳模们打破区域、产业、企业壁垒在行业中发挥示范作用,而且在全社会发挥引领作用。正是坚持党的全面领导,以新时代使命感和荣誉感把正价值引领方向,党的群团工作在继承创新中不断加强,在增强群众性的基础上,群团组织的政治性、先进性也得到增强,政治引领和思想引领力显著提升。

二是以内部上下和外部横向合作探索形成价值引领连动矩阵。各群团组织通过自身组织体系内的上下联动整合自身资源、力量和荣誉激励向基层群众倾斜,在党建带群建中形成党建与群建在基层治理结构中共建互促连动,围绕党和国家中心任务与党政部门采取联合倡议,引导群众共同顺应时代发展要求,在面向基层群众需求中加强群团之间的合作,进而拓展与社会组织之间的互补合作,形成资源共享、服务连动。这些举措都是朝着各群团组织基于调研形成的群众/会员需求而形成连动的资源和服务供给,从组织体系、资源支持、服务渠道等多方面为群团组织加强对群众的政治引领和思想引领提供了保障。在多元化的社会价值观中,群团组织自觉接受党的领导,配合党践行初心使命的伟大实践,在群团组织与人民群众已经增强的连接基础上,以群团组

① 上海市团委调研,地点:上海市团委会议室,时间:2018年8月14日。

织体系内上下之间—群团组织与党政部门—群团组织之间—群团组织与社会组织之间的联合倡议、宣传沟通和共同生产、共同分享进行交流互动，以新型宣传沟通矩阵和新媒体联盟等连动，推动了社会网络纵横双向的信息流动和由此更为紧密的联系。"对于连接关系良好的人来说，社会网络还可以提高他们实现目标的能力。"①同样，对于连接关系良好的群团组织来说，现实生活和互联网空间的宣传沟通其实都是群团组织使党和政府与人民群众之间的双向信息流动在更为宽阔的通道上更稳定、通畅地传输的努力。群团组织把来自人民群众的利益关切、智慧、需求、诉求等传输给党和政府，由党和政府通过制度、政策和多样化的服务措施来进行政治吸纳和社会整合。同时，群团组织把党和政府的战略目标、制度、政策和公共服务措施转化为相关的服务内容以及与之相应的精神产品传输给人民群众。在这个双向传输过程中，群团组织不是简单地搬运，而是立足党和国家工作大局，围绕党和国家中心工作进行提炼、加工和分解。在这个过程中，群团组织亮出旗帜、创造和巩固阵地，通过坚守和传播社会主义核心价值观来发出正面的声音，温暖人心、争取人心，形成在党和政府与人民群众之间引领社会主义核心价值观的中坚力量，在精彩的故事分享、理清模糊认识的互相声援、驳斥错误言论的唇枪舌剑中，群团组织不断凝聚人民群众共同奋斗的共识，组织动员广大人民群众走在时代前列，实现价值引领。

（二）群团组织价值引领中的问题：机制反思

从群团改革八年多的实践看，各群团组织无论是调动组织体系内的资源上下联动来面向基层导向引领群众，还是在联合行动中发出倡议引领群众，或者是采取面对面联系以增进与群众的感情，运用互联网各种平台来做"趣缘"化的宣传沟通，群团组织的价值引领都起到了一定的与群众连心、连动的作

---

① ［美］尼古拉斯·克里斯塔基斯、詹姆斯·富勒：《大连接：社会网络是如何形成的以及对人类现实行为的影响》，简学译，中国人民大学出版社 2013 年版，第 228 页。

用,体现出群团组织不断增强的政治性和先进性。但是,实践中还存在一些问题,使群团组织在连心、连动上还需进一步走实。

一是群团的服务和业务与群团履行政治职责尚未形成有效的紧密联系。群团改革以来,群团组织都努力把"六个坚持"的基本要求落到实处,自觉坚持党的全面领导,自觉维护党中央权威,坚决贯彻党的意志和主张,围绕所联系的群众扎实做好基层的政治引领,在基层形成了党建带群建、党建与群建共建互促的良好局面。但是,在依靠群众,充分发挥群众积极性创造性方面,群团组织还没有在满足群众需求的业务与组织动员广大人民群众紧跟党的方针政策和国家战略目标之间形成普遍的紧密联系。如前文所述,一些群团组织在基层组织宣传教育、义诊等活动,群众也来参加,但"热闹一阵子"之后,也就归于沉寂。在这样的宣传教育活动中,群团组织的确付出了前期的努力,作为宣传教育的活动按照计划完成了,但往往以参加活动的人数多少来衡量活动效果。如前文所述,新时代人们更关注的是体验和获得感,按照群众参加的人数来衡量效果,满足的是群团组织活动完成任务的获得感,而不是站在群众视角衡量的获得感。因此,群团组织在宣传教育、互动沟通方面还需要转换视角,尤其是在做单向的宣传活动和搭建平台倡导健康、环保等价值的时候,不仅需要换位思考,看群众是否真的需要且有意愿参加宣传教育活动,而且还需要考量和设计群众在宣传教育活动中与群团组织的互动,在衡量宣传教育等活动的效果时,也需要从群众视角来看群众是不是因宣传教育活动而有所获。笔者在基层城乡社区调研中发现,一些群团组织在社区通过组织义诊活动来宣传大健康理念,居民群众很欢迎,但义诊结束后,我们问居民群众义诊活动是谁组织的,不少居民群众往往就有些茫然。再如,一些群团组织在精准扶贫中为符合特定困难群体条件的村民翻修危房,村民对翻修后焕然一新的住房很满意,但被问及为什么满意的时候,有的村民手却指向堂屋里面供奉的祖宗牌位或宗教画像。这些看似小事,但一方面反映出群团组织在基层做服务和做宣传教育的时候,尽管服务意识增强了,但离以服务来拉近与群众的关系继而团结群众还有距离。换言之,服务功能和团结功能之间还未能顺畅衔接。另一方面也反映出群团组织还未能充分把群众工作的精髓贯穿到价值引领当中,即发挥群众的主角、主体作用。宣传教育和思想引领看起来是群团组织在主动谋划和实施,实际上,群众并不是宣传教育和思想引领的被动客体,而是有着具体需求和辨别力的能动主体。群团组织的价值引领还需要立足群团组织作为群众性组织的社会属性,引导和组织群众参与到宣传教育和思想引领活动当中来,使群众有群团组织是自己的组织的认同感。群众的主体作用发挥出来,群团组织的价值引领才能够真正有效。正如习近平总书记在中央党的群团工作会议上指出的:"做这些工作不能站在纯服务、纯业务的角度,必须同群团组织履行政治职责紧密联系起来,高举旗帜,巩固阵地,争取人心。"①群团组织的价值引领既需要立足群团组织政治职责来设定服务和业务,也需要立足群众需求发挥群众主体作用。群众在主动参与中"走心",群团组织才能在价值引领中与群众"连心",由此形成政治性先进性群众性的融通。

二是立体化宣传沟通还缺乏战略性谋划和引导。从实践来看,各群团组织从全国组织到基层组织,在创造性传承既有的面对面宣传优势的同时,都已经打造出了自建阵地与借力多媒体平台的宣传沟通网络。但是,一方面,一些群团组织在理念上还没有实现从传统的宣传教育向现代的宣传沟通的转变。宣传教育的隐含前提是群团组织掌握着多于和优于群众所掌握的政策和信息。因此,对相关的政策进行解读,对相应的信息进行传达,能够最大限度消除信息不对称,从而能够引导所联系的群众/会员形成共识。但我们所处的是互联网时代,人们的受教育水平普遍提高,获取信息、分析信息的渠道多元且便捷,群团组织特别是基层组织及其工作人员所掌握的知识、信息,即便是一些专业性信息,一般也都能从网上获得。不仅如此,互联网往往强调用户体验

---

① 《习近平著作选读》第一卷,人民出版社2023年版,第365页。

和互动性、趣味性,而单向的"我说你听"式宣传教育在信息爆炸的互联网时代往往沦为"背景音"。因此,群团组织从理念上需要切实从宣传教育转向宣传沟通,融入到基层群众当中,增强宣传沟通的互动性。另一方面,各群团组织尽管已经有全国组织做部署,各地组织因地制宜去进行灵活多样的宣传沟通,但总体上看,群团组织还没有形成以面对面宣传沟通和网上宣传沟通所形成的优势互补式立体化沟通战略,各地群团组织还处于守阵地状态,还未能网上网下紧密结合来织密织牢与群众的联系,思想引领的力度还需要进一步加强。正如一位基层工会工作者所言:"血脉在基层,最简单的方式是三个转变:工作方法、工作方式、工作作风,扎根基层、扎根企业、扎根群众,有工作的热情、干事的激情、服务职工的真情,把职工放在心中,把服务伸到身边,群众工作才能做得好,才能发挥群团作用。"①扎根基层,用心用情,群团组织才能从顶层谋划制定与时代相适应、与群众需求相符合的宣传沟通战略,在基层实现与作为主角、主体的群众连心,实现群团组织政治性、先进性和群众性的融通。

①　上海市杨浦区定海路街道总工会调研,地点:街道总工会会议室,时间:2020 年 7 月28 日。

第五章 政策性群团改革的个案分析：以中国计划生育协会参与社会治理为例*

《中共中央关于加强和改进党的群团工作的意见》指出，"群团组织是创新社会治理和维护社会和谐稳定的重要力量"①，要支持群团组织参与创新社会治理和维护社会稳定。党的十九届四中全会通过的《中共中央关于坚持和完善中国特色社会主义制度、推进国家治理体系和治理能力现代化若干重大问题的决定》更是将发挥群团组织作用纳入"构建基层社会治理格局"②予以强调，社会治理由此成为检验群团改革和作用发挥情况的重要场域。以中国计划生育协会（简称"中国计生协"）为典型案例来分析政策性群团在改革中参与社会治理的实践，原因有二：一是与外交学会、贸促会等所处政策领域相对复杂的政策性群团相比，中国计生协于1980年应国家计划生育政策需要而产生，尽管计划生育工作涉及面广，但计生协所处政策领域相对单一，便于考察分析；二是中国计生协的组织架构由全国组织、地方组织、基层组织组成，其

---

　　* 本章主体内容已以《政策性群团参与社会治理：改革、创新与战略构建——以中国计划生育协会为例》为题目发表于《中国行政管理》2020年第9期。

　　① 《中共中央关于加强和改进党的群团工作的意见》，人民出版社2015年版，第18页。
　　② 《中国共产党第十九届中央委员会第四次全体会议文件汇编》，人民出版社2019年版，第51页。

典型的"横向到边、纵向到底"群团组织体系结构①与政府政策执行的命令型行政架构形成了补充,分析这一组织架构下的政策性群团改革有助于将群团研究从功能视角拓展到更为广阔的公共管理视角,在较为全面地分析政策性群团改革情况的同时,更好地回答社会治理主体行为的协同问题。

第一节　问题的提出

（一）国内外相关文献的简要回顾

20世纪90年代,"治理"概念和理论引入中国后,相关文献汗牛充栋,较早使用"社会治理"概念的张康之教授于2002年提出,政府和社会自治型组织竞争合作引起人类社会治理模式从统治行政向管理行政转型②。此后,社会治理的相关研究日益增多。

党和政府最早提出社会建设和社会管理创新的思想是在2004年,是年9月,党的十六届四中全会指出,加强社会建设和管理,推进社会管理体制创新,要建立健全"党委领导、政府负责、社会协同、公众参与"的社会管理格局。2012年,党的十八大指出,要围绕构建中国特色社会主义社会管理体系,加快形成"党委领导、政府负责、社会协同、公众参与、法治保障"的社会管理体制。2013年十八届三中全会指出,要"创新社会治理体制"。自此,"社会管理"改为"社会治理"。正如习近平同志2014年3月5日在参加十二届全国人大二次会议上海代表团审议时的讲话所指出的:"治理和管理一字之差,体现的是

---

① 中国计生协的组织架构由全国组织、地方组织、基层组织组成,因此,按照中国计生协章程,"中国计生协"指的是包括各层组织在内的全国的计生协组织系统,即中国的计生协系统,而在这个组织系统内部,中国计划生育协会的全国组织简称为"中国计生协",各级地方组织简称为某地计生协。因此,文中"中国计生协"即指中国计生协整个组织系统,各地方组织冠以行政层级的,如河北省计生协。中国计生协的全国组织与地方组织和基层组织之间是指导而非命令关系。

② 张康之:《公共管理:社会治理模式的转型》,《天津社会科学》2002年第4期。

系统治理、依法治理、源头治理、综合施策。"①党的十九大报告在提出完善社会治理体制的基础上，强调要"提高社会治理社会化、法治化、智能化、专业化水平"。党的十九届四中全会指出，社会治理是国家治理的重要方面，要"完善党委领导、政府负责、民主协商、社会协同、公众参与、法治保障、科技支撑的社会治理体系，建设人人有责、人人尽责、人人享有的社会治理共同体"②。党的二十大报告将社会治理纳入总体国家安全观，单列第十一部分"推进国家安全体系和能力现代化，坚决维护国家安全和社会稳定"，强调完善社会治理体系，"推进国家安全体系和能力现代化，坚决维护国家安全和社会稳定，并重申"建设人人有责、人人尽责、人人享有的社会治理共同体"③。简言之，社会治理强调的是政府—市场—社会职能相对清晰基础上的多元主体之间的互动、协作关系，强调社会问题的公共性和共治性。

　　具体到群团组织参与社会治理方面，中国知网和 JSTOR、EBSCO 数据库的文献检索显示，截至 2023 年底，国内文献以"社会治理"为篇名的论文超过万篇，涉及全球社会治理、社会治理理论、社区治理、社会组织治理等方方面面，相当多元；以"计划生育协会"+"社会治理"为篇名在中国知网检索的文献只有 1 篇；以"群团组织"+"社会治理"为篇名检索到的论文（含博硕士学位论文）共计 38 篇；单以"计划生育协会"为篇名检索所得论文（含博硕士学位论文）为 107 篇。鉴于北京市 2008 年开始将群团纳入其中的枢纽型社会组织探索并随后得到广东、上海乃至全国范围内的效仿，北京市计划生育协会 2016年被认定为市级枢纽型社会组织，笔者也将"枢纽型组织"相关文献 19 篇纳入检索范围。总体上看，正如导论部分对群团组织参与社会治理相关文献的

①　中共中央文献研究室编：《习近平关于社会主义社会建设论述摘编》，中央文献出版社2017 年版，第 127 页。

②　《中国共产党第十九届中央委员会第四次全体会议文件汇编》，人民出版社 2019 年版，第 49 页。

③　习近平：《高举中国特色社会主义伟大旗帜　为全面建设社会主义现代化国家而团结奋斗——在中国共产党第二十次全国代表大会上的报告》，人民出版社 2022 年版，第 54 页。

梳理所言,相关研究主要集中在三个方面:一是从一般意义上提出群团组织应主动参与社会治理;二是以某地或某个群团组织为例总结群团组织参与社会治理的经验和参与路径;三是分析某个群团组织参与社会治理的情况,这大多集中于工青妇组织。专门研究计划生育协会参与社会治理情况论文较为少见。2015年贵州大学社会学专业彭怡的硕士学位论文以贵州省计生协为例,指出了计生协参与社会治理功能发挥面临的困境,如行政化色彩浓、人力资源不足、经费筹集困难、服务意识欠缺、政社关系不清等,并据此提出群团组织参与社会治理应淡化行政色彩,以服务社会作为其最根本的职能转化,促进政社之间的良性互动合作,提高群团组织的公信力。①

此外,关于计划生育协会方面的研究主要集中在人口发展和计生协自身建设方面。如金小桃认为计划生育协会应当发挥自身的网络优势和群众工作特点,作为人口发展战略和人口治理的参与者积极发挥作用。② 杜厚平认为计生协应当发挥人口文化建设作用,推动群众生育观念转变。③ 蒋若凡以四川为例对人口发展政府治理的研究中也提出应当发挥计划生育协会的作用。④ 计划生育协会自身建设及其作用发挥方面的文献大多是由人口学学者和计划生育协会系统从业者贡献的,这方面的文章最早见于1988年帅泽鹏《关于计划生育协会的探讨》一文,该文是对计划生育协会主要作用和在组建工作中应当注意的问题的总结。⑤ 对于计划生育协会自身的建设,谭克俭2001年通过对山西省晋中市榆次区农村和城镇基层计生协的实证调研,总结

---

① 彭怡:《群团组织参与社会治理的职能定位与功能发挥——以贵州省计生协为例》,贵州大学硕士学位论文,2015年。

② 金小桃:《战略管理视角中的人口发展治理研究》,河海大学博士学位论文,2007年。

③ 杜厚平:《计划生育协会与人口文化建设》,《中小企业管理与科技(上旬刊)》2013年第10期。

④ 蒋若凡:《人口发展政府治理研究——以四川为例》,西南财经大学博士学位论文,2010年。

⑤ 帅泽鹏:《关于计划生育协会的探讨》,《人口学刊》1988年第2期。

了基层计生协在体制、活动、经费等方面的表现和存在的问题。① 李萍认为计生协应当承担生育服务提供者、互助团体、志愿参与者三方面公共职能来加强自身建设。② 关于计划生育协会系统的作用,长期研究计生协工作的王秀银通过考察山东省和庄村计生协参与人口管理情况和潍城区计生协支助社区养老机构的情况,提出计生协发挥了社会参与作用。③ 陈恩以中国计生协为例分析了群团在社会管理中的作用、面临的困境,并提出了对策。④ 近年来还有研究者开始关注计生协组织转型和内部治理情况,如周玉千认为计生协行政性功能弱化,正在尝试市场化和社会化运作,建议转型为第三部门组织。⑤ 叶鸣从委托—代理理论视角分析了基层计生协内部治理情况,认为基层计生协内部治理结构基本健全,但对政府行政依赖性强,作用发挥还有提升空间。⑥

英文文献中对中国计划生育政策的研究较多,但对于中国计划生育协会及其系统的研究极少见,偶尔见于对独生子女政策相关研究中,如莫莉(M. Giovanna Merli)、钱振超和史密斯(Herbert L.Smith)在研究中国计划生育政策的执行时把中国村里从事计生工作的人和乡镇及以上层级政府的计生干部统称为计生干部进行科层制研究⑦而忽略了在作为群众自治组织的村里,从事计生工作的人往往就是村计生协的负责人。

---

①　谭克俭:《基层计划生育协会发展问题实证研究》,《中国人口科学》2001 年第 6 期。

②　李萍:《论人口计划生育协会的公共职能》,《玉溪师范学院学报》2011 年第 2 期。

③　王秀银:《对一个贫困山村计划生育协会工作的调查与思考》,《人口与经济》1997 年第 1 期;王秀银、于增强、高利平:《潍城区计划生育协会支助社区托老机构的调查》,《理论学刊》2002 年第 3 期。

④　陈恩:《群众团体在新时期社会管理中的作用、困境及对策——以中国计划生育协会为例》,《求知》2011 年第 6 期。

⑤　周玉千:《从行政性组织到第三部门:对计生协会组织转型的思考——以厦门市计生协会生育关怀工作为例》,厦门大学硕士学位论文,2017 年。

⑥　叶鸣:《委托—代理理论视角下浙江省基层计划生育协会内部治理研究》,浙江工商大学硕士学位论文,2018 年。

⑦　M.Giovanna Merli,Zhenchao Qian,Herbert L.Smith,Adaptation of a Political Bureaucracy to Economic and Institutional Change Under Socialism:The Chinese State Family Planning System,*Politics&Society*,Vol.32,No.2,June 2004,pp.231-256.

综上,国内外对于我国群团组织参与社会治理的文献并不多见,而对于中国计生协参与社会治理方面的研究则更为少见。在内容上,2015 年以来,计生协参与社会治理开始为学界所关注,而关于计生协自身功能和组织建设的论文尽管量少,但从 20 世纪 80 年代以来一直没有中断。在方法上,尽管既有研究中有不少是从工作经验进行的提炼和地域性案例观察而来,但也体现出规范研究和实证研究相结合的趋势。因此,尽管未能聚焦于中国计生协如何增强政治性、先进性、群众性,也未能聚焦中国计生协在中国人口和计划生育政策变化过程中的功能转型问题,但既有研究从内容到方法都为我们研究像中国计生协这样的政策性群团组织是如何朝着增强政治性、先进性、群众性改革提供了前期基础。

(二)研究的主要问题

中国计划生育协会是我国 23 家群团组织之一,是党和政府联系广大育龄群众和计划生育家庭的桥梁和纽带,是协助政府落实计划生育基本国策、促进人口长期均衡发展与家庭和谐幸福的重要力量,在人口发展、生殖健康、家庭幸福、社会和谐等领域发挥着重要作用。

2016 年 5 月 18 日,中国计划生育协会第八次全国会员代表大会暨先进表彰会在京召开,习近平总书记作出重要指示,在肯定中国计生协工作的同时,要求中国计生协"认真履行肩负的职责,引导广大人民群众正确认识当前我国生育政策调整完善的重大意义,切实做好宣传教育、生殖健康咨询服务、优生优育指导、计划生育家庭帮扶、权益维护和流动人口服务等各项工作"[①]。这"六项重点任务"突出了党和政府对新时代中国计生协发挥作用的重点要求,被中国计生协列为主业主责,推动中国计生协及其整个系统探索在解决群团组织"去四化"共性问题的同时,以政策性、专业性来增强其连接党和政府

---

① 《推动计划生育基本国策贯彻落实 促进人口长期均衡发展与家庭和谐幸福》,《人民日报》2016 年 5 月 19 日。

与群众之间的桥梁纽带作用，在强化群众性基础上彰显政治性、先进性，而社会治理作为国家治理的重要领域，为中国计生协提供了广阔的作为天地。中国计生协如何更好地增强政治性、先进性、群众性，组织动员广大人民群众坚定不移跟党走，如何参与社会治理并显出成效来，就成为中国计生协回答这一时代命题的重心。因此，我们从巩固党执政的阶级基础和群众基础的政治高度出发，坚持问题导向，探究中国计生协是如何在群团改革中锚定现实问题来对自身进行再定位和功能再调整，把自己作为社会治理的主体来发挥作用的，进而提出中国计生协增强政治性、先进性、群众性的战略框架和策略选择。研究的主要内容具体包括以下方面：一是对群团改革以来中国计生协以及全国计生协系统既有的参与社会治理的做法、经验进行梳理和总结，发现和提出存在的问题；二是深入分析中国计生协的核心功能、治理架构、活动方式等，提炼出中国计划生育协会功能实现的主要方式和行为逻辑；三是结合中央对群团组织改革的部署，立足中国计生协在党和国家人口发展战略中的桥梁纽带功能定位，提出中国计生协参与社会治理的系统化战略框架。

第二节　中国计划生育协会的组织性质与治理结构

在分析中国计生协参与社会治理情况之前，我们需要首先考察中国计生协的组织性质及其在社会治理中的地位，之后结合其以改革促进功能发挥来提炼其在社会治理中的作用。

（一）中国计划生育协会的组织性质：政策性群团

依据章程规定，中国计生协是党领导的全国性群团组织，是党和政府联系广大育龄群众和计划生育家庭的桥梁和纽带，是协助政府落实计划生育基本国策、促进人口长期均衡发展与家庭和谐幸福的重要力量。但中国计生协一开始并未列入群团序列,这与我国国家与社会关系的演进和对计划生育工作的认识有关。

改革开放后,为配合国家计划生育工作和加强国际交流,1980 年 5 月 29 日,经国务院批准,中国计划生育协会成立,定位为中国共产党领导下计划生育工作者自愿结合的群众组织。1981 年 3 月,国家计划生育委员会成立,"严格控制人口"的主要任务和职能不断加强。1982 年,计划生育被定为基本国策后,随着一孩政策在全国范围内的实施,结合国情,中国计划生育协会将国内工作重点定在农村,提出"协会建在村上",抓好宣传教育、普及科学知识和调查研究。到 1986 年,中国计划生育协会第一次代表大会指出:要注意团结各界,发挥民间组织的优势,以便为群众开展计划生育、优生优育服务。要在党的统一领导下,摸索出一条"国家指导和群众自愿相结合"的中国计划生育路子,充分发挥协会在计划生育工作中的组织、纽带和桥梁作用。①

此后,随着社会组织的迅速发展,1989 年 10 月,《社会团体登记管理条例》出台以后,中国计生协即按照社会团体在民政部门进行登记,但工作人员都是干部身份。2006 年《公务员法》实施后,中国计生协的机构编制和干部队伍的归属问题需要解决。同年 7 月 17 日,中央机构编制委员会办公室《关于中国计划生育协会列入群众团体序列的批复》(中央编办复字〔2006〕86 号)指出:"经研究并报中央编委批准,中国计划生育协会列入群众团体序列,由中央编办管理其机关机构编制"。8 月 22 日,中共中央组织部、人事部《关于印发工会、共青团、妇联等人民团体和群众团体机关参照〈中华人民共和国公务员法〉管理意见的通知》(组通字〔2006〕28 号)指出:"《中华人民共和国公务员法》已经正式施行。中央决定,在党的机关、人大机关、行政机关、政协机关、审判机关、检察机关、各民主党派和工商联机关实施公务员法的同时,工会、共青团、妇联等使用行政编制或由中央机构编制部门直接管理机构编制的人民团体和群众团体机关参照公务员法进行管理。"因此,中国计生协 2006 年

---

① 柴法臣:《中国计划生育协会第一次代表大会在北京召开》,《人口研究》1986 年第 3 期。

列入群团序列,其机关参照《中华人民共和国公务员法》管理。但是,中国计生协仍然在民政部进行登记,直到 2015 年 9 月 10 日,《民政部关于中国计划生育协会免予社团登记的通知》就中国计生协免予社团登记的有关问题明确发文,确认经国务院批准,中国计生协可以免予社团登记。自此,中国计生协成为由国务院机构编制管理机关核定,并经国务院批准免予登记的团体,走完了正式入列群团组织所有程序。

相较于参加人民政治协商会议的人民团体因与新中国政权的获得和巩固联系更为密切而成为具有更为强烈的利益综合特征的基础性群团,中国计生协是政策性群团,具有体现和落实政府在计划生育特定领域的政策意图的功能,与政府的相关职能关系密切,依法依规承担着具体政策的执行任务。如《中华人民共和国人口与计划生育法》第七条规定:"工会、共产主义青年团、妇女联合会及计划生育协会等社会团体、企业事业组织和公民应当协助人民政府开展人口与计划生育工作。"再如《中国共产党农村工作条例》第二十二条规定:"各级党委应当发挥工会、共青团、妇联、科协、残联、计生协等群团组织的优势和力量,发挥各民主党派、工商联、无党派人士等积极作用,支持引导农村社会工作和志愿服务发展,鼓励社会各界投身乡村振兴。"

中国计生协作为政策性群团,在其章程表述中也有明确的反映。2016 年 5 月 20 日,中国计划生育协会第八次全国会员代表大会修改通过的《中国计划生育协会章程》第一条规定:"中国计划生育协会是中国共产党领导的全国性群团组织,是党和政府联系广大育龄群众和计划生育家庭的桥梁和纽带,是协助政府落实计划生育基本国策、促进人口长期均衡发展与家庭和谐幸福的重要力量。"在任务中首要的一条就是,"贯彻落实《中华人民共和国人口与计划生育法》和国家相关法律法规、政策,协助政府推动人口和计划生育工作"。中国计生协是政策性群团,也体现在其领导和业务指导关系上——中国计生协章程规定,计划生育协会受同级党委领导和同级政府卫生健康行政部门业务指导,而在业务构架层面,"指导中国计划生育协会的业务工作"也被列入国家卫生健康委员会的主要职责当中①。需要指出的是,政策是政治的体现形式之一。因此,中国计生协是政策性群团,当然具有政治性,只是与工青妇等与国家政权的产生和巩固有历史和直接联系的政治性群团相比,其政治性通过对政策的宣传、执行和优化来表达。

(二) 中国计划生育协会的治理架构

按照章程规定,中国计生协的领导机构是同级会员代表大会和它选举产生的理事会。以中国计生协的全国组织为例,中国计生协全国会员代表大会每届任期五年,会议每五年召开一次,由全国会员代表大会选举全国理事会理事,由全国理事会选举产生会长、常务副会长、副会长、常务理事。全国理事会在全国会员代表大会闭会期间,行使其职权,执行其决议。常务理事会在全国理事会闭会期间,行使其职权,执行其决议。会长代表全国理事会领导中国计划生育协会工作;常务副会长是中国计划生育协会的法定代表人,受会长委托主持本会工作;其他副会长协助会长、常务副会长工作。中国计生协机关为中国计生协的执行机构,秘书长主持执行机构的日常工作。由于全国会员代表大会每五年召开一次,全国理事会每年召开一次,常务理事会每半年召开一次,中国计生协机关作为中央编办管理机构编制的群团机关,成为中国计生协治理架构的实际运行中枢。由此,中国计生协就形成了如图5-1所示治理架构。

这种虚理事会—实执行机关治理架构,一方面使中国计生协区别于职权法定的党政部门,另一方面又区别于在民政部门登记管理的采用理事会治理结构的非营利组织,本身就体现着中国计生协作为群团组织的群众性,体现着中国计生协联系党和政府与服务对象之间的桥梁纽带特性。同时,中国计生协的这种治理架构也使其区别于参公管理事业单位,因为在中国计生协的治

---

① 中央机构编制委员会办公室:《国家卫生健康委员会职能配置、内设机构和人员编制规定》,中国机构编制网,http://www.scopsr.gov.cn/zlzx/bbwj/201811/t20181120_326751.html。

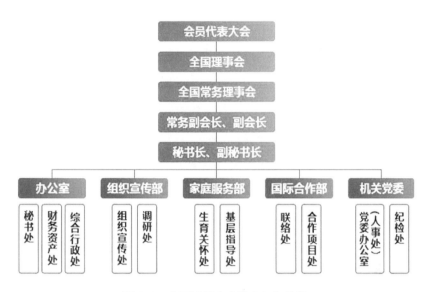

图 5-1　中国计划生育协会组织结构

资料来源:中国计划生育协会网站,http://www.chinafpa.org.cn/jgsz/jsxjj/201812/t20181220_42812.html。

理架构中,其领导机构是全国会员代表大会和它选举产生的理事会,而中国计生协的执行机构——中国计生协机关作为中央编办管理机构编制的群团机关,有三定方案,有参公事业编制。这种组织架构使中国计生协既能够通过调整理事会构成扩大社会横向资源,又能够通过扩大基层一线比例将领导层与基层执行层紧密结合起来。如中国计生协的全国组织吸收来自教育部、全国妇联、全国政协、全国总工会等部门、群团组织和基层干部进入理事会,使中国计生协区别于按命令链条运行的党政部门,在治理结构层面形成横向和纵向协同合力。中国计生协与采取理事会治理架构的非营利性社会组织也不同:理事会领导下的中国计生协机关拥有参公事业编制,纳入政府财政预算,且拥有深入到政权基层和社会中的组织网络,拥有覆盖城乡的近 100 万个基层组织、9400 多万会员。① 因此,中国计生协的治理架构体现出党的领导、政府指导、社会公众参与相结合的公共性以及联系党和政府与服务对象的桥梁纽带

_____

① 中国计划生育协会网站:“中国计生协简介”,http://www.chinafpa.org.cn/jgsz/jsxjj/201812/t20181228_42817.html,最后检索日期:2022 年 12 月 10 日。

特性,具有参与社会治理当然的有利性、便利性和延展性。

在这个组织体系网络中,上级计划生育协会指导下级计划生育协会的工作,下级计划生育协会向上级计划生育协会报告重要事项。不仅如此,各级计生协的经费列入同级财政预算予以保证,还可以按章程规定接受国内外组织、机构、个人捐赠,国际、国内合作项目,会员缴纳的会费,提供有偿服务的收入和其他合法收入,并可以建立生育关怀基金、人口福利基金等筹资平台,拓宽筹资渠道。也正因为中国计生协具有典型的"横向到边、纵向到底"的群团组织体系,按照中国计生协章程,"中国计生协"指的是包括各层组织在内的全国的计生协组织系统,即中国的计生协系统,而在这个组织系统内部,中国计划生育协会的全国组织简称为"中国计生协",各级地方组织简称为某地计生协。因此,本书中的"中国计生协",即指中国计生协整个组织系统,各地方组织冠以行政层级的,如河北省计生协。中国计生协的全国组织与地方组织和基层组织之间是指导而非命令关系。

第三节 中国计划生育协会参与社会治理的实践探索

党的十八大以来,特别是 2015 年《中共中央关于加强和改进党的群团工作的意见》发布和 2016 年 1 月 1 日"全面二孩"政策正式实施,给自成立以来就适应于强势执行的中国计生协带来了巨大挑战,即需要从政府刚性计生工作的强势执行协助者转向面向群众柔性服务的提供者。

2016 年 5 月 18 日,习近平对中国计划生育协会第八次全国会员代表大会暨先进表彰会作出重要指示,要求中国计生协切实做好"六项重点任务",已经指出了中国计生协功能转型的要点。2018 年年初,国务院办公厅印发《中国计划生育协会改革方案》,推动全国计生协全面深化改革,更好地面向需求,创新工作,加强组织建设,提升服务群众能力,增强政治性、先进性、群众性,发挥桥梁纽带作用。这就要求中国计生协能够贴近群众,上下联动,将自身嵌入到社会治理体系当中去,牢牢连接党和政府与会员和群众。2021 年 7 月 20 日,《中共中央国务院关于优化生育政策促进人口长期均衡发展的决定》公布。2021 年 7 月 21 日,《国家医疗保障局办公室关于做好支持三孩政策生育保险工作的通知》(医保办发〔2021〕36 号)发布。2021 年 8 月 20 日,十三届全国人大常委会第三十次会议表决通过了《关于修改〈中华人民共和国人口与计划生育法〉的决定》,修改后的《人口与计划生育法》规定:"国家提倡适龄婚育、优生优育,一对夫妻可以生育三个子女。"计划生育政策的连续变化,对改革中的中国计生协形成了更为深刻的全方位挑战。

可以说,在计划生育政策调整的同时,中国计生协基本上同步开始群团改革,从治理结构到行为重心加快改革步伐,努力在社会治理中找准位置、定准功能,从宣传、服务和合作等方面加强探索,体现计生政策领域党委、政府、社会力量、公众之间多元多维需求—供给有效连接者的价值。

2019 年 4—10 月,笔者对中国计生协的全国组织以及河北省、福建省、湖南省三地计生协组织进行了实地调研和深度访谈。之所以选取这三地进行调研,是因为这三个地方具有典型特征。河北省是"全面二孩"政策实施之前传统的计生优秀省份,截至 2019 年 4 月,河北省共创建国家及项目县 5 个,省级示范县 26 个,培树国家级示范村 450 个,省级示范村 1506 个,市级示范村 2340 个,全省 95% 的村修订完善了计划生育村规民约并严格落实了乡级审查备案制度①。福建省计生协 2018 年 9 月 20 日从省卫计委分设出来,设立党组,是独立的正厅级群团机关事业单位,直接归口省委管理,为财政一级预算单位,资金较为充足,开展有品牌项目,以品牌项目来凝聚群众,全省开展计生基层群众自治"六好"示范村居创建面达到 100%。② 湖南省怀化市的特点是2015 年以来,以改革为契机,将原有会员"清零"后,重组基层村居的计生协组

---

① 河北省计生协工作情况汇报,时间:2019 年 4 月 15 日。

② 福建省计生协工作情况座谈,时间:2019 年 4 月 25 日。

织,重新发展协会会员,截至 2019 年 10 月底,怀化市共发展各级计生协会组织共 3428 个、会员 50 万余人,骨干会员近 8 万人,会员人数占总人口的 10.14%①,形成了稳定活泼的社会基础。2021 年 8 月 8—13 日,笔者又对重庆市计生协系统进行了线上调研②,在一定意义上,重庆市计生协是重庆市群团改革的组成部分,也是中国计生协条线改革的组成部分,但因未能实地调研,线上调研的材料仅作为辅助。河北、福建和湖南怀化形成了中国计生协系统探索自身发展和参与社会治理的三种不同路径,都是当地结合本地实际进行探索的结果。结合相关调研和面上文献,以及新冠疫情发生后中国计生协采取的措施,笔者将中国计生协参与社会治理的既有实践探索总结如下。

(一)优化计生组织网络,下沉工作重心和资源

社会治理的重心在基层,而群团组织因是群众工作的重要主体而必然需要将重心放在基层。

中国计生协拥有得益于 20 世纪 80 年代以来计划生育政策强力推进而形成的健全而有效的组织网络体系,在以往的计生工作中发挥了重要作用,作出了重要贡献。2018 年初,国务院办公厅印发《中国计划生育协会改革方案》后,在中国计生协的部署下,全国各地计生协都开始陆续行动起来,以服务导向夯实计生组织网络,并下沉计生工作重心。如中国计生协在“八代会”换届选举时启动了中国计生协领导机构改革,增设了 5 位来自基层和一线的兼职副会长,大幅提高了理事、常务理事中基层及一线人员比例,分别由“七代会”的 22%、10%提高到“八代会”的 42%、32%,全面优化理事会、常务理事会成员结构,增强了中国计生协领导机构的广泛性、代表性。重庆市计生协 2019 年 11 月换届后,由市级在职领导兼任会长,来自基层一线的会员代表、理事、常务理事占比分别达 86%、71%、48%,比上一届均提高了 20 个百分点以上;

---

① 湖南省怀化市计生协座谈,时间:2019 年 10 月 29 日。
② 因疫情原因,现场实地调研未能成行,改为线上进行。

根据职能调整的需要,重庆市计生协系统区县级专职干部编制数量由 174 名增加到 214 名,乡镇、村社区计生协均有兼职人员从事计生协会工作。截至 2021 年 7 月底,重庆市计生协会员总数 240.83 万人,团体会员 16.83 万个;志愿者队伍 1.1 万个,志愿者 7.73 万人;会员小组 8.14 万个,会员之家 1.82 万个,各类文化社团 0.11 万个;健全了"横向到边、纵向到底"的市、县、乡、基层四级组织网络,形成了以"会员小组、会员之家、文化社团"为主的三级活动网络。①

河北省计生协换届后,相较于第六届理事会几乎都是机关各处处长、医院一把手的情况,第七届理事会理事在数量上减少了 1/3,并提高了基层和一线代表比例。全省 11 个设区市除承德市计生协"参公"手续待批复外,其余全都解决了"参公""入序"②"三定"问题,168 个县(市、区)中,"入序"129 个,"参公"139 个,"三定"150 个,在一定意义上起到了稳定队伍、稳定人心、推进工作的效果。沧州市计生协结合工作实际,探索出以"四个覆盖"为平台,做到"四个结合":一是与基层党组织全覆盖相结合,选举村党支部书记任计生协会会长,负责全村计生协工作,全体党员承诺带头实行计划生育;二是与体现基层民主的群众自治组织全覆盖相结合,将村代会、村监会及计生协会有机整合,使计生协工作从实质上列入村务工作当中;三是与维稳组织全覆盖相结合,将综治小区与育龄妇女小组融为一体,由综治小区长担任会员小组长,全县各村小区长成为农村计生协工作的骨干力量;四是与基层经济互助合作组织全覆盖相结合,吸收致富能手、文化能人为计生协理事、会员,增强了协会的群众基础和帮带能力。2017 年东光县计生协对所有村级秘书长按照"年轻化、知识化、女性化、专业化"进行了全面重聘,新任秘书长,中专学历达到95% 以上,为村级协会组织注入了新鲜血液。

福建省计生协着力解决基层计生协会有人干事问题。全省 1110 个乡

---

① 重庆市计生协线上调研,时间:2021 年 8 月 13 日。
② 即计划生育协会进入群团序列。

(镇、街道)中有 1027 个乡(镇、街道)核定计生协会编制,占全省乡(镇、街道)数的 92.52%。全面开展了计生基层群众自治示范创建工作,着重深化计生协会基层组织改革,推动协会组织和协会工作从有形覆盖向有效覆盖转变。同时,深化计生协治理结构和治理方式改革,提升计生协的社会化服务能力,加强队伍培训,整合优化计生协小组长队伍,积极参与社会治理、健康管理等工作,在做好服务群众"最后一公里"工作中发挥好"链接"作用。以厦门为例,全市 38 个镇(街)均能配备 1 名落实编制的专职协会干部,还可以配备 1 名以上编外用工,各村(居)均由书记或主任兼任协会会长,并配备了专职副会长或秘书长负责日常工作。湖南省怀化市则以改革为契机,重组基层村居的计生协组织,将原有会员"清零"后,重新发展协会会员。在村居计生协组建时,明确村居支部书记为会长、支部委员和优秀村民代表为理事,重组村居计划生育协会。同时,怀化市计生协大力宣传发动群众,动员村居基层干部、致富能手、计生积极分子经过自愿申请、理事会审核批准、自愿缴纳会费后重新加入计生协,优化了以"五老"①为骨干的基层协会会员队伍,提升基层协会会员素质,建立起一支扎根基层、能做实事的计生协会队伍,尤其是在区划调整过程中,通过各县计生协协调基层政府和村居委会将全市 317 名原村计生专干纳入村计生协会组织,担任秘书长或专职副会长,以充分发挥他们在群众中的影响力,促进了协会工作开展。夯实组织网络和下沉工作重心的探索为中国计生协在新冠疫情中准确下沉资源和迅速发挥基层社会支持作用提供了有力的组织支持。在抗击新冠疫情过程中,中国计生协把计生协基层组织网络健全的优势转化为战"疫"优势,依托"城市延伸至社区、农村延伸至村组"的基层网络优势,全面融入地方联防联控机制,组织动员各级计生协会员、志

---

① "五老"最早指中国关心下一代工作委员会提出的老党员、老专家、老教师、老战士、老模范,充分发挥政治、威望、经验、时间和亲情五大优势。扎实开展关心下一代工作。后来,在基层社会治理中得到拓展和延伸,指党建引领基层社会治理,充分发挥城乡社区中的老党员、老干部、老教师、老军人、老乡贤(德高望重的老人)在亲缘、人缘、地缘等方面的优势,积极协助民事纠纷调解,化解矛盾纠纷,增强基层城乡社区多元参与、协商共治能力。

愿者和工作者深入到基层社区、村（居）疫情防控工作第一线，协助做好属地疫情防控"最后一米"工作。如福建省三明市小陶镇计生协组织成立 36 支 605 人组成的志愿劝导队，骨干会员带头、分片包干、全覆盖登记，责任到人、联系到户，确保疫情防控不留空白、不漏一人。

（二）围绕六项重点任务，发挥社会治理主体作用

无论是社会治理体系的完善还是社会治理共同体的建设和基层社会治理新格局的形成，都需要不同的社会主体立足各自的职能、功能和优势，在不同的社会事务中切实发挥作用。中国计生协探索聚焦主责主业，围绕会员和所服务的群众的需求，以问题导向和需求导向参与到社会治理当中。

1. 创新多样化宣传手段教育引导群众

随着受教育程度的普遍提高、互联网信息技术的普及，人们获取信息的途径、时段发生了重大变化，中国计生协在发挥传统宣传优势的同时努力探索创新宣传手段。

首先是继续用好传统宣传形式，在基层加大传统的近距离宣传密度。如福建省各级计生协会落实了宣传意识形态工作责任制，抓好《计生协会小组》《福建卫生报》等宣传主阵地；河北省计生协坚持"三个贴近"（贴近实际、贴近生活、贴近群众），鼓励引导各村建立计生宣传队伍，通过集中宣讲、文艺演出、发放宣传手册、大喇叭广播、村务公开栏、面对面讲解等方式宣传计划生育家庭奖励扶助政策，并在元旦、春节等国家重大节日和 5·29 会员纪念日、7·11 世界人口日、七夕等时间节点发放《婚育新风遍燕赵》等生殖保健、计生政策法规、奖励扶助等宣传材料，同时开展免费健康查体和义诊等活动。

其次是加强网上群团建设，以喜闻乐见的形式创新新媒体传播。如福建省县级以上计生协会普遍建立微信公众号，关注人数始终保持在 10 万人以上。

最后是创新多种喜闻乐见易接受的宣传手段提升宣传效果。如福建省

加强人口文化大院、会员之家建设,组织书画家开展"下基层、送温暖、写春联"活动,鼓励各地共建文艺宣传队、志愿服务队,拍摄舞台剧、微电影、微视频等。湖南怀化市自 2015 年起,每年在各级计生协集中开展"温情五月"宣传服务活动,并将 5·29 计生协会活动提升为协会文化节日,宣传卫生健康政策。

河北、福建的各级计生协都组建了宣传服务工作的微信群、QQ 群,使行政策法规、优惠政策、项目信息、健康科普、科学育儿知识等得到广泛传播。疫情期间,中国计生协微信公众号开辟"同心抗疫"专栏,深入宣传党中央最新决策部署和防控要求,主动科普疫情防控健康知识,累计阅读量超5000 万人次。各省级计生协都结合微信公众号积极开展线上线下宣传。中国计生协还利用项目专家库,积极开展心理疏导、情绪支持等服务,于2020 年 1 月 28 日率先在全国开通抗"疫"心理咨询热线,来电涉及 25 个省(市)的一线医生、患者和社区群众。经过专家疏导,有效帮助一些咨询者减轻了心理压力。同年 2 月 4 日起,在微信公众号开设"心理援助专栏",组织心理专家针对最突出、最普遍的心理问题编写疫情期间《自我心理调适方法》每日更新一期。同时,向人民日报客户端、百度百家号等 8 家政务自媒体推送,到 2020 年上半年,累计阅读量超 600 万次。专业的知识普及、专家咨询解答对于缓解群众恐慌焦虑情绪,预防控制疫情的社会心理影响起到了积极有效的作用。

2. 以品牌化项目化服务进行精准帮扶和权益维护

首先,各地计生协都充分利用既有资源优化生殖健康咨询服务。例如,湖南怀化市计生协利用医疗卫生资源和有医技知识的协会会员,拓展技术服务范围,打造生殖健康绿色服务品牌,对计生家庭做好"一对一"的跟踪指导服务,做到孕前、产前、产后有针对性地帮助其释疑解惑。福建省计生协则主要以购买服务的方式,依托有资质的医疗机构,为家庭人均年可支配收入低于当地平均水平的城乡育龄群众特别是计生困难家庭母亲提供各种形式生殖健康服务。不仅如此,福建省计生协还依托卫健部门资源,充分发挥"会员之家""社区家庭健康服务中心"等阵地作用,继续扩大生殖健康援助行动项目试点,打造集宣传教育、咨询服务、综合管理为一体的生殖健康促进服务体系,助力健康福建建设。

其次,各地计生协探索将服务项目化、精准化、品牌化。如福建省计生协面向计生群众开展"幸福工程""计生小额贷款贴息帮扶""幸福微笑——救助唇腭裂患儿"等12个项目,项目的资金以政府投入为主,项目对象、资助标准和时间均有详细说明,服务精准度较高。

最后,对计生特殊家庭和困难家庭进行靶向帮扶,助其生活无忧、舒心体面。针对计生特殊家庭和困难家庭,各地都努力建立起多项帮扶制度,让计生特殊家庭和困难家庭生活无忧、舒心、体面,有效破解"计生特殊家庭"方面的社会矛盾。例如,河北省计生协和省卫健委联合开展了以"八个一"为主要内容的亲情关爱行动,为计生特殊家庭提供安装一部紧急救助电话、组织一次免费体检、建立一份档案等帮扶,并在全国率先建立了三帮一联系人制度,确定县乡村三级联系人,精准帮扶计生特殊家庭,省市县三级财政出资,实现住院护工补贴险覆盖所有计生特殊家庭。湖南怀化市在市、县、乡镇的各医疗部门实现"就医绿色通道"全覆盖,在怀化市城区启动"暖心家园"试点项目建设,联合怀化市城中大药房等10多家企业开展"幸福携手·大爱怀化,关爱计生特殊家庭"活动,每年安排10万元资金给"计生特殊家庭"发放慰问金和"温暖包"等。这使得作为湖南省计生特殊家庭上访"重灾区"的鹤城区基本实现了"零上访"。在新冠疫情期间,各地基层计生协每日通过电话、微信等与失独家庭沟通联系,主动在日常生活和健康防护等方面提供必要帮助。如湖北省计生协为帮助计生困难家庭新冠肺炎患者渡过难关,在全省范围内开展计生困难家庭新冠肺炎关爱项目,主要资助低保户、贫困建档立卡户、低收入群体等新冠肺炎对象,其中给予确诊对象每人1万元资助、病亡家属5万元资助。到 2020 年 3 月,湖北省计生协已为全省 559 个计生对象家庭发放 675 万元资助金。

3. 积极扩大流动人口计生服务圈

中国处于快速城镇化时期,就业机会呈现出城镇高地特点,流动人口多,计生服务也需要跟上。各地计生协都努力结合本地实际情况,探索与企业、行业协会、外地政府等加强合作,做好对流动人口的服务。如河北省计生协和省卫健委联通合作,建立了联动机制,形成了服务流动人口的合力。省计生协系统坚持"流动人口在哪里,计生协组织就覆盖到哪里",采取了"支部+计生协""企业+计生协""行业协会+计生协"等形式,不断扩大流动人口计生协的组织覆盖和工作覆盖。截至 2019 年,全省共创建各类流动人口计生协组织 1277 个。湖南省怀化市计生协 2008 年就开始联合贵州省铜仁市、黔东南州等 20 个县探索创建流动人口区域协作平台,重点为湘黔毗邻地区流动人口开展卫生计生均等化服务、维护流动人口合法权益。现在,这个平台已经拓展为"湘黔边界卫生健康区域协作"平台,为湘黔两省卫健行政部门加强指导,以更好地服务湘黔边远地区的群众提供了便利。

4. 主动拓展多方沟通协同网络

社会治理强调多主体协同处理社会事务、解决社会问题。群团组织之间、群团组织与社会组织之间、群团与党政部门之间加强协同合作,有助于推动社会治理形成合力。中国计生协的全国理事会吸收来自教育部、妇联、全国政协、全国总工会等部门、群团和基层干部进入治理结构当中,起到了在治理结构层面进而在工作层面形成协同合力的示范作用。

福建省计生协在开展项目时注重同其他群团组织和政府各部门合作,同时也广泛借助社会组织的力量以购买服务的方式推动项目落地。在儿童早教、青春期健康等方面与妇联、共青团和其他社会组织共同合作,如省计生协与协和医院儿科专家团队联合编印出版《0—3 岁儿童早期发展指导——育儿宝典》,与厦门大学、福建师范大学等 15 所高校合作推动青春健康同伴教育模式,同时还组织大学生志愿者深入社区进行青春期教育活动。厦门市同安区计生协依托馨贝昉早教中心,采取政府购买公益服务的模式开展早教服务活动,2018 年以来共服务 1560 个婴幼儿家庭。再如湖南省怀化市麻阳县楠木桥村计生协联合包括凤凰县毗邻村在内的周边 9 个村,建立了楠木桥计划生育协会联合会,创建"联村联创、抱团攻坚"的扶贫产业基地,坚持"靠协会起家、靠协会管家、靠协会发家"抱团脱贫,推动了一批农业产业发展增效,解决了一批计生家庭就业增收。

(三) 加强能力建设,推动服务专业化规范化

针对基层组织建设不规范和基层工作人员因身兼多职而服务的专业性和规范性较差等问题,各地计生协都在努力加强能力建设,以更好服务于社会治理。如福建省计生协从省、市、县三个层次,每年按照下移两层的方式,对全省各级计生协会干部与工作者开展业务培训,开展的培训内容重视趋向专业化,如开展心理咨询师、育婴师的培训。2017 年,河北省计生协举办全省计生协干部培训班并启动全省计生协服务群众能力提升工程,指导各地按照"下管两级"要求,组织开展形式多样的培训活动,推动各级计生协干部提高专业能力、增强群众工作本领,努力打造一支"善于学习有水平、对待群众有感情、推动发展有能力、改革创新有动力、服务至上有作为"的"五有"计生协干部队伍。不仅如此,河北省计生协还重视志愿者培训,如衡水、承德均组织过志愿者培训班。湖南怀化市则采取分层次、分批次方式对各级计生协干部和骨干会员开展工作培训及能力建设,近 5 年市、县、乡、村、组"五级"协会人员人均培训达到 3 次以上,使得协会业务及开展工作能力得到很大提升。

中国计生协作为国际计划生育联合会成员,还有开展国际交流与合作的

责任。在国际交流与合作中,讲好中国计生故事也需要从中国计生协在基层社区、围绕会员和广大群众的服务实践中寻找素材,体现在对国内基层计生群众需求的掌握和服务的及时性和便捷性。新冠疫情暴发后,中国计生协第一时间向国际计生联通报新冠疫情,以及中国政府为把疫情控制消灭在中国境内、最大限度遏制疫情输出采取的果断措施。国际计生联官网发专版支持中国抗疫,向全球发起专项募捐活动,呼吁所有人团结起来给予中国支持与帮助,并向我国首批捐赠 10 万只 N95 口罩。因此,作为家庭健康和家庭福利规划的国际大家庭的成员,中国计生协有着推动基层计生协加强服务的强烈意愿,也为中国计生协整个系统的经验交流和典型经验分享提供了更高的平台。中国计生协参与社会治理的上述做法无疑也为中国计生故事提供了丰富多彩的鲜活基础。

综合来看,上述实践探索展示出中国计生协在努力抓组织建设特别是基层组织建设的基础上,聚焦主责主业,下大力气落实六项重点任务,在政策转变、群团改革并行时期努力创新服务方式,努力提升服务计生群众的力度和质量。一方面,中国计生协优化治理结构,织密横向资源网络,利用贴近群众的传统优势撬动资源下沉,体现了计生工作的连贯性;另一方面,中国计生协配合国家大健康战略,将服务内容拓展到家庭健康和发展,“互联网+”和伙伴式服务并举,正在以多元宣传—精准项目—横向合作的行为策略在社会治理中取得成效,尤其是在创新宣传手段上成效较为显著。在服务群众时,中国计生协也日益注重与其他群团组织和社会组织包括政府部门通力合作。最为重要的是,在面临计划生育政策变化和计生协转型的压力下,中国计生协系统基于具体情况,进行了卓有成效的探索,在组织建设和能力提升两个方面不断努力,为有效发挥计生协功能提供支撑。一方面,围绕基层计生群众进行工作转型,体现计生工作服务计生群众的连贯性;另一方面,围绕家庭和健康,体现计生协工作内容的增长点,为中国计生协从顶层形成参与社会治理的战略框架与策略选择提供了较为厚实的现实实践支持。

第四节　中国计生协参与社会治理
实践中的问题及其原因

中国计生协作为兼具政策性和群众性的群团组织，具有参与社会治理的天然优势。各地计生协尽管都朝着增强政治性、先进性、群众性改革目标，围绕"六项重点任务"认真开展了大量工作，在参与社会治理方面取得了较大进展，探索出了一定的经验，特别是在推动计生从行政管理到诚信契约管理方面进行了积极探索，并在服务计生群众方面取得了一定的成效，但是，因长期体制内计生工作的惯性，在功能发挥方面，仍然行政性过强而群众亲和性不足。整个中国计生协系统对计生工作的定位、服务群体的边界、服务内容等还不够明确，对计生工作者的身份认知等也存在着不同的认识，对计生政策的变化和计生工作方式的转变要求认识还存在着较为普遍困惑，还需尽快实现从协助强制执法向主动服务的转变，"强三性"的机制探索虽有进展但还需深入推进。

（一）存在的主要问题

1. 功能定位的实施战略不明

近年来，中国的生育政策进行了重大调整，严格控制生育的时代已经结束。2018 年国务院机构改革，卫健委的机构名称中不再保留"计划生育"，在现实实践中，计划生育也不再一票否决。于是，各级政府部门也不再重视计划生育工作，带有强烈"一孩政策"思维印记的社会舆论普遍认为"计划生育"已经结束，普通公众对"计划生育"更是持否定性的态度。调研发现，当前对计生工作该怎么看，不仅困扰着计生协系统，而且困扰着地方政府和全社会。表现在计生协的作用发挥上，就是地方计生协所说的："实际工作中力度在减弱,很多时候理不直气不壮"①。尽管各地计生协也在围绕"六项重点任务"开展工作,但相较于"一孩政策"时代强制计划生育的硬任务硬目标硬考核,现在的计划生育工作呈现出软任务软目标软考核特点,要求更多的是贴近会员和群众,加强优生优育服务和计生家庭沟通等。地方计生协工作人员普遍反映,现在都是做服务做健康指导,"看不到服务成效"②,但又要求老百姓从计生工作中有获得感。群众带着"一孩政策"时期的认知,一听计生协的名字,就先有了排斥。因此,各级计生协会组织普遍认为计生协地位有被边缘化的趋势,许多计生协干部比较迷茫、委屈,不理解的情绪普遍存在,要求改名的呼声很高。

计生协系统普遍认为,在群团改革中,中国计生协面临最大的困难就是重新定位问题。定位不明确带来一系列问题,包括对运行体制机制、计生工作的定位、服务群体的边界、服务内容、对计生工作者的身份认知等也存在着不同的认识。在实践中,基层一线对计生协定位和职责的不明确体会最为深刻,有从事计生协工作近30年的地方同志反映:"我们以前做计生叫生力军、桥梁纽带,现在没有提法了,处于漂浮状态。现在能不能说是健康生力军和桥梁纽带呢?"③在调研中,地方计生协的工作人员都在问:计生协到底要干什么? 计生协的职能到底做什么? 对于计生协定位在实践中的不明确造成的运行体制机制不畅,重庆市计生协工作人员直接表示:"计生协系统全国从上至下的运行体制没有作统一规范。"④

由于计生协的定位和职责不明确,而服务范围又超越了以往所规定的计生家庭,地方计生协对宣传什么内容有些迷茫。于是,基层对计生政策基本上不做宣传,而是简化为"全面二孩""全面三孩",挂上计生协的名字,宣传板成

---

① 福建省 X 市计生协调研访谈,时间:2019 年 4 月 26 日。
② 福建省 M 县计生协调研访谈,时间:2019 年 4 月 25 日。
③ 福建省 X 市 H 区计生协调研访谈,时间:2019 年 4 月 26 日。
④ 重庆市计生协线上调研,时间:2021 年 8 月 13 日。

为群众跳广场舞的背景,群众也记不住是谁在宣传。在健康咨询方面,计生协专业能力又跟不上。甚至有基层同志反映说:"基层我什么都能做,也什么都不想做。上面有什么任务交给我们,我们都能完成,但完成有两种,一种虚的,一种实的。思想宣传宣传什么? 上面不讲,让我们自己理解,(我)哪里知道宣传什么啊。"①

其实,中国计生协章程明确规定了组织定位。2016 年 5 月 20 日中国计划生育协会第八次全国会员代表大会修改通过的中国计生协章程在第一条明确规定:"中国计划生育协会是中国共产党领导的全国性群团组织,是党和政府联系广大育龄群众和计划生育家庭的桥梁和纽带,是协助政府落实计划生育基本国策、促进人口长期均衡发展与家庭和谐幸福的重要力量。"因此,造成困扰的不是中国计生协的组织定位,而是实现组织定位的战略不明,由此造成中国计生协内部对组织身份认知和服务的内容、边界、方式等存在着不同认识,于是,《中国计生协章程》第二章所列的九条任务在现实中尚未能与政府职能转变、群众需求之间形成明确的连接,地方计生协在围绕"六项重点任务"开展工作时,往往面临着是不是计生协工作的犹豫。例如 0—3 岁婴幼儿照护,妇联也在做,青春健康共青团系统也在做,如何形成与职能定位相适应的计生协的工作重点和特点,既是基层计生协实践中的问题,也直接影响着计生协政治性、先进性、群众性在现实中的落地。

2. 参与社会治理的能力不足

首先是工作方式方法创新不够。计生协作为群团组织,就是通过做群众工作来实现其服务于会员和群众的。在"一孩政策"时期,全国基层计生协采取了接地气的服务与需求对接的工作方法,如建立"会员联系户"制度等随时掌握群众的需求动向。计生工作从强制转向服务之后,一些地方的计生协对

---

① 福建省 M 县计生协调研访谈,时间:2019 年 4 月 25 日。

会员底数普遍不清楚,对本地实际调查较少,只是习惯于"跟着走",未能创造性地开展工作。有基层同志反映:"最难的是,服务对象人员减少了,你上门服务,优生优育检查广播让来他都不来"①。群团改革以来,"六项重点任务"是各级计生协开展工作的重要指引,但相较而言,"一孩政策"时期的工作方式方法,有的还能继续使用,有的就需要加强创新了。在"六项重点任务"中,宣传教育工作做得相对较好。从调研情况看,宣传教育的内容主要是政策和从网络等其他途径也较易获得的信息,宣传教育的形式也以传统的发放宣传彩页、放到宣传栏张贴为主。换言之,宣传教育是过去计生工作的强项,是计生协做熟了的业务,比较容易。尽管各地计生协也探索了一些与互联网时代相适应的宣传手段,但还是不能与会员和群众的需求实现完善的对接,且"稿源缺乏,不知道劲往哪儿使"②,宣传教育效果还有待提升。

其次是专业性服务力不从心。生殖健康咨询服务、优生优育指导的专业性强,在计划生育一孩政策时代,计生协工作在不少地方简化为配合计划生育流产和结扎,而专业性的生殖健康咨询服务和优生优育指导相对欠缺。计划生育政策转变后,原来的计生业务归入到了乡(镇)卫生院,基层计生协没有相关的专业机构、专业人员和相应的医学健康技术知识等支撑,基层计生协工作人员普遍缺少服务的专业性,做来做去往往还是回到"宣传教育"的范畴。另外,计生家庭的权益维护也需要相关的法律专业知识和政策分析能力,一些基层计生协不知道应该维护哪方面的权益,也不知道该用什么方式维护计生群众的权益,常常感到力不从心,存在较为严重的本领恐慌。再如,计生特殊家庭的帮扶主要是精神慰藉需求,经济上的要求不多,基层计生协深感专业知识匮乏,"自己是外行,说不到点子上"③。本领恐慌也造成一些地方计生协在承接政府转移职能的时候面临巨大的心理和工作压力。

---

① 河北省 S 县计生协调研访谈,时间:2019 年 4 月 16 日。
② 福建省 Y 县计生协调研访谈,时间:2019 年 4 月 25 日。
③ 福建省 F 市计生协调研访谈,时间:2019 年 4 月 25 日。

最后，也是最重要的是，服务内容与需求对接的能力不足。例如，福建省计生协反映，生育关怀最早定位的是计生困难群体，早教、生殖健康、幸福工程也都是针对困难群体。但是，我国经济发展成效显著，东中西部发展不均衡，全面建成小康社会之后，计生协还要不要继续开展这项服务？是否能够及时将帮扶目标拓展为计生家庭？"幸福工程"能否针对所有计生家庭开展？有基层计生协直言，服务项目、考核指标如果不及时作出调整，基层手脚就被绑住了。有基层计生协将计生工作简单理解为"从不让生改成让人家生了"，"入户做宣传说孕前优生检查必须做，人家也去做了检查了，但就是迟迟不要孩子，你也不能把人家怎么着。"①再如，计生特殊家庭的养老问题日益凸显。近年来，失独家庭医疗保险虽然都已经解决了，但失独家庭老人的养老怎么解决？特别是农村地区到底怎么办？这些都需要中国计生协从政策层面协调相关部门共同解决。

3. 计生协人力资源的延伸整合力量不足

首先，计生协自身的人力资源队伍力量整合不足。按照中央机构编制委员会办公室关于印发《中国计划生育协会机关主要职责内设机构和人员编制方案》的通知（中央编办发〔2008〕54 号），"中国计生协由国家人口和计划生育委员会代管"。2018 年，国务院机构改革后，中国计生协由卫健委代管。在全国范围内，除福建、贵州等计生协相对独立于卫健系统，绝大多数省级及以下地方计生协往往都是卫健委代管。2018 年以后，中国计生协系统都在按照改革方案推进改革，但计生协作为群团应有的"三定"在一些地方还没有落实，乡镇（街道）一级的计生协相对缺乏专门编制岗位人员，且流动性较强，由于晋升空间和激励机制不足，工作人员积极性也不高。许多基层工作者都是身兼多职，在优先服务党政中心工作的情况下，分配给计生协的工作时间较

---

① 河北省 S 县某村计生专干访谈，时间：2019 年 4 月 16 日。

少,直接影响工作质量和完成度。重庆市某区计生协负责人对乡镇街道计生协工作非常忧虑:"镇街计生协会,目前没有专职人员负责计生协工作,人员的流动性也很大,部分镇街计生协负责人熟悉业务后又被调离到其他岗位,基层业务工作的开展难以延续和深入。"①村一级计生协秘书长小组长往往是村群众自治组织的一员,待遇很低,一个月100—300元补贴不等,积极性不高。这就造成计生协队伍从规模到数量上很庞大,但到基层就非常松散,"没有腿,没有专业队伍,很多要依靠别人,往深里做很困难"②。不仅如此,部分村级计生协小组长年龄老化、学历偏低、性别不均衡,难以适应新形势和新任务。以福建 M 县为例,全县共有协会小组长790人,其中女性745人,占比高达94.3%;高中及以下学历723人,占比高达91.5%,初中学历超过一半以上;40岁以上的为671人,占比高达84.9%,30岁以下的仅有14人。

其次,志愿者队伍的延伸不足。中国计生协章程规定,国内外人士和国内社会组织都可以根据章程规定的条件成为志愿者,计生协"根据育龄群众和计划生育家庭需求,建立不同专业、领域的志愿者队伍"。调研发现,省、市、区(县)、镇(街)各级实际上普遍缺少计生志愿者,计生志愿者队伍也并不健全,而村级的计生志愿者队伍实则是村民自己组织起来的某个互助组织的"贴牌"。一方面,计生志愿者一般需要有一定的专业知识背景,卫生健康领域的医务工作者是可以发展成为计生协志愿者的,但这方面的志愿者队伍拓展尚未跟上。另一方面,近20年来,计生健康相关领域的社会组织也开始成长起来,计生协也可以通过服务和购买服务方式在引导和促进社会组织健康有序发展的同时将这些社会组织发展成为志愿者。但从现实情况看,中国计生协在这方面的行动还较为少见。

---

① 重庆市某区计生协线上调研,时间:2021 年 8 月 12 日。
② 福建省 X 市计生协调研访谈,时间:2019 年 4 月 26 日。

(二)原因分析

上述问题背后的原因是多样的,有外在的制度环境因素,也有中国计生协自身原因,这里主要分析中国计生协自身的原因,在机遇和挑战部分,我们将侧重于从宏观环境和战略层面分析对外部因素进行分析。

1. 对国家法律政策变化的前瞻性和研究不够充足

首先,对国家法律政策变化的前瞻性研判和应对不够全面。"全面二孩"政策尽管是 2015 年年底通过并于 2016 年开始实施的,但是,在此前,关于人口和计划生育政策的争论已经进行了多年。一方面,中国计生协整个系统带有"一孩政策"时期因计生工作的硬性考核和强力执行而形成的"强势"思维惯性,对人口和计划生育政策的转型研究与评估不足。而在"全面二孩"的执行未能达到预计人口增长的情况下,2021 年,"三孩"生育政策出台,中国计生协应对方面未能与国家人口战略调整形成同一步调。另一方面,近年来,随着我国社会主要矛盾的转化,中央对国家—社会关系的调整在组织机构层面已经比较频繁,对群团"去四化""强三性"的要求更为强烈,而中国计生协系统陷于具体工作事务当中,对国家宏观政治、经济、社会和文化环境变化的情况以及党和国家机构改革的走向缺少足够的评估。尽管中国计生协在改革中努力为整个系统争取了"参公""入序""定编",并协调各方面努力整合资源,但对法律政策变化的前瞻性还需要转化为整个系统顶层设计的战略规划,并采取措施予以实施和保障,方能结合中国计生协的使命宗旨对组织功能定位、服务群体界定、职责落实、资源整合、能力建设等进行有序有效的安排。

其次,对国家法律政策变化的传达不充分,使基层计生协对计生工作存有疑虑。由于解读和研究不够充分,不少地方计生协在工作中将"全面二孩政策""三孩政策"片面解读为"全面取消计划生育"。在实际工作中,一方面将计生工作简单理解为"劝人生娃";另一方面,对于生育 4 个及以上子女的家庭,法律没有明确规定管理方式,基层计生协"睁一只眼闭一只眼",不知道如何对群众的生育心理和生殖健康取向进行一般性引导。不仅如此,国家卫健委的主要职责的第八项明确国家卫健委"负责计划生育管理和服务工作,开展人口监测预警,研究提出人口与家庭发展相关政策建议,完善计划生育政策"。但国家卫健委的机构当中不再有"计划生育"一词,对三个与"计生"有关的司局进行了调整,计划生育基层指导司和流动人口计划生育服务管理司被撤销,计划生育家庭发展司则更名为"人口监测与家庭发展司",主要职责是"承担人口监测预警工作并提出人口与家庭发展相关政策建议,完善生育政策并组织实施,建立和完善计划生育特殊家庭扶助制度"。由于中国计生协对国家法律政策变化、对 2018 年党和国家机构改革精神研究、解读和传达不够全面、深入,地方计生协一些工作人员对过去的计生工作产生了否定心理,工作积极性受到打击,从而导致计生工作在现实中力度大大减弱。事实上,习近平总书记 2016 年对计生协"八代会"的重要指示中,对过去三十多年的人口计生工作及其成就进行了充分肯定,我国宪法中也仍然明确规定"国家推行计划生育,使人口的增长同经济和社会发展计划相适应"。

2. 重点工作与组织宗旨和战略之间的衔接不够紧密

首先,重点工作与中国计生协宗旨使命的衔接不够紧密。重点工作服务于组织战略,组织战略服务于组织宗旨使命。习近平总书记对中国计生协提出的"六项重点任务"是问题导向、需求导向的。中国计生协作为人口计生领域的全国性群团组织,在组织宗旨方面也需要以问题和需求为导向,清晰回应习近平总书记的殷切希望,更为清晰地以简洁、聚焦的语言对宗旨进行明确阐述。目前,中国计生协章程第一条和第三条宣示了中国计生协的性质和服务定位。但是,组织宗旨与"六项重点任务"之间的关系还需要进行充分解读和勾连,使全国计生系统形成新时代计生工作的共识。

其次,组织宗旨和"六项重点任务"之间还缺少清晰的组织战略连接。组织战略是将组织宗旨分解为可行规划领域的体现，在战略规划支持下的重点任务才能够与现实紧密结合，落地生根。但调研发现，地方各级计生协对"六项重点任务"的理解相对缺乏战略支撑，而是直接当作具体事务拿起来就干，由此造成了现实中种种"落实难"和"落实空"的问题。也正因为如此，在实践中，各地方计生协都发出了希望中国计生协加强顶层设计的呼声。

最后，重点工作的落实取决于扎实的需求调研。习近平总书记对中国计生协提出的"六项重点任务"至少涉及三大不同细分群体的需求导向：一是普通人群的计生健康需求，对此，需要着重加强宣传教育和生殖健康咨询、优生优育服务。二是计生家庭的需求，需要着重做好帮扶和权益维护。三是流动人口的需求。这三大群体又有着不同的年龄段，不同年龄段的计生需求也不尽相同，需要做好的是差异化分层化的服务。调研发现，福建计生协系统和湖南怀化市计生协系统体现出在努力调研需求的基础上调整项目、配置资源的特点。但是，各级计生协也提出希望能够建立全国性的需求调研大数据，以形成对需求导向、问题导向的工作支持。

3. 服务创新意识还有待提升

一是地方计生协特别是基层计生协因地制宜创新计生服务的意识还不够强。基层计生协对生育政策变化后的形势缺乏足够的判断，特别是对计生组织地位的变化趋势理解不到位，危机意识不足，对改革的诉求多数还是希望增加编制，健全网络，希望政府的进一步支持，而对践行"有为才能有位、有位更加有为"的认识不足。一些人员已经认识到计生协的工作方法需要从协助强制性执法向协助依法行政转变，从高强度执行工作向优质服务供给转变，计生工作的任务已经从原来的强制上环、结扎、双查和征收社会抚养费转到由生育对象知情自主选择和开展孕前健康检查、生殖健康、家庭健康等方面的宣传、引导、服务。但是，严重的路径依赖使计生协实现意识转变的路径、方法依然不明确。

二是计生协服务创新的独特性体现还不够明确。调研发现,福建省计生协围绕健康、家庭、儿童早教、青春期健康等开展了许多重点项目,特别是围绕儿童早期教育开展了大量工作,成效显著,也积累了一定的经验。河北省计生协、湖南怀化市计生协等都围绕计生家庭的脱贫攻坚、城市乡村文明和卫生创建做了大量工作。但总体来说,这些工作与其他群团组织特别是妇联、共青团之间存在较大的重合,未能显示计生协的特色。不仅如此,一些工作属于阶段性工作或者是其他政府部门、社会组织的主业,并不是计生协的主责主业。计生协的优势和重心主要还是围绕生殖健康服务于计生家庭和群众,但目前的创新方向和内容还没有体现出计生协的独特性,到底转向哪些重点领域,还需要中国计生协围绕计生协的宗旨进一步把脉群众的需求,进一步大胆实践探索,在实践中实现组织的重新定位和行为创新。

第五节　中国计划生育协会参与
社会治理的机遇与挑战

中国计生协是社会治理的重要主体,但能否在"党委领导、政府负责、民主协商、社会协同、公众参与、法治保障、科技支撑"的社会治理体系中占有不容忽视的一席之地,在建设"人人有责、人人尽责、人人享有的社会治理共同体"中发挥不可替代的作用,在构建基层社会治理新格局中切实夯实基层社会治理基础,不仅需要立足自身特色和既有实践,还需要从宏观环境和战略层面分析面临的挑战与机遇,进而抓住机遇,迎接挑战,解决问题,实现战略和策略上的重大转型和突破。

(一)宏观环境分析

前文已经提到中国计生协参与社会治理面临的人口和计生政策变化、群团改革要求等背景要求,但要真正扎根基层社会增强政治性、先进性、群众性,更好发挥群团作为社会治理主体的桥梁、纽带作用,从战略层面谋划并从策略层面落实,还需要对中国计生协所处的宏观环境进行更为深入全面的把握。因此,笔者采取 PEST 要素分析法对中国计生协参与社会治理的宏观环境进行分析。

PEST 要素分析法是战略外部环境分析的基本工具,通常在组织战略制定之前从政治(Politics)、经济(Economic)、社会(Society)和技术(Technology)四个方面分析组织的外部宏观环境,从而达到从总体上把握宏观环境,并评价这些要素对组织战略制定的影响。

1. 政治要素

对中国计生协参与社会治理具有实际与潜在影响的政治要素主要包括国家—社会关系调整和有关的法律法规、政策等因素。

一是党的全面领导下国家—社会关系的调整强调协同治理。当前我国正处于以中国式现代化全面推进强国建设、民族复兴伟业的关键时期,在党的全面领导下,我国的国家—社会关系正在朝向基于功能边界清晰基础之上协同治理的方向发展。因此,社会稳定、社会整合受到高度重视,人民对美好生活的向往成为党和政府与社会力量共同努力奋斗的目标指向。国家的政治整合功能与社会的合作功能相互配合相互补充成为时代特征,这对于中国计生协作为群团更好地发挥作用提供了广阔的空间。

二是国家治理体系和治理能力现代化进程加速。一方面,国家治理制度化加速。党的十八届三中全会通过的《中共中央关于全面深化改革若干重大问题的决定》提出了全面深化改革的总目标是完善和发展中国特色社会主义制度,推进国家治理体系和治理能力现代化,要求加快形成科学有效的社会治理体制,确保社会既充满活力又和谐有序。党的十九届四中全会通过的《中共中央关于坚持和完善中国特色社会主义制度、推进国家治理体系和治理能力现代化若干重大问题的决定》则在总结我国国家制度和国家治理体系十三个显著优势的基础上，提出了坚持和完善中国特色社会主义制度、推进国家治理体系和治理能力现代化的总体目标和时间表，这为中国计生协围绕自身宗旨加强制度建设提供了依据。另一方面，2018年和2023年两轮党和国家机构改革为国家治理现代化提供了不断优化的组织结构基础，这对中国计生协作为国家治理体系中群团子系统的组成部分提出了更高要求。

三是群团改革"强三性"要求亟须进一步落实落细。群团改革的目标是使群团组织切实成为党和政府与群众之间的桥梁纽带，成为新时代群众路线的忠实执行者，而"去四化""强三性"正是党中央要求群团组织在政治性上体现跟党走，在先进性上体现社会整合合力，在群众性上体现贴近、服务、关爱群众的行动作风，从而实现群团组织人民群众、动员社会资源，朝向党领导的中华民族伟大复兴伟业方向奋进。这为中国计生协从顶层设计到具体践行举措提供了时机。

四是我国人口生育政策和医疗健康政策正在进行历史性转型。人口问题始终是我国面临的全局性、长期性、战略性问题。人口生育政策关乎民族发展前途，生育率、生育意愿、生殖健康都与全民健康、民族的延续、劳动力资源的利用、国家发展目标的实现密不可分。经过30多年严控生育的"一孩政策"，我国的人口数量得到了控制，2013年中共十八届三中全会通过的《中共中央关于全面深化改革若干重大问题的决定》提出，坚持计划生育的基本国策，启动实施一方是独生子女的夫妇可生育两个孩子的政策，逐步调整完善生育政策，促进人口长期均衡发展。2015年10月，中共十八届五中全会决定：坚持计划生育的基本国策，完善人口发展战略，全面实施一对夫妇可生育两个孩子政策，积极开展应对人口老龄化行动。但"全面二孩"政策放开后，并未出现生育高峰，人们的生育意愿降低。2021年5月31日，中共中央政治局会议指出，要"进一步优化生育政策，实施一对夫妻可以生育三个子女政策及配套支持措施"。2022年，党的二十大报告指出："优化人口发展战略，建立生育支持政策体系,降低生育、养育、教育成本。"①2021 年,我国出生人口 1062 万人,出生率为 7.52‰;死亡人口 1014 万人,死亡率为 7.18‰;自然增长率为 0.34‰,2022 年,我国出生人口 956 万人,人口出生率为 6.77‰;死亡人口 1041 万人,人口死亡率为 7.37‰;人口自然增长率出现负增长,为-0.60‰。在这种情况下,努力保持适度生育水平和人口规模就非常重要。2023 年 5 月 5 日,习近平总书记在二十届中央财经委员会第一次会议上指出:"人口发展是关系中华民族伟大复兴的大事,必须着力提高人口整体素质,以人口高质量发展支撑中国式现代化。"②需要注意的是,随着生活水平的提高,人民对美好生活的向往越来越聚焦高品质生活,生命健康质量越来越受到人们的重视。人民健康是民族昌盛和国家强盛的重要标志,国家的发展也需要人口红利的健康延续。党的十九大之后,健康中国建设的大健康战略布局也全面铺开,这为中国计生协找准定位,实现功能调整和工作转型提出了要求,也提供了机会。

2. 经济要素

我国目前是世界第二大经济体,尽管近年来我国经济增速放缓,但在全世界范围内仍然呈现出中高速增长态势。

一是我国经济正在从高速度发展转向高质量发展,就业形势虽然严峻但基本稳定。2018 年 7 月中央政治局会议提出做好经济工作的"六稳"要求中将"稳就业"放在首位,2019 年《政府工作报告》首次将就业优先政策置于宏观政策层面,2019 年 5 月首次专门成立国务院就业工作领导小组,均显示中央对就业工作的高度重视。2020 年《政府工作报告》明确经济增长不设具体目标,但规定了民生就业等一系列具体目标任务。2022 年 12 月 26 日,国家

---

① 习近平:《高举中国特色社会主义伟大旗帜　为全面建设社会主义现代化国家而团结奋斗——在中国共产党第二十次全国代表大会上的报告》,人民出版社 2022 年版,第 49 页。

② 《加快建设以实体经济为支撑的现代化产业体系 以人口高质量发展支撑中国式现代化》,《人民日报》2023 年 5 月 6 日。

卫生健康委员会发布的《关于对新型冠状病毒感染实施"乙类乙管"的总体方案》明确指出,2023 年 1 月 8 日起,对新型冠状病毒感染实施"乙类乙管"。2023 年 5 月 5 日,世界卫生组织宣布,新冠疫情不再构成"国际关注的突发公共卫生事件"。但全球经济增长乏力,我国经济持续恢复、总体回升向好,高质量发展扎实推进,但就业形势依然比较严峻,党和政府把稳就业提高到战略高度通盘考虑,出台了一系列政策。稳定的就业使个人和家庭有稳定的收入,但经济增长速度放缓也意味着保住就业岗位的难度加大,需要对人们的生育意愿和相关生殖健康追求进行动态评估。

二是城乡居民可支配收入水平不断提高但不平衡。改革开放 40 多年来,随着我国经济社会的快速发展和综合国力的显著增强,城乡居民生活水平显著提高,居民收入持续快速增长,特别是党的十八大以来,居民收入继续快速增长,收入分配差距进一步缩小。生活富裕意味着生活品质的提升,相关的家庭健康质量和生育质量就受到关注。尽管总体上我国城乡居民可支配收入水平大幅度提高,但是,我国仍然是世界上最大的发展中国家,地区差异和人群差异都还比较大,不同收入群体对生殖健康的需求有共同点,也有差异点,还需要中国计生协在对需求进行甄别的基础上提供差异化的服务。

3. 社会要素

改革开放 40 多年来,我国社会活力极大迸发,社会利益更加多元,社会分层更加明显,社会需求更加多样,城乡村居群众自治程度增强,社会组织也得到快速发展。

一是城乡居民自治日益成熟。在党的全面领导下,自治、法治、德治相结合的城乡基层治理体系正在健全过程中。2018 年 1 月初,《中共中央、国务院关于实施乡村振兴战略的意见》发布,中共中央办公厅、国务院办公厅于 2019 年 6 月印发了《关于加强和改进乡村治理的指导意见》,提出要"坚持和加强党对乡村治理的集中统一领导,坚持把夯实基层基础作为固本之策,坚持把治理体系和治理能力建设作为主攻方向,坚持把保障和改善农村民生、促进农村和谐稳定作为根本目的,建立健全党委领导、政府负责、社会协同、公众参与、法治保障、科技支撑的现代乡村社会治理体制,以自治增活力、以法治强保障、以德治扬正气,健全党组织领导的自治、法治、德治相结合的乡村治理体系,构建共建共治共享的社会治理格局,走中国特色社会主义乡村善治之路,建设充满活力、和谐有序的乡村社会,不断增强广大农民的获得感、幸福感、安全感"①。中国计生协早在 1986 年就将工作重心放在农村并提出了"协会建在村上"服务战略。但需要注意的是,过去 40 多年也是我国快速城镇化时期。第七次全国人口普查数据显示,截至 2020 年,我国居住在城镇的人口为90199 万人,占 63.89%,而 2020 年我国户籍人口城镇化率为 45.4%,全国人户分离人口为 49276 万人,流动人口 3.76 亿人。② 人口计生服务需要与我国城镇化进程相适应,更好地统筹城乡、更好地关注流动人口公共服务并嵌入城乡居民自治当中。

二是社会组织快速发展。根据民政部门统计,截至 2023 年底,我国共有社会团体 37.3 万个,民办非企业单位 49.9 万个,基金会 9617 个。③ 社会组织几乎覆盖了社会生活各个领域,为更好地满足人民群众差异化的各种社会需求提供了更多选择,在给包括计生协在内的群团组织带来竞争的同时,也为群团组织提供了更多服务供给合作的主体选择。

4. 科技要素

科技要素往往是组织制定战略的时候容易忽略掉的因素,但在当今时代,

---

① 《中办国办印发〈指导意见〉加强和改进乡村治理》,《人民日报》2019 年 6 月 24 日。

② 国家统计局:《中国人口普查年鉴 2020》,http://www.stats.gov.cn/sj/pcsj/rkpc/7rp/zk/indexch.htm,最后检索日期:2023 年 7 月 11 日。

③ 民政部:《2023 年 4 季度民政统计数据》,http://www.mca.gov.cn/mzsj/tjsj/2023/202304tjsj.html,最后检索日期:2024 年 4 月 25 日。

科技要素对组织战略制定和策略选择呈现出前所未有的重要性。

一是信息技术突飞猛进,社会网络连接前所未有的迅捷发达。截至 2023 年 12 月,我国网民规模为 10.92 亿,互联网普及率达 77.5%。[①] 这意味着人们获取和传送信息的方式有了翻天覆地的变化,也意味着人们彼此之间的社会网络连接前所未有的迅捷,也同时意味着要想增强服务对象的"黏性",需要创新宣传手段、宣传内容、宣传方式,要想增强对群众的吸引力,还需要有与信息技术时代相适应的互动沟通战略。

二是生命科学技术突飞猛进,生育和生命健康质量前所未有地得到提升。进入 21 世纪以来,生命科学飞速发展,基因测序、3D 打印技术、合成生物学、精准医学、干细胞技术等都进入了一个加速发展的新时期,成为第四次工业革命的重要内容。其中,"基因+细胞"两大核心技术使人们的生殖健康质量和生活健康质量大幅提升,因而成为大健康领域极为重要的投资方向,也成为各国各种健康相关组织生存和发展不能忽视的重要因素。

上述四个方面构成了中国计生协参与社会治理的外部宏观环境要素,这些要素对中国计生协相关战略制定具有不容忽视的影响,同时也是中国计生协战略制定和策略选择可以调动的资源。

(二)内外部条件态势分析

战略应是一个组织"能够做的"和"可能做的"事务之间在合适的时机所进行的有机组合,也即组织要结合自身的优势劣势、环境中的机遇和挑战进行全面、系统、准确的考量。中国计生协参与社会治理的战略制定和确定,还需要结合自身的方位来进行挑战、机遇的综合分析。外部宏观环境中既有机遇,也有挑战,甚至还有风险和威胁,而中国计生协自身还有着不同的优势和劣势。因此,笔者用 SWOT 分析法对中国计生协战略制定进行简要的整体

---

① 中国互联网信息中心:《第 53 次中国互联网络发展状况统计报告》。

分析。

SWOT 分析法是常用的战略规划前期分析工具,S(Strengths)是组织自身的优势、W(Weaknesses)是组织自身的劣势、O(Opportunities)是外部的机遇、T(Threats)是外部的威胁或挑战。

1. 中国计生协的优势(S)

一是具有群团地位,这不仅意味着中国计生协有稳定的工作机构、工作队伍和资金来源,而且意味着中国计生协有直接参与各级党委政府决策的畅通渠道。

二是具有"横向到边、纵向到底"直接深入到城乡社区当中的近 100 万个基层组织和 9400 多万会员,这不仅意味着中国计生协有相对坚实的组织基础,而且意味着中国计生协有着强大的基层动员潜力。

三是有较长的发展历史,中国计生协成立于 1980 年 5 月 29 日,在计生工作领域具有丰富的经验积淀,已经探索出了一条行政管理与群众工作相结合的工作路径。

四是作为国际计划生育联合会成员,具有联合国经社理事会咨商地位,与 40 个国际组织、50 多个国家都有联系,多领域、多渠道、多层次参与国际交流,有良好的家庭国际合作交流的国际形象,给我国在国际上树立了负责任人口大国的良好形象。

2. 中国计生协的劣势(W)

一是其群团群众性有政策变化带来的阶段性弱化趋势,特别是基层组织软、散现象较为明显,"近 100 万个基层组织和 9400 多万会员"的底数不够清晰。

二是组织功能定位明确但未能在实践中形成共识。如前所述,中国计生协章程明确规定了组织定位,即"党和政府联系广大育龄群众和计划生育家庭的桥梁和纽带,是协助政府落实计划生育基本国策、促进人口长期均衡发展与家庭和谐幸福的重要力量",但"协助""促进"的政策背景变化,由此困扰了地方特别是基层计生协组织,客观上使计生协功能定位未能在全国范围内各层次形成共识,从而使具体的重点任务在落实过程中有执行梗阻现象,也使计生协工作人员在工作中产生困惑和疑虑,从而影响计生协系统整合社会力量的有效性。

三是与组织宗旨相适应的战略框架还不完整,在服务对象锁定、需求调研、服务供给、资源管理、政策研究、沟通互动、行动规划等方面尚未形成完整而流畅的总体战略架构,从而使计生协系统在策略选择方面处于相对被动地位。

四是服务的专业性和规范性能力还跟不上社会需求。中国计生协在诸如青少年性健康教育、家庭健康等方面没有系统掌握的技术力量和技术队伍,缺少专业优势,也尚未形成稳定的专业志愿者队伍。

3. 外部机遇(O)

一是国家—社会协同治理的强调为中国计生协提供了发挥群团桥梁和纽带作用的重大机遇。

二是群团改革为中国计生协的发展和战略侧重点提供了方向指引,即增强群众性这个根本,下沉服务重心和资源,夯实基层基础。

三是我国已经实现全面建成小康社会目标,人民生活水平提高,对生活品质的追求提升,为中国计生协多样化的服务提供了庞大的需求支持空间。

四是在城乡社区,中国计生协的群众基础相对比较坚实,众多成长起来的健康相关社会组织也为中国计生协拓展志愿力量和购买服务力量提供了更多选择。

五是信息技术的普及使中国计生协又在大数据整合、分析和信息化处理方面有更多的选择,生命科学技术的发展使中国计生协有更为丰富的生殖健康和生命健康知识和技术支持。

4. 外部挑战（T）

一是国家宏观发展战略部署呈现立体化、综合性和嵌套性，人口发展战略与相关的大健康战略、乡村振兴战略、区域发展战略等相互交织，对中国计生协的政策分析、战略研判和适应能力形成挑战。

二是发展起来的社会组织和技术服务导向的事业单位、企业以更为灵活的治理结构和服务手段形成对中国计生协的竞争，考验中国计生协的资源整合能力。

三是社会公众对计划生育政策变化的误读和与对"一孩政策"关联的失独家庭等社会现象交织，正在形成全面取消计划生育的社会氛围，进而形成计划生育协会没有存在必要的社会舆论，对中国计生协的组织定位和功能发挥形成不利的社会舆论环境，需要扭转。

综上，中国计生协参与社会治理的宏观环境中有利因素与不利因素交织在一起。从中国计生协参与社会治理的目前情况看，中国计生协在 SWOT 矩阵中更多地居于问题性象限当中，即呈现出劣势与风险叠加状态（WT）。换言之，中国计生协的优势正在减弱，劣势还有恶化的潜在可能，外部面临的风险挑战也显性化，机遇则隐性化。一般来说，当一个组织内部劣势与外部风险相遇时，组织就面临着严峻挑战，如果处理不当，可能直接威胁到组织的生存。因此，中国计生协在社会治理中，还需要评估自身优势能够保持的时间，扩大优势需要在哪些方面着力，如何扭转劣势，甚至化劣势为优势，以及如何发现和准确把握外部机遇并降低生存风险。换言之，要想在社会治理中发挥主体作用，切实增强政治性、先进性、群众性，中国计生协需要切实练好内功，从全面资源管理的角度进行战略规划，形成基本的战略框架，在此基础上进行相应的策略选择。

第六节　中国计划生育协会参与
社会治理的战略构建

基于对中国计生协自身优势劣势和面临的机遇和挑战分析,着眼于新时代新征程党确立的中心任务,即全面建成社会主义现代化强国、实现第二个百年奋斗目标,以中国式现代化全面推进中华民族伟大复兴,结合《国家人口发展规划(2016—2030年)》《健康中国2030规划纲要》目标落实的需要,结合当前计划生育工作转型的实际和社会治理创新为计生协改革发展提供的背景,我们既需要从国家发展宏观环境和战略层面角度考虑,对中国计生协的组织宗旨和功能定位进一步予以明确,又需要从中国计生协"强三性"改革发展的全过程考虑,来谋化中国计生协参与社会治理的战略,并作出相应的策略选择。换言之,中国计生协参与社会治理,最为根本的是将党治国理政的国家发展战略和社会治理目标研究透彻,继而从自身的改革建设做起,以增强组织和行为能力为根本,彰显自身的独特群团项目和品牌,聚焦主业"强三性",形成主动、有效参与社会治理的局面。换言之,中国计生协参与社会治理的实践作为一个样本,说明政策性群团在改革中需要找准自身在国家发展战略中的位置,锚定自身政策属性、群团改革目标和社会治理需求之间的契合点,将重心转向构建由资源、需求、合作、沟通、能力等要素支撑的系统化战略,服务于社会治理共同体的发展。

(一)全面资源管理

所谓全面资源管理,是一种战略管理理念和行为,即以践行组织宗旨、实现组织目标为出发点和立足点,分析组织本身所处的时空节点,对组织自身所拥有以及可能动员的有形、无形资源进行有机整合和运用的管理。只有立足组织宗旨,运用全面资源管理的理念和方法,才能够分析出自身所要发展的核心竞争力是什么,以及如何去发展核心竞争力。因此,中国计生协需要从组织宗旨、治理结构和资源管理等组织发展要素方面进行系统考虑,即树立起全面资源管理意识,并在此基础上不断地拓展资源。

一是进一步明晰中国计生协的宗旨与使命。宗旨是组织存在的原因和目的,反映着组织的工作目标,奠定组织存在的基调并据此凝聚和激发组织成员的向心力和斗志。因此,著名管理大师彼得·F.德鲁克(Peter F.Drucker)将宗旨界定为影响一个机构经营成败的唯一原因,将组织机构的目标和使命列为管理的首要任务。德鲁克认为,非营利性组织比商业企业更需要管理:"一片好心并不能代替组织与领导,也不能替代责任、绩效和成果。这些都要求强化管理,而管理来源于组织的使命……最成功的非营利组织投入大量的精力去界定组织的使命,它们不会对良好的愿望泛泛而谈,而是注重组织目标,从而使组织成员——既包括正式员工也包括志愿者——能够明确自己的工作方向和任务。"①因此,界定好宗旨和使命,也就明确了中国计生协的使命和方向,就能够解除各级计生协对组织定位的疑虑,使业务运行和日常管理围绕目标来开展。不仅如此,清晰的组织宗旨与使命还能够塑造组织文化,指导战略规划方向,激励与组织相关联的人,使组织成员逐渐围绕一个共同关心的焦点凝聚起来。

如前所述,中国计生协在 20 世纪 80 年代定位为"民间组织",在党的统一领导下,为群众开展计划生育、优生优育服务,摸索出一条"国家指导和群众自愿相结合"的中国计划生育路子,充分发挥协会在计划生育工作中的组织、纽带和桥梁作用。正因为这一定位,中国计生协贴近群众,有着具有明显行动力的健全的基层组织网络,计生协具有其他群团所不具有的优势,即能够把政府、市场、社会和家庭联系起来。20 世纪 80 年代的定位,在今天看来也仍然不过时。因此,中国计生协目前的章程中对组织宗旨的表述有一定的继

---

① [美]彼得·德鲁克:《德鲁克管理思想精要》,李维安、王世权、刘金岩译,机械工业出版社 2007 年版,第 36—37 页。

承性,但还需要进一步明晰化。从总体上看,"一孩政策"时期,中国计生协的宗旨和使命聚焦于严格限制生育,较好地配合了党和政府的计划生育政策。目前,我国计划生育政策作出了较大调整,从"全面二孩"到"三孩"政策,计划生育都和家庭健康紧密联系起来。因此,中国计生协需要聚焦核心,突出重点,以具有说服力和易于掌握、便于记忆和复述的方式清晰表述自己的宗旨和使命,以便能够唤起来自会员、政府和社会的支持。换言之,中国计生协的宗旨首先就需要明确中国计生协是解决什么问题、满足什么需求,是否有机遇满足需求或解决问题;其次,中国计生协需要表达出核心业务是什么,传达出通过核心业务来凝聚行动的原则、信念和价值观;最后,中国计生协的宗旨还需要具有延展性,即能够为计生协的发展提供愿景,使宗旨能够通过具体的管理展现和拓展出朝向愿景的努力。因此,中国计生协还需立足国家人口发展战略,围绕生育、健康、家庭这三个关键词来进一步凝练和明确宗旨和使命。

二是将全面资源管理贯穿到组织发展中,打通纵向通道和横向通道资源。中国计生协作为群团组织,与党和政府之间的纵向通道是畅通的。"去四化""强三性"的改革和参与社会治理的关键在于加强横向的社会网络建设,即在计生领域做好群众工作,这更需要有全面资源管理的意识。群众是基础,是中国计生协横向联系的资源,中国计生协需要对所拥有的人力资源、专业能力、政策支持等存量资源进行梳理评估和总体配置,向基层基础倾斜,进一步把基层、基础夯实。同时,将功能实现的重点拓展到政府、市场、社会和家庭的连接上,努力扩大增量资源。首先是运用战略分析方法来发现和评估中国计生协既有资源,将组织劣势和挑战纳入组织发展和行动的总体当中进行系统性的考虑和资源布局;其次是将一些资源予以结构化巩固,如基层村民自治与"五老"资源的引入;再次是通过治理结构的优化和横向合作、志愿者的吸收来拓展增量资源,延长组织手臂;最后是围绕中国计生协的长远发展对既有资源进行分类管理,对基本资源进行分类安排,形成中国计生协的资源结构并根据情势变化进行动态调整,对所期望的资源及其获得性进行评估,探索获得渠道,对可用资源需要确立选择流程。

需要注意的是,在进行全面资源管理的时候,并不需要面面俱到,而是需要突出重点,在一定的阶段形成与这一阶段相适应的工作重点,用以涵养核心竞争力。例如 20 世纪 80 年代,中国计生协的工作重点确定为宣传教育、普及科学知识和调查研究,结合基层组织建设,收到了良好的效果。不仅如此,还需要谨慎地关注资源的多样化,在培养自身核心竞争力的过程中,并非资源越多越好,而是需要侧重于资源的可用性、有效性和可选择性。

(二)需求研判

在历史上,中国计生协曾经发挥"带头、宣传、服务、监督、交流"五大职能优势,为落实计划生育基本国策、促进人口长期均衡发展发挥了不可替代的作用。但是,随着国家人口生育政策、医疗健康政策的调整和国家发展战略的变化,计生协基层基础不够坚实、自身建设不够完善、组织机构不够健全等制约性因素显性化,会员和群众的计生总体需求、分层需求、时段需求等都处于较快的变化当中。只有对会员和群众的计生需求有较为全面的掌握,才能够围绕宗旨及时调整策略和服务、引领的具体举措。因此,需求研判战略尤为重要,甚至是宗旨使命确定之后首先要实施的战略,简言之,就是扎实调研、实事求是。

一是把握政策意图研判党和政府需求。党和政府是政策供给方和主要政策执行方,作为协助者,政策性群团必须对政策准确把握并对政策实施过程和走势进行前瞻性研究,及时调整功能定位和协助方式,满足党和政府的政策需求。

二是摸清基层组织和会员底数。基层组织和会员底数是中国计生协开展活动的基础。当前,中国计生协有近 100 万个基层组织,会员规模是 9400 多万,但是,这些基层组织是否活跃? 9400 多万会员是否是有效会员也即处于活跃状态的会员? 这就需要调查评估。湖南怀化市清零重新确认会员的做法实际上就是要摸清会员底数、激活基层组织,继而使有效会员能够发挥联系和团结周围群众的作用。因此,中国计生协作为基于会员的群团组织,还需要摸清会员底数特别是基层会员底数及其分布情况,在此基础上理清基层组织的数量和职责。

三是了解和理解群众的计生需求。成年人无论是否在育龄期,都有计生需求。但是,我国人口多,东中西部经济社会发展差异大、地域文化差异大、城乡差异大、不同年龄段的需求差异大。因此,了解和理解群众的计生需求是与摸清基层组织和会员底数同等重要的基础性工作,是需求研判的基础。一般而言,计生需求主要涉及生育、健康和家庭三要素,特别是生育、家庭和健康的交集。调研中地方计生协也反映说:"没有科学调查体系。中国计生协能不能提供一个调查方法或软件统计? 就针对六项任务老百姓最需要的是什么?"①因此,中国计生协需要在完善与卫健部门计生群众数据采集共享的基础上,在全国开展大调研,系统内调研和委托数据调查机构进行统计学意义上的调研相结合,对需求调研数据进行分析,勾勒出群众的计生需求地域、年龄、城乡等图谱,由此形成基础数据,并进行季度、年度追踪和动态调整,为计生需求—服务供给大数据库建设奠定基础。

(三)分层分域服务合作

我国社会利益多元和地区差异大是客观事实。在进行需求研判的基础上,就需要进行需求供给安排。

一是对会员和群众的需求与计生协的供给之间在细分的基础上进行匹配。了解群众的计生需求本身不是目的,以群众的需求为导向来进行有效的服务供给才是中国计生协的生存之道,也是加强中国计生协群众性继而与政治性先进性形成呼应的应有之义。因此,供需匹配是需求研判的落脚点,中国

---

① 福建省 F 市计生协调研访谈,时间:2019 年 4 月 25 日。

计生协可以梳理和细化自身系统能够提供的服务清单,结合会员和群众需求进行研判,找出哪些需求是中国计生协系统自身能够供给的,哪些需求是中国计生协系统能够整合资源供给的,进而形成中国计生协的服务项目和主打品牌。

二是进行分层分域服务供给。需求是分层的,经济社会发达地区和欠发达地区的计生总体服务需求层次不同,同一个地区内不同的教育背景、年龄、职业群体的需求也各不相同。不同的计生特殊家庭的需求也不尽相同。因此,中国计生协需要将自身能够提供的服务进行基本服务和非基本服务的划分。基本服务是无差别面向所有层次所有地区所有群体提供的,非基本服务则需要分层分域供给。不仅如此,还需要结合不同的需求内容来考量是由中国计生协系统直接提供服务还是购买社会组织的服务。因此,中国计生协可以结合不同层级计生协的功能细分,梳理出不同层级基本服务和非基本服务清单。同时,建立购买服务的社会组织名录数据库,加强服务供给方面的合作和资源整合。

(四)宣传沟通

我们当前所处的时代是一个资讯发达、沟通便捷的时代。"只做不说""多做少说"已经不适应这个时代组织发展的需要。宣传沟通不等于宣传教育。宣传教育的隐含前提是中国计生协掌握着多于和优于群众的政策和信息。因此,对相关的政策进行解读,对相应的信息进行传达,能够消除信息不对称,从而使会员和群众形成共识。但我们处于互联网时代,人们受教育水平与"一孩政策"时期相比有大幅提高,人们获取信息、分析信息、整合信息的能力大大提升,计生协特别是基层计生协所掌握的非专业性知识一般也都能从网上获得。因此,宣传教育的实效并不高,中国计生协需要从宣传教育转向宣传沟通,制定与时代相适应、与群众需求相符合的宣传沟通战略。

一是树立战略沟通意识。战略沟通不同于一般的沟通,而是服务于组织宗旨和使命的落实的长期性、综合性、多层次多措施的沟通部署,既包括单向的宣传,也包括双向的互动。中国计生协可以对自身宗旨和使命进行任务式分解,围绕任务来构建沟通战略。

二是制定宣传沟通战略,首先是对宣传进行周期性设计,宣传的周期、宣传的内容、宣传的靶向人群、宣传的手段、宣传的可达性等,都需要进行评估测试来确定。其次是对沟通进行问题导向和效果导向的设计,沟通的人群、沟通的地域、沟通的内容、沟通的途径、沟通的频次等,都需要进行具体的安排和试运行,进而找到规律来正式运行。中国计生协可以对自身系统所拥有的宣传沟通渠道进行梳理、评估、整合,将中国计生协的任务,如"六项重点任务"是否需要宣传沟通、在什么层面进行宣传沟通、何种渠道和周期性宣传沟通等作出统筹安排。

(五) 能力建设

如果说需求是基础,那么,能力就是根本。"有为才能有位",而"有为"就要提升能力。因此,中国计生协需要立足宗旨、结合工作具体实际制定能力提升战略。进行全面的能力提升固然重要,但在现阶段,还需要稳扎稳打,有所为有所不为,量力而行,中国计生协系统可以对自身的能力情况进行分析,因地制宜,制定中国计生协系统能力提升培训规划,着重提升以下三种能力。

一是学习能力。党的十九大报告提出要"加快建设学习型社会",在全面增强执政本领中首先要求"增强学习本领"[1]。党的二十大报告进一步提出"建设马克思主义学习型政党","建设全民终身学习的学习型社会、学习型大国"[2]。学习分为几个层面,首先是深入学习习近平新时代中国特色社会主义

---

[1] 习近平:《决胜全面建成小康社会 夺取新时代中国特色社会主义伟大胜利——在中国共产党第十九次全国代表大会上的报告》,人民出版社 2017 年版,第 46、68 页。

[2] 习近平:《高举中国特色社会主义伟大旗帜 为全面建设社会主义现代化国家而团结奋斗——在中国共产党第二十次全国代表大会上的报告》,人民出版社 2022 年版,第 65、34 页。

思想,紧跟习近平新时代中国特色社会主义思想,特别是以人民为中心的群团改革思想,找准中国计生协宗旨使命的时代和理论来源;其次是学习宪法、法律法规,找准中国计生协行动的法律依据;最后是学习计生健康领域的政策、规划,夯实中国计生协行动的政策资源。这些学习的目的是增强中国计生协政治性、先进性,提升中国计生协倡导时代核心价值、解读法律法规政策的能力,提升指导计生协系统工作的能力,消除各级计生协工作中的疑虑。中国计生协可以结合不同层级计生协的工作特点制定和指导学习能力提升计划并狠抓落实。

二是政策分析能力。政策分析能力建立在学习能力之上。分析政策的目的是更好地领会政策,在面向会员和群众的时候增强先进性,确定可用的政策资源,划定中国计生协的行动范围和行动内容加强对群众的引领。首先是将政策文本的解读与中国计生协的宗旨使命和发展战略相结合,寻找行动的有利依据;其次是将法律法规、长期规划与即期政策相结合,找准政策走向,结合政策走向来制定具体的行动措施。不同层次的计生协所需政策分析能力侧重点不尽相同,中国计生协可以对不同层次的地方计生协进行差别化培训,如对市级以上计生协进行政策研究能力培训,对基层计生协进行需求调查和服务供给反馈能力培训。

三是群众工作能力。民心是最大的政治。群众工作是一切工作的生命线。中国计生协提升群众工作能力,就是要增强群众性。首先是要延续20世纪80年代"协会建在村上"的精神和传统优势,把计生协建在社区,拿出走家串户的劲头,提升面对面沟通能力,而不是坐在办公室里用行政工作来"做"群众工作。其次是结合时代特点,加强网上群团建设,以鲜活的贴近生活、贴近现实、内容性强的微视频等方式,通过微信、微博、B 站、抖音等多种线上渠道吸引不同群体关注,设计各种参与性强的游戏,通过参与来实现宣传沟通效果,增强与群众聊天对话能力。最后是提升在现实中根据群众需求有针对性地解决具体的计生相关问题的能力。因此,中国计生协可以制订群众工作规划和经验交流计划,以同行交流、专家介入的方式强化全员群众工作能力,特别是对市级以下(含村级)计生协工作人员和志愿者的群众工作能力进行强化。

四是保障能力。保障能力在这里指的是中国计生协对协会工作人员特别是基层工作人员的保障能力,以增强计生协工作的荣誉感。20 世纪 80 年代以来,村(居)级计生协工作人员,即计生专干或计生管理员为中国计生事业作出了巨大贡献,有不少村(居)级计生管理员做计生工作 10 多年以上。虽然各地对村(居)级计生管理员都有一定的补贴,每个月 100—300 元不等,但相较于他们的付出,是不相称的。今后,计生协的工作更多的是服务,尽管可以采取购买服务的方式由社会组织去承担一部分计生任务,但基层计生协会是中国计生协最可依靠的坚实力量。中国计生协可以从物质到精神两个层面加强对计生协工作人员和志愿者的保障和激励。

结　　论

　　群众工作是党的一项根本性、基础性工作。以"去四化""强三性"为目的的群团系统性改革，从 2015 年开始，到目前为止，已经进行了八年多。在这八年多的改革实践中，以习近平同志为核心的党中央进行全面部署、推动，首先选取全国总工会作为试点群团，选取上海、重庆两地作为全域群团改革试点地区开展试点，继而推动其他群团体系条线上的改革陆续展开。在各级党委政府对群团组织改革的支持和保障下，各群团组织始终按照"六坚持""三统一"的群团改革要求，结合自身实际，紧紧围绕增强"政治性、先进性、群众性"，直面突出问题，采取有力措施，存量改革与增量创新并重，不断夯实群团工作基层基础，组织动员广大人民群众坚定不移跟党走。因此，经过八年多改革实践，群团组织已经形成了增强政治性、先进性、群众性的基础性机制，用生动的实践和细节诠释和丰富了中国特色社会主义群团发展道路。

一、群团组织改革"强三性"
形成了基础性机制框架

　　群团改革以来，按照中央要求，上海、重庆作为群团改革全域试点地区的探索和各群团组织自身体系内条线上的探索，在实践中坚持党的全面领导，采取了存量改革与增量创新相结合的策略,首先对组织体系、治理结构、机关机构进行改革优化,健全和充实基层,有效改变了以往资源与基层需求倒挂的"倒金字塔"结构,用以克服机关化行政化;进而对群团组织的行为重心和行为方式进行改革,将资源和各种力量充实到基层,扎根基层探索服务群众机制;在创造性传承既有群众工作传统的基础上,以立体化宣传沟通来重塑价值引领机制,线上线下相结合探索新时代做好群众工作之路,夯实党的执政基础、阶级基础、群众基础。概括起来说,群团组织在实践中探索出了以"桥梁和纽带"功能为依归的结构—行为—价值三维"强三性"基础性机制集合,有效推动了群团组织作为国家治理体系子系统的系统性改革,基本实现了群团组织政治属性和社会属性融通基础上的功能均衡。

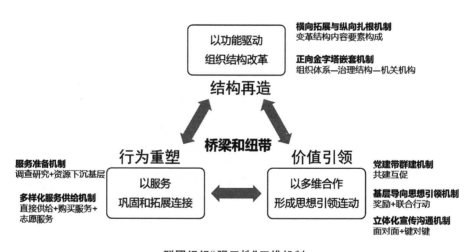

群团组织"强三性"三维机制

来源:作者自制。

　　如上图所示,在实践中,群团组织"强三性"是围绕着群团的"桥梁和纽带"功能,从结构、行为和价值三个维度展开的,或者说,为了"桥梁和纽带"功能的正常、有效发挥,通过改革,群团组织形成了结构、行为和价值三个维度的"强三性"基本机制。作为群团组织的总体性功能,"桥梁和纽带"一头连接党和政府,一头连接人民群众。因此,群团改革首先就要保证桥梁的双向牢固嵌入和纽带的双向牢固连结,进而扎根群众来服务群众、引领群众,保证桥梁和纽带作用的发挥,即桥梁上信息的双向畅通和纽带的灵活摆动,由此形成人民群众有机团结在党的周围,在党的全面领导下朝着中华民族伟大复兴的中国梦而共同奋斗。

从结构维度看,群团组织结构体系的变革体现为以功能驱动群团组织结构的再造,使群团组织既克服机关化,又增强群众性。换言之,组织再造机制是群团组织结构维度上的基础机制。由于群团组织是国家治理体系的子系统,其机关机构和人员编制、经费、领导关系等均纳入体制内。因此,连接党和政府的一头显然在组织体制层面是牢固嵌入国家治理体系的。相较而言,群团的组织结构再造就着重于连接人民群众这一头,这一基础机制又有两个层面的基本机制来支撑。一是横向拓展与纵向扎根机制,以纵向扎根基层和横向拓展基层覆盖面来牢固嵌入人民群众当中。这并非是改变群团组织既有的组织体系和治理结构、机关机构的结构格局,而是通过变革结构内容要素构成来实现。例如,纵向扎根基层以扩大群团全国组织的领导机构中基层一线的比例和群团组织体系内人员编制向基层的下沉来实现,而横向拓展基层覆盖面则体现为基层组织向新领域新群体的拓展以及扩大基层组织治理结构中的人员来源。二是正向金字塔嵌套机制,即通过群团组织体系中基层组织的数量和覆盖面扩张、治理结构中人员规模和来源的扩展、群团机关机构的精简和人员编制向基层的下沉,改变曾经的"倒金字塔"结构,形成群团组织体系—治理结构—机关机构正向的金字塔嵌套结构,与资源和项目下沉形成同向发力的组织结构支持,由此形成群团组织增强群众性的结构性机制,并以组织结构再造为群团组织增强政治性和先进性提供拓宽的、结构紧致的组织载体。

从行为维度来看,群团组织的行为重塑体现为以服务巩固、拓展党和政府与人民群众之间的连接。"桥梁和纽带"的首要功能在于连接。如果说组织再造为连接提供了组织架构势能,那么,行为重塑就为连接提供了动能。这一基础机制也由两个层面的基本机制构成。一是服务准备机制,即群团组织需要界定清楚服务对象和服务内容。首先就是通过调查研究来界定所联系的群众/会员的范围及其客观特点、共性需求和差异化的需求。其次就是资源下沉基层,这里的资源不仅包括资金的配置向基层倾斜,而且还包括项目和群团机关干部常态化下基层所形成的包括基本信息、需求、服务等方面信息的及时流转,由此,为群团组织向所联系的群众/会员提供服务做好各方面的准备。二是服务供给机制,即群团组织确定了服务对象、服务内容之后,还需要进行成本—收益、专业化程度、服务匹配度和满意度等方面的测算,进而考虑以何种供给方式能够达到服务效果最大化,即群团组织的群众知晓度、群团服务的满意度、参与度的增加。在实践中,群团组织面向基层城乡社区居民已经形成了多样化的服务供给机制,包括群团组织直接供给、向社会组织购买服务、组织或号召志愿服务等。当然,群团组织也借助于互联网而形成数字群团矩阵来优化服务的可及性、便捷性。所以,群团组织行为重塑的目的不是仅仅为群众提供服务,而是通过有效提供服务来密切联系群众,为团结动员群众形成日常交往的情感和心理基础,也就是在连接的基础上通过立足基层、服务导向的行为重塑与群众连心。在这个意义上,群团组织的行为重塑是群团组织通过业务和服务来履行政治职责,体现政治性和先进性。

从价值维度看,群团组织的价值引领体现为以多维合作形成思想引领的连动。群团"桥梁和纽带"功能的最终目的是团结动员人民群众听党话跟党走,围绕党和国家中心工作形成共同奋斗合力。这就需要群团组织增强政治性和先进性,在思想上能够引领群众,凝聚共识。在实践中,这一基础机制至少包括三个层面的基本机制。一是党建带群建机制,既体现党的领导,又以党建和群建共建互促对资源进行整合统筹配置,形成"党建+群建"服务和引领群众的分工合作矩阵。二是基层导向的思想引领机制,主要是群团组织调整奖励激励中基层一线的结构比例,形成对基层一线先进分子的正向激励,由此既大力弘扬时代精神,又形成对所联系群众/会员和普通群众的激励。同时,群团组织内部条线上下、群团组织与党政部门之间,群团组织与群团组织之间、群团组织与社会组织之间形成形式多样的联合行动,在日常联系和服务供给中,围绕党和国家中心工作向群众发起行动倡议等,不仅夯实人民群众共同奋斗的思想基础,而且为群团组织组织群众、宣传群众、教育群众、引导群众提供社会情感基础和行动基础。三是立体化宣传沟通机制。我们所处的时代已经是数字化时代,社会交往方式和思维方式、行为方式深刻变化。群团组织要加强对人民群众的思想引领,不仅需要把传统的面对面群众工作优势发扬光大,而且需要创造符合时代要求的思想引领渠道和机制。因此,实践中,各地群团组织线上线下融合,把握住宣传沟通的"变"与"不变",做好宣传沟通的"供给侧改革",从细节内容、表现形式、叙事风格和语言体系上进行变革,努力提升宣传沟通的亲和力、吸引力和感染力,但宣传习近平新时代中国特色社会主义思想根本立场不变,宣传社会主义核心价值观的宗旨不变,传承中华优秀传统文化不变,尤其是亮出旗帜站稳网上舆论场,进而引领网上舆论,实现价值引领,群团组织的政治性和先进性由此不仅得到体现,而且得到增强。

对于群团组织来说,尽管群团改革已经初步建立起"强三性"的系统性机制,"四化"问题也得到有效遏制,但是,群团组织改革所形成的"强三性"机制仍然既面临着一些长期存在的老问题,还遇到了一些新问题和新挑战。这些老问题和新问题在群团改革"强三性"机制建设过程中都不同程度地呈现出来。例如在组织再造中,一些群团组织在扩大基层组织覆盖面上采取一刀切的"硬任务硬落实";在行为重塑中,各群团组织全系统还没有形成分层分域各有侧重的协调配合;在价值引领中,群团组织的服务和业务与群团履行政治职责尚未形成有效的紧密联系,还缺乏立体化宣传沟通战略谋划;等等。这些问题的呈现说明,既有的舒适路径依赖对群团深化改革还有很强的制约性,"去四化"仍然是一个长期的挑战。在持续应对"去四化"挑战的同时,群团组织还面临着不断出现的新挑战。例如,随着经济社会的发展和科技的快速发展,人民群众就业、生活、集聚、流动、交往方式日益多元,利益诉求多样化复杂化叠加,多种需求分层分段分域化。面对老问题与新挑战,群团组织还需要把握时代变迁的宏观形势,立足自身实际,以刀刃向内的改革勇气,聚焦于自身组织体系的进一步优化和各方面能力的提升来深化改革。一言以蔽之,在我国这样一个人口超大规模的国家,要把14亿多人民群众从思想上行动上团结动员起来,朝着实现中华民族伟大复兴的中国梦的宏伟目标共同奋斗,群团组织需要做的是基础性工作,就是用同一目标把社会朝着同一方向有效组织起来。为此,群团组织还要进一步增强自我革新的勇气,回归组织宗旨和功能定位,以系统思维持续深化改革、加强组织建设,进一步提升能力,推动群团组织高质量发展,使中国特色社会主义群团发展道路越走越宽广。

二、群团组织"强三性"改革的理论解释 *

我国在经济、政治、社会、文化和生态文明建设各领域能够快速协调发展,离不开党的全面领导,离不开党对社会的有效组织,群团组织作为党有效组织中国社会的副线,在八年多的改革中,坚定不移走中国特色社会主义群团发展道路,自觉接受党的领导、团结服务所联系群众、依法依章程开展工作相统一,探索出了增强政治性、先进性、群众性的基础机制,为实现中华民族伟大复兴的中国梦形成共同奋斗的合力拓展了社会基础。群团组织"强三性"改革实践不仅使群团组织在"去四化"方面取得显著进展,增强了群团组织面向党和政府与面向基层社会的信息桥接,由此形成纵横交织的复合型社会合作结构,使群团组织协助党有效组织社会这一独特优势在新时代得到发扬,支撑了我国基层治理的政治韧性,而且对中国特色社会主义群团发展道路从理论上进行了丰富,为我们研究国家治理体系的优化和国家治理体系治理效能的提升提供了新的视角。

一是形成对社会资本增强机制的拓展。既有文献往往把政党、政府和社

---

　*　以下理论探讨已经作为《基层治理中的群团组织:组织社会的嵌入型桥接》一文的组成部分发表于《治理研究》2023 年第 2 期。

会组织作为国家对社会进行组织的三大主体,政党以意识形态、公共政策、社会服务和基础设施等政治关联方式产生的认同来组织社会①,政府以权力和制度组织社会,社会以人际交往和结社进行自组织。其中,社会横向自组织尤其被视为增进社会资本、促进社会合作的基础机制,以至于帕特南直言"社会资本是指社会组织的特征"②。一般来说,社会资本具有公共物品的属性,需要相对的封闭性、社会结构的稳定性和共有价值观念来保持,但社会资本的价值也会随时间的推移而逐渐降低。因此,诸如信任、规范和网络等在内的社会资本需要不断更新来维持。社会资本这种"使用增加了供给,搁置不用则会减少供给"③的特性要求社会资本不断通过横向社会关系的固定交流来维持和增强。但从我国的超大规模人口的实际来看,党紧密联系群众的经验和实践,以及党从纵向推动群团改革,群团组织从结构、行为和价值三维进行的"强三性"机制探索,在一定意义上是通过建设社会资本和增加既有社会资本的使用频率,使社会资本越使用越丰富、越使用供给越充沛。在这个过程中,不仅使群团组织"横向到边、纵向到底"的结构向基层社会深入嵌入,而且使群团组织在基层社会拓展横向社会关系网络,并通过横向社会交往加强对基层社会需求的信息提取和面向基层社会的服务供给,在一定程度上形成了社会资本的增强机制。换言之,党的群团改革以纵向权力逻辑推动了群团组织在基层社会横向联系的加强,说明在纵向的权力运行逻辑诱致下的体制结构性改革能够推动和强化社会的横向平等互惠逻辑。通过群团组织所联系群众的"身份"交叉、重叠所带来的"开放性"相对封闭,增强了群团组织之间基于群众各种"身份"认同的再组织,形成了社会资本跨越基层社会自组织的相互

---

① Cedric de Leon,Manali Desai,and Cihan Tuğal,*Building Blocs: How Parties Organize Society*,Stanford University Press 2015,pp.2-5.

② [美]罗伯特 D.帕特南:《使民主运转起来》,王列、赖海榕译,江西人民出版社 2001 年版,第 195 页。

③ [美]罗伯特 D.帕特南:《使民主运转起来》,王列、赖海榕译,江西人民出版社 2001 年版,第 199 页。

增强,这超越了社会资本更多通过社会横向自组织来维持和增强的逻辑。同时,群团改革又推动形成党组织—政府组织—群团组织与群众自治组织、社会自组织绞合起来的复合内化机制,进一步凸显人的本质在现实性上作为"一切社会关系的总和"①的主体价值。由此,群团组织在基层就将其政治性所体现的"垂直"权力逻辑转化为反映其群众性的社会"横向"连接逻辑,在党组织的领导下,使基层多主体行动的整合有了党组织、群团组织、群众自治组织、社会自组织立体交织起来的基层社会治理结构网络。不仅如此,基层社会治理网络的立体化在增进社会资本的同时,也增强了群团组织所联系群众/会员的集体行动能力,而群团组织作为党领导的群众组织,又能够使具有不同"身份"认同的群众在群团组织的交叉服务中,为了社会共同利益和公共利益而合作,既增强了群团组织的先进性,又通过群众自愿活动和群团有组织服务活动的结合形成多层次复合型社会合作,为克服集体行动困境提供了可能,反过来又促进了社会资本的增强和积累。

二是形成对国家治理结构韧性的强化。群团组织兼具政治属性和社会属性。政治属性即嵌入党政体制使其具有当然的公共权力支持;社会属性即嵌入社会结构使其具有社会自组织结构支撑。在此基础上,群团组织的桥梁纽带功能才得以成立。但桥接功能是否发挥以及发挥的效果如何,则取决于并反映着群团组织政治属性与社会属性之间的均衡性。2015 年启动的群团改革是党从长期执政和长治久安角度对群团组织从结构到功能发挥提出的系统性改革,旨在使群团组织在国家治理体系中发挥能动作用,尤其是利用其政治属性和社会属性双重主体优势来连接和组织社会,形成基层治理主体力量和资源的整合,进一步夯实党带领人民治国理政的社会基础。因此,群团组织在基层治理中无论是拓展基层组织还是拓展服务内涵,都是着重以增强群众性来拓展社会认同基础和巩固利益整合基础,以实现对基层社会的牢固嵌入,进而

---

① 《马克思恩格斯选集》第一卷,人民出版社 2012 年版,第 135 页。

改变以往过于向政治属性倾斜而造成的群团组织体制嵌入性功能失衡,实现党政体制—基层社会双向嵌入基础上的政治—社会功能动态均衡,即达成群团组织作为桥梁连接党政体制—基层社会的政治属性与社会属性均衡,群团组织的先进性也就自然得到实现和加强。于是,我们要回答的问题就是:群团组织的政治性渗透与群众性延展之间如何实现无缝隙机制性搭扣来达成群团组织政治属性与社会属性的均衡? 在实践中,无论是各群团组织内部的结构再造,还是以发展基层组织对地方公共生活的再组织,都是群团组织对深刻变化了的社会的再适应,并在对社会再适应的同时,努力克服体制路径依赖舒适区,彻底改变"搁置不用"而脱离群众造成的社会资本供给不足局面。需要注意的是,群团组织在打造牢固嵌入基层社会的地基以稳固党政体制—基层社会桥接通道的过程中,需要实现的政治属性与社会属性均衡并非是一个均衡点,而是一个均衡区间。换言之,一定的均衡区间意味着群团组织真正拓宽了桥接党和政府与人民群众信息畅通的干道容量,也意味着群团组织在政治属性和社会属性的展现上依据具体情况而作出成熟的选择,以促进党的全面领导下公共利益意图的达成与具体群众群体共同利益的协同之间形成良性循环,更意味着群团组织作为党和政府与人民群众之间有机联系的柔性纽带,以其政治属性和社会属性之间的合理摆动区间支撑起基层治理的社会结构韧性。因此,群团组织的政治性渗透与群众性延展之间的无缝衔接机制实则是社会结构动态调整中促进社会关系融合的机制,群团组织就是我国超大规模社会的组织机制的组成部分,体现在群团组织本身成为所联系群众的公共空间,以此培养其所联系群众之间的合作习惯,也体现在技术变革重组社会联系方式以及社会自组织形式多样化的当下,通过项目化服务和网络化沟通形成密集的社会立体化组织网络,以此增进人民群众的利益表达、利益集结和利益整合,在空间交往和利益协同中培养公共精神,形成对群团组织"桥梁和纽带"功能的养护,进而养护国家治理的立体组织化基层社会基础。

因此,群团组织作为起社会组织化作用的主体,其既有的改革探索呈现出在新时代扮演基层社会的立体组织者的努力,也反映出群团改革是新时代党以组织改革促进国家治理体系功能优化的一系列动态调整的组成部分,是党在执政基础再认识过程中对社会利益和社会结构变化的有力回应,是群团组织以加强对基层社会的嵌入型桥接来推动利益提取、利益聚合组织化渠道和机制的再造,呼应党的全面领导下的长治久安。在这个意义上,以增强政治性、先进性和群众性为目的的群团改革是一个长期的过程,必然使群团组织在基层治理中扎根基层,将自身牢固嵌入社会结构基底当中,并在嵌入过程中变革为有效组织社会的能动性能促性活力组织,以组织社会的嵌入型桥接拓宽党和政府与人民群众之间的双向信息流和认同情感,由此增强国家治理体系组织结构的韧性和社会稳定发展的活性。

三、研究展望

群团组织保持和增强政治性、先进性和群众性,对夯实党长期执政的群众基础、对实现国家治理体系和治理能力现代化、对以中国式现代化全面推进中华民族伟大复兴,都具有基础性作用。通过八年多的改革实践,群团组织已经形成了增强政治性、先进性和群众性的基础机制。2022年10月,党的二十大报告指出:"深化工会、共青团、妇联等群团组织改革和建设,有效发挥桥梁纽带作用。"①一方面对群团改革已经取得的阶段性成效予以充分肯定,另一方面又对群团改革走向深入提出了新要求,即要改革和建设并重,提升发挥桥梁纽带作用的有效性。

因此,未来对于群团改革和建设的研究,可以着重从以下两个方面入手:

一是加强群团组织自我革新的机制研究。尽管"强三性"基础性机制是群团改革的成果,但2015年启动的群团改革在根本上是党从治国理政角度推

---

① 习近平:《高举中国特色社会主义伟大旗帜 为全面建设社会主义现代化国家而团结奋斗——在中国共产党第二十次全国代表大会上的报告》,人民出版社2022年版,第38页。

动的,也就是说,对于群团组织来说,这八年多的系统性改革主要是外力推动的。本研究对群团组织"强三性"改革中已建立的机制进行了初步反思。组织再造、行为重塑、价值引领这三个维度"强三性"机制中存在的问题,其实都不同程度地指向群团组织自我革新的能力和机制。例如,观念上仍然有"机关化"倾向、缺少全系统发展战略规划等。任何组织改革,如果没有内在动力驱动,往往都不能持久,甚至会在一段时间后再重回过去。这也是"去四化"对于群团组织来说是一个长期挑战的原因所在。所以,群团组织自我革新的动力、机制是需要加大力度去研究的现实问题。

二是结合群团改革和建设实践,对中国特色社会主义群团发展道路进行深入的学理性阐释。中国特色社会主义群团发展道路是中国特色社会主义道路的组成部分,群团组织的特殊优势,从国家的组织角度看,涉及到国家治理体系的协同,从国家与社会关系角度看,涉及到既有的"国家在社会中"和"国家的异化"等国家理论的解释力。近年来,"把政党带回来"的理论探讨已经兴起,凸显了中国学界对中国共产党领导中国人民建设社会主义现代化强国伟大实践中的体制优势的关注。群团组织在一定意义上,既是连接国家与社会的组织化载体,也是连接党和人民群众的组织化载体,由此成为在国家和社会之间组织化的广阔连接主体。本书对群团改革以来群团组织"强三性"机制的连接、连心、连动举措所做的深描、初步的学理分析和嵌入型桥接的初步总结,只是对中国特色社会主义群团发展道路的学理性阐释开了个头。对中国特色社会主义群团发展道路进行更为深入的学理性阐释,提出更具解释力的学理分析框架,既能够丰富既有的基于国家—社会关系的国家治理研究,又能够丰富政党和政治社会团体等政治主体的研究,需要学界共同努力。

"全部社会生活在本质上是实践的。"①丰富的实践是社会科学理论的来源。一百多年来,中国共产党团结带领中国人民走向独立,实现全面小康,迈

---

① 《马克思恩格斯选集》第一卷,人民出版社 2012 年版,第 135 页。

上中华民族伟大复兴的新征程,过程曲折艰辛,却又以波澜壮阔的伟大实践取得一个又一个来之不易的成就。党的二十大报告明确提出了新时代新征程中国共产党的中心任务,即"团结带领全国各族人民全面建成社会主义现代化强国、实现第二个百年奋斗目标,以中国式现代化全面推进中华民族伟大复兴"。"团结带领"四个字是对中国共产党组织、凝聚、带领全国人民的所有智慧、机制和逻辑的总结。当我们把这四个字展开,从政治主体的角度去思考中国的社会发展和政治发展,就会看到,在传承和创造中形成和不断完善的中国特色社会主义国家治理体系当中,党是领导一切的,而群团组织是不可或缺的,党和群团组织一直是我们中国社会能够组织起来,国家能够建立和发展起来的基础组织。从实践中拓展认知,从实践中丰富我们的学术理论,期待群团组织研究能够不断走向深入,推动中国的政治学学科自主知识体系的发展和理论建构。

主要参考文献

一、中文文献:

1.《马克思恩格斯选集》第一卷,人民出版社 2012 年版。

2.《列宁选集》第一卷,人民出版社 2012 年版。

3.《列宁选集》第四卷,人民出版社 2012 年版。

4.《毛泽东选集》第一卷,人民出版社 1991 年版。

5.《毛泽东文集》第六卷,人民出版社 1999 年版。

6.《邓小平文选》第一卷,人民出版社 1994 年版。

7.《习近平谈治国理政》第一卷,外文出版社 2018 年版。

8.《习近平谈治国理政》第二卷,外文出版社 2017 年版。

9.《习近平谈治国理政》第三卷,外文出版社 2020 年版。

10.《习近平谈治国理政》第四卷,外文出版社 2022 年版。

11.《习近平著作选读》第一卷,人民出版社 2023 年版。

12. 习近平:《之江新语》,浙江人民出版社 2007 年版。

13. 习近平:《论坚持人民当家作主》,中央文献出版社 2021 年版。

14. 习近平:《决胜全面建成小康社会　夺取新时代中国特色社会主义伟大胜利——在中国共产党第十九次全国代表大会上的报告》,人民出版社 2017 年版。

15. 习近平:《高举中国特色社会主义伟大旗帜　为全面建设社会主义现代化国家而团结奋斗——在中国共产党第二十次全国代表大会上的报告》,人民出版社 2022 年版。

16. 中共中央文献研究室编:《习近平关于社会主义政治建设论述摘编》,中央文献出版社 2017 年版。

17. 中共中央文献研究室编:《习近平关于社会主义社会建设论述摘编》,中央文献出版社 2017 年版。

18. 中共中央文献研究室编:《习近平关于青少年和共青团工作论述摘编》,中央文献出版社 2017 年版。

19. 中共中央党史和文献研究院编:《习近平关于妇女儿童和妇联工作论述摘编》,中央文献出版社 2023 年版。

20.《陈云文选》第一卷,人民出版社 1995 年版。

21.《王稼祥选集》,人民出版社 1989 年版。

22.《刘少奇选集》,人民出版社 1985 年版。

23.《中国共产党中央委员会关于建国以来党的若干历史问题的决议》,人民出版社 1981 年版。

24.《中共中央关于构建社会主义和谐社会若干重大问题的决定》,人民出版社 2006 年版。

25.《中共中央关于全面深化改革若干重大问题的决定》,人民出版社 2013 年版。

26.《中共中央关于加强和改进党的群团工作的意见》,人民出版社 2015 年版。

27.《中国共产党第十九次全国代表大会文件汇编》,人民出版社 2017 年版。

28.《中共中央关于坚持和完善中国特色社会主义制度 推进国家治理体系和治理能力现代化若干重大问题的决定》,人民出版社 2019 年版。

29.《中共中央关于制定国民经济和社会发展第十四个五年规划和二〇三五年远景目标的建议》,人民出版社 2020 年版。

30.《中共中央关于党的百年奋斗重大成就和历史经验的决议》,人民出版社 2021 年版。

31. 中共江西省委党史研究室等编:《中央革命根据地历史资料文库·群团系统 14》,中央文献出版社、江西人民出版社 2020 年版。

32. 中共中央文献研究室、中央档案馆编:《建党以来重要文献选编(1921—1949)》第一册,中央文献出版社 2011 年版。

33. 中共中央文献研究室、中央档案馆编:《建党以来重要文献选编(1921—1949)》第十册,中央文献出版社 2011 年版。

34. 中共中央文献研究室、中央档案馆编:《建党以来重要文献选编(1921—1949)》第十四册,中央文献出版社 2011 年版。

35. 中共中央文献研究室、中央档案馆编:《建党以来重要文献选编(1921—

1949)》第十六册,中央文献出版社 2011 年版。

36. 中共中央文献研究室、中央档案馆编:《建党以来重要文献选编(1921—1949)》第二十二册,中央文献出版社 2011 年版。

37. 中共中央文献研究室、中央档案馆编:《建党以来重要文献选编(1921—1949)》第二十五册,中央文献出版社 2011 年版。

38. 中央档案馆、中共中央文献研究室:《中共中央文件选集(1949 年 10 月—1966 年 5 月)》第 20 册,人民出版社 2013 年版。

39. 中央档案馆、中共中央文献研究室:《中共中央文件选集(1949 年 10 月—1966 年 5 月)》第 24 册,人民出版社 2013 年版。

40. 中共中央文献研究室编:《十二大以来重要文献选编》(上),人民出版社 1986 年版。

41.《中国共产党第十三次全国代表大会文件汇编》,人民出版社 1987 年版。

42. 中共中央文献研究室编:《十三大以来重要文献选编》(上),人民出版社 1991 年版。

43. 中共中央文献研究室编:《十三大以来重要文献选编》(中),人民出版社 1991 年版。

44. 中共中央文献研究室编:《十四大以来重要文献选编》(上),人民出版社 1996 年版。

45. 中共中央文献研究室编:《十五大以来重要文献选编》(上),人民出版社 2000 年版。

46. 中共中央文献研究室编:《十六大以来重要文献选编》(上),中央文献出版社 2005 年版。

47. 中共中央文献研究室编:《十六大以来重要文献选编》(中),中央文献出版社 2006 年版。

48. 中共中央文献研究室编:《十七大以来重要文献选编》(上),中央文献出版社 2009 年版。

49. 中共中央文献研究室编:《十八大以来重要文献选编》(上),中央文献出版社 2014 年版。

50. 中共中央文献研究室编:《十八大以来重要文献选编》(中),中央文献出版社 2016 年版。

51.《中国共产党第十九届中央委员会第四次全体会议文件汇编》,人民出版社 2019 年版。

52. 邬梦兆:《改革开放与群团工作》,红旗出版社 1992 年版。

53. 李景鹏主编:《政治管理学概论》,高等教育出版社 1991 年版。

54. 徐家良:《制度、影响力与博弈——全国妇联与公共政策制定》,中国社会出版社 2003 年版。

55. 韩福国:《民营经济制度变迁中的工商联:组织的双重代理》,经济科学出版社 2006 年版。

56. 韩福国、骆小俊、林荣日、葛海有等:《新型产业工人与中国工会——"义乌工会社会化维权模式"研究》,上海人民出版社 2008 年版。

57. 吕福春:《中国复合型社团研究:以中国共青团的职能变迁为个案》,天津人民出版社 2007 年版。

58. 施雪华主编:《政治科学原理》,中山大学出版社 2001 年版。

59. 李景鹏:《权力政治学》,黑龙江教育出版社 1995 年版。

60. 王浦劬主编:《政治学基础》,北京大学出版社 1995 年版。

61. 胡献忠:《群团逻辑与团改攻坚》,上海社会科学院出版社 2017 年版。

62. 邓楠主编:《发展与责任——中国科协 50 年》,中国科学技术出版社 2009 年版。

63. 国家清史编纂委员会·文献丛刊:《李鸿章全集·奏议五》,安徽出版集团、安徽教育出版社 2008 年版。

64.《孙中山全集》第六卷,中华书局 1985 年版。

65. 中华全国妇女联合会编:《中国共产党领导妇女运动百年》,中国妇女出版社 2023 年版。

66. 陶志勇编著:《中国工会理论创新四十年(1978—2018)》,中国工人出版社 2018 年版。

67. 中华全国总工会研究室编著:《中国工人阶级四十年(1978—2018)》,中国工人出版社 2018 年版。

68. 李玉赋主编:《新的使命和担当Ⅲ——全国总工会改革试点制度文件与释义》,中国工人出版社 2017 年版。

69. 全国总工会课题组编:《深入学习贯彻习近平总书记关于工人阶级和工会工作的重要论述》,中国工人出版社 2021 年版。

70.［美］尼葛洛庞帝:《数字化生存》,胡泳、范海燕译,海南出版社 1997 年版。

71.［美］尼古拉斯·克里斯塔基斯、詹姆斯·富勒:《大连接:社会网络是如何形成的以及对人类现实行为的影响》,简学译,中国人民大学出版社 2013 年版。

72.［美］彼得·德鲁克:《德鲁克管理思想精要》,李维安、王世权、刘金岩译,机械工业出版社 2007 年版。

73.［美］罗伯特 D.帕特南:《使民主运转起来》,王列、赖海榕译,江西人民出版社2001 年版。

二、英文文献:

1. Masaharu Hishida and others, *China's Trade Unions: How Autonomous Are They?* London; New York; Routledge, 2010.

2. Tim Pringle, *Trade Unions in China: The Challenge of Labour Unrest*, Routledge, 2011.

3. A.Barker, *Quangos in Britain*, London; Macmillan. 1982.

4. Stuart Weir, David Beetham, *Political Power & Democratic Control in Britain*, Routledge Publish Press, 1999.

5. Cedric de Leon, Manali Desai, and Cihan Tuğal, *Building Blocs: How Parties Organize Society*, Stanford University Press 2015.

后　记

　　本书是笔者所主持的国家社会科学基金项目"群团组织增强政治性、先进性、群众性的机制研究"（18AZZ012）的研究成果，也是笔者20余年来群团组织研究方面的第二本书。如果说10年前出版的《在国家和社会之间——中国政治社会团体功能研究》一书是对以八大人民团体为代表的群团组织既有发展状况和作用发挥情况的初步解读和评估的话，那么，本书则是在着力描述群团组织在以习近平同志为核心的党中央擘画推动下，如何通过组织结构再造、行为重塑和价值引领来夯实社会基层基础以增强政治性、先进性、群众性（以下简称"强三性"），提升作为党和政府与人民群众之间桥梁纽带的质效，努力达成政治属性和社会属性之间的均衡。

　　群团组织是我国国家治理体系中不可或缺的子系统，也是中国政治学研究中不可忽视的政治主体之一。一百多年来，中国共产党以自身的坚强组织构建了中国社会的骨架，作为中国共产党有效组织中国社会的延伸性组织，群团组织在中国社会结构的现代化塑造中发挥了党同人民群众之间基础连接作用。一方面，群团组织协助党不断破除几千年皇权—绅权—族权社会组织形态残留的陈腐观念和人际关系结构；另一方面，群团组织协助党把中国社会按照人人平等的现代观念重新有机组织起来。在这破和立的历史进程中，党的群团工作成为党组织动员广大人民群众为完成党的中心任务而奋斗的重要法宝。作为党的群团工作的组织载体,群团组织兼具政治属性和社会属性,其发展、改革和建设也成为中国国家治理体系现代化演进以及国家和社会之间关系变迁的映射。

中国特色社会主义进入新时代以来,我国的社会结构仍在深刻变化,社会利益关系更为错综复杂,人们的需求更加多样善变;人们的交往方式也因互联网信息技术的飞速发展而深刻改变,去中心化与群体极化并存,信息茧房和开放共享同在。随着小康社会的全面建成和以中国式现代化全面推进中华民族伟大复兴新征程的开启,如何把多元、多维、多变的社会有效组织起来,进一步激发和引导社会活力,朝着强国建设、民族复兴和人的全面发展宏伟目标形成合力,就成为需要回答的一个基础性时代命题。

在国家与社会之间的广袤地带,群团组织是我们赖以组织社会的体量最大的存量资源。无论是"横向到边、纵向到底"的组织网络全社会结构化覆盖性,还是服务对象或会员的身份交叉全社会人群叠加性,在波澜壮阔的社会变迁中,作为我们党的一大创举和优势,群团组织在连接社会成员、稳定社会情感、维系社会信任、促成社会行动等方面都起着举足轻重的作用,也理应发挥好组织社会以最大限度把人民群众团结在党的周围的作用。但正如《中共中央关于加强和改进党的群团工作的意见》所指出的,党的群团工作与新形势新任务的要求相比仍存在许多不适应的问题,作为党的群团工作组织载体的群团组织,突出表现出远离基层、远离群众的"四化"(机关化、行政化、贵族化、娱乐化)问题,也即因未能在政治属性和社会属性之间找到与时代发展相适应的均衡点而陷入"体制嵌入性功能失衡"。这也正是以习近平同志为核心的党中央推动群团组织聚焦保持和增强政治性、先进性、群众性进行改革和建设的直接问题导向,即群团组织应当通过改革去除"四化",把根基牢牢扎在基层社会,以增进社会的有机连接、有效组织,塑造充满信任和合作且富有凝聚力的社会,为实现第二个百年奋斗目标和中华民族伟大复兴提供极具韧性和活力的强大社会团结基础。

在研究中,笔者并不对群团组织凝聚、引领、服务、维权四大功能在改革中的实现情况进行分类分析,而是结合 2015 年群团改革的战略目标,将重心放在群团组织围绕"党和政府联系人民群众的桥梁和纽带"总体功能的实现来考察群团组织在哪些方面采取了什么措施来"强三性",以及这些措施形成了哪些机制。这些机制一旦形成并坚持下去,群团组织的改革和建设就能够使群团组织不断调适,达成政治属性和社会属性的均衡区间,政治性、先进性和群众性也就自然得以体现,群团组织的凝聚、引领、服务、维权功能也就能够不断增强。换言之,群团组织在改革中探索出的各种机制并不是与群团组织的政治性、先进性、群众性的增强存在着单维度的一一对应线性关系,与群团组织的各项具体功能也并不是一一对应的因果关系,而是以各机制之间的配合衔接达成系统协同,对群团组织政治性、先进性、群众性的增强和各项功能的优化实现形成基础性支撑。因此,笔者力图呈现出来的是群团组织在改革中形成的保持和增强政治性、先进性、群众性的基础性机制。为此,笔者用了 4 年左右的时间,以群团改革地域性试点上海、重庆作为重点调研地,着重选择若干非地域性试点地区工会、共青团、妇联、科协、计划生育协会等启动群团改革的各群团进行比对调研。其间,笔者所带的项目团队与省、市、县、乡镇(街道)和村(居)等层面的党政部门、群团组织工作人员、居(村)民进行座谈和访谈,形成了大量的座谈、访谈原始材料,据此提炼出群团组织改革中探索出来的"强三性"基础性机制,即结构—行为—价值三维基础性机制。

结构—行为—价值三维基础性机制其实是一个机制群或机制集。一是组织结构再造维度的机制组合,通过横向拓展与纵向扎根机制和正向金字塔嵌套机制,既突出党的领导,又拓展了基层组织的有效覆盖,有效支撑群团组织增强群众性,并为群团组织增强政治性和先进性提供组织载体。二是行为重塑机制组合,以服务群众为导向形成锚定服务对象、确定服务内容的服务准备机制和多样化服务供给机制,群团组织将政治职责融入服务的有效提供中,为团结动员群众形成日常交往的行为和心理基础,以服务巩固、拓展党和政府与人民群众之间的连接,体现政治性和先进性。三是价值引领机制组合,以党建带群建机制、基层导向的思想引领机制、立体化宣传沟通机制,形成多维合作来实现思想引领连动,凝聚共识,对人民群众进行价值引领,增强群团组织的政治性和先进性。结构—行为—价值三维基础性机制群使群团组织在改革中实现对基层社会的桥接型嵌入,进而实现政治属性与社会属性之间的基本动态均衡:一方面,使群团组织焕发时代活力,成为承载我国个人选择、社会活力和国家发展的蓬勃政治-社会主体;另一方面,也使社会的组织网络更加强韧,进而增强了国家治理的结构韧性。

但是,上述发现是笔者对群团组织在改革中探索和构建起的"强三性"机制的总体性、一般性总结,仅呈现了群团组织实践改革的基本面相,这些机制的稳定性和长期效果,还有待实践的进一步检验。本研究还存在四大不足:一是调研的广度和深度还不够,既未能对 23 家群团组织进行全覆盖,也未能对31 个省级行政区域进行全覆盖。尽管选取的调研地和调研样本具有一定的代表性,但各地各群团组织的生动实践所具有的因地制宜特点和不同层级群团组织之间的分工协调机制未能展示。二是对群团组织"强三性"的内生动力未能深入梳理、分析和评价。尽管对群团组织"强三性"基础性机制的三个维度进行了提炼,但还未能深入挖掘和分析群团组织自我革新的更深层次的机制,从而未能对群团组织自我革新和"强三性"机制之间的关系进行分析。三是对不同类型的群团组织"强三性"机制的生成逻辑未能展开深入研究。尽管对群团组织进行了初步分类,在研究中对群团组织进行总体研究的基础之上兼顾分类研究,突出工会、共青团、妇联、科协和计划生育协会等群团组织改革的一般性机制,并将计划生育协会作为此前受关注较少的政策性群团组织的代表进行了专门分析,但对群团组织的分类研究还不够深入,由此可能对群团组织改革中所形成的基础性机制有所疏漏。四是对中国特色社会主义群团发展道路的系统性学理阐释还远远不够。丰富的实践是理论研究的来源,笔者虽然力图超越既有研究,但仍停留在对群团改革和建设实践提供初步理论解释的层面,还未能将群团组织改革和建设的实践放诸中国和人类社会政治发展的宏观图景中去进行系统性理论升华。为此,还需要立足当下,连接历史、面向未来,以开放的心态更为深入地去追寻学理答案。从这个意义上说,本书仍然是笔者群团组织研究的一个阶段性成果。

参加座谈和访谈的各位受访者真诚的分享为本研究提供了鲜活的时空快照,李景鹏、王浦劬、张静、张小劲、潘小娟、王名等学界前辈的建议和指点使笔者坚定前行,笔者研究团队中每一位同行的真知灼见使笔者受益匪浅,在此一并表示感谢。

褚松燕

2024 年 5 月

责任编辑：朱云河
封面设计：石笑梦
版式设计：胡欣欣
责任校对：张彦彬

图书在版编目（CIP）数据

连接、连心、连动：群团组织增强政治性、先进性、群众性机制研究/
　褚松燕 著. —北京：人民出版社，2024.8
ISBN 978－7－01－026612－1

Ⅰ.①连…　Ⅱ.①褚…　Ⅲ.①社会组织管理-研究-中国　Ⅳ.①C916.1

中国国家版本馆 CIP 数据核字（2024）第 108121 号

连接、连心、连动
LIANJIE LIANXIN LIANDONG
——群团组织增强政治性、先进性、群众性机制研究

褚松燕　著

人民出版社 出版发行
（100706　北京市东城区隆福寺街 99 号）

北京新华印刷有限公司印刷　新华书店经销

2024 年 8 月第 1 版　2024 年 8 月北京第 1 次印刷
开本：710 毫米×1000 毫米 1/16　印张：17.5
字数：240 千字

ISBN 978－7－01－026612－1　定价：128.00 元

邮购地址　100706　北京市东城区隆福寺街 99 号
人民东方图书销售中心　电话（010）65250042　65289539